中国农业技术创新路径研究

On the Path of
China's Agricultural Technological Change

周端明 等 著

社会科学文献出版社
SOCIAL SCIENCES ACADEMIC PRESS (CHINA)

项 目 名 称：土地"新政"背景下中国农业技术创新路径研究
（项目批准号：09BJY066）
安徽省高校学科（专业）拔尖人才学术资助重点项目
负责人姓名：周端明

目　录

导　言 ·· 001
  问题的提出 ·· 001
  研究思路和结构 ·· 002
  研究的创新与不足 ·· 005

1 技术进步、技术效率与中国农业发展 ······················ 007
  1.1 中国农业的增长与结构变迁：演进描述 ··············· 008
  1.2 农业增长的源泉：要素积累和全要素生产率提升
       ··· 014
  1.3 测度方法和数据来源及处理 ······························ 019
  1.4 估算结果与分析 ·· 028
  1.5 结论 ·· 036

2 诱致性农业技术创新理论研究述评 ························· 038
  2.1 技术变革推动人类社会发展：思想简史 ··············· 038
  2.2 要素节约偏向的诱致性技术创新理论 ··················· 041

2.3　需求导向的诱致性技术创新理论 …………………… 048
  2.4　对诱致性农业技术创新理论的评价 ………………… 050
  2.5　结论 …………………………………………………… 055

3　农民时间的经济价值的提高与中国农业的资本深化
　　………………………………………………………… 056
  3.1　中国农业的资本深化进程 …………………………… 056
  3.2　农民时间的经济价值的提高、农户投资结构转变
　　　与农业的资本深化 ………………………………… 074
  3.3　结论 …………………………………………………… 090

4　农地流转、农户规模与农业技术创新 ……………… 092
  4.1　农户规模扩张的静态和动态效率提升 ……………… 092
  4.2　农户规模、需求诱致力量与农业技术创新体系
　　　………………………………………………………… 101
  4.3　结论 …………………………………………………… 115

5　农业的价值目标转变与可持续农业发展 …………… 117
  5.1　农业价值目标的演变 ………………………………… 117
  5.2　可持续农业发展模式 ………………………………… 129
  5.3　可持续农业发展的技术创新和制度创新 …………… 137
  5.4　结论 …………………………………………………… 148

6　资本控制、农业技术创新与微观经营方式 ………… 150
  6.1　马克思主义技术创新理论 …………………………… 150

6.2 资本控制下的农业技术创新路径：机械化和
标准化 …………………………………………… 163
6.3 结论 ……………………………………………… 180

7 农业技术创新、动态"刘易斯转折点"和
人口红利 ……………………………………………… 182
7.1 关于中国是否迎来"刘易斯转折点"的争论 ……… 183
7.2 动态"刘易斯转折点" ………………………………… 187
7.3 农民工加班意愿、劳动供给与人口红利 ………… 196
7.4 结论 ……………………………………………… 226

8 结语 ………………………………………………… 228
8.1 主要观点 ………………………………………… 229
8.2 政策建议 ………………………………………… 233

参考文献 ……………………………………………… 236

后　记 ………………………………………………… 253

导 言

问题的提出

人多地少的国情决定了中国农业的超小规模,而现代农业技术创新,特别是机械技术,是规模偏向的。因此,超小规模经营的农业与现代农业技术的采用之间的矛盾一直是中国农业发展必须面对的困境。同时,超小规模的农业也限制了农民收入的增长,成为城乡居民收入差距显著的重要原因。

改革开放以来,非农产业的迅猛发展加速了产业结构和就业结构的转型,大量农村劳动力进入非农产业就业。据人力资源和社会保障部副部长杨志明介绍,2013 年中国农民工总量达 2.69 亿人。① 而随着农村劳动力和人口非农化的加速,农村土地资源和劳动力要素之间需要重新配置。为此,党的十七届三中全会通

---

① 《2013 年中国农民工总量达 2.69 亿人 月均收入 2609 元》,http://www.chinanews.com/gn/2014/02-20/5860836.shtml。

过的《中共中央关于推进农村改革发展若干重大问题的决定》明确提出，"建立健全土地承包经营权流转市场，允许农民以转包、出租、互换、转让、股份合作等形式流转土地承包经营权，发展多种形式的适度规模经营"。党的十八届三中全会通过的《中共中央关于全面深化改革若干重大问题的决定》进一步指出，"稳定农村土地承包关系并保持长久不变，在坚持和完善最严格的耕地保护制度前提下，赋予农民对承包地占有、使用、收益、流转及承包经营权抵押、担保权能，允许农民以承包经营权入股发展农业产业化经营"。

党中央有关农民土地承包经营权的重大调整，可以视为土地"新政"。随着土地"新政"的实施和中国农民时间的经济价值的提高，农村要素禀赋结构发生改变，导致农业技术创新的方向发生转变。而农业技术创新是实现农业现代化、建设社会主义新农村和保持国民经济可持续发展的关键，因此，研究土地"新政"背景下中国农业技术创新的路径就具有重要的实际意义。

研究思路和结构

新古典经济学关于技术创新路径的理论称为诱致性技术创新理论，它循着两条路径发展：一是关注要素的相对稀缺性，二是关注市场需求。前者是希克斯－速水－拉坦－宾斯旺格（Hicks-Hayami-Ruttan-Binswanger）假说。该假说假定，一种要素相对价格的提高，会诱使能够节约该要素的技术类型的创新。其核心如下：如果没有市场扭曲，要素相对价格将反映要素相对稀缺性的水平与变化，农民会被诱使去寻找能节约日益稀缺的要素的技术。因此，从社会的角度看，研究机构在决定其技术创新方向时，应该将要素的稀缺性考虑进去。速水和拉坦在《农业发展的国际分析》一书中，利用日本和美国农业技术演进的历史证实了这种理论。后者是施莫克勒－格里利切斯（Schmookler-Griliches）假说。该假说假定在其他情况不变时，对一种商品的新技术的可得性，是对该商品的市场需求的函数。发明一种新技术的相对利益，取决于适于该技术的商品的价格与市场规模。因此，最优化就要求一个科研机构将资源更多地分配到开发适用于具有较高价格或较大市场前景的商品的新技术。

但是，诱致性技术创新理论过度强调了需求层面对技术创新的影响，而忽略了技术创新的供给方面的力量。尤其是，技术创新实际上是服务于资本攫取剩余价值的需要，其本质是资本控制劳动的工具。因此，忽视技术创新的供给主体资本力量对技术创新演化路径的影响是难以解释技术创新向何处去的问题。资本一直试图控制农业领域，将其转变为其剩余价值的源泉。但是，农业利用其与自然的联系抵制资本的控制和剥削，而资本则利用技术创新突破农业领域的障碍。

我们认为，像其他商品和服务一样，技术创新也是由其供给方和需求方力量共同决定的，因而，技术创新的演化路径也应从其供给和需求两个角度展开分析。就需求层面而言，我们主要探讨了农户要素禀赋结构转变和规模变化对技术需求的影响；就供给层面而言，我们主要研究了农业的价值目标转变和资本控制农业对技术供给的影响。在此基础上，我们对农业技术创新对中国经济发展模式产生的影响进行了探讨。

第 1 章技术进步、技术效率与中国农业发展，旨在定量测度技术进步和技术效率提升对中国农业发展的影响。我们利用非参数的 DEA 方法测度了 1978～2011 年中国农业的全要素生产率，并进一步将其分解为技术进步和技术效率两部分，解读技术创新和制度创新在中国农业发展中的重要作用。

第 2 章诱致性农业技术创新理论研究述评，旨在系统地梳理现有主流技术的创新理论，并指出其不足之处，为我们分析框架的构建奠定坚实基础。

第 3 章农民时间的经济价值的提高与中国农业的资本深化，重点讨论要素禀赋结构转变对农业技术创新路径演化的影响。非农就业机会的增长推动了中国农民时间的经济价值的提高，而后者导致农户投资结构转变——用资本品替代劳动力，推动了中国农业的机械化进程和节约劳动力的生物技术创新的采用。

第 4 章农地流转、农户规模与农业技术创新，旨在研究农户规模对农民技术采用，进而对农业技术创新的影响。农民非农就业机会的增长必然推动农村土地要素和劳动力要素的重组。随着农民人口的减少，现有农户规模慢慢扩张，推动了具有规模偏向的农业技术的采用，从而增强了这类农业技术创新的市场诱致性力量。

第 5 章农业的价值目标转变与可持续农业发展，在系统梳理农业的价值目标演变的基础上，探寻中国可持续农业的发展模式以及与其相适应的农业技术创新和制度创新体系。

第 6 章资本控制、农业技术创新与微观经营方式，在系统梳理马克思技术创新思想的基础上，揭示技术创新的本质——资本控制劳动的工具。本章利用马克思技术创新理论，探讨农业技术创新的两条基本路径：机械化和标准化。

第7章农业技术创新、动态"刘易斯转折点"和人口红利，旨在探讨农业技术创新对中国经济发展模式的影响。节约劳动力的农业技术创新的采用能够有效释放农村劳动力，因而，"刘易斯转折点"是动态的，因此，节约劳动力的农业技术的采用能够有效地延缓中国人口红利的获得。但是，转变发展方式，使经济增长的主要动力尽快转向技术创新和制度创新推动的全要素生产率，刻不容缓。

第8章结语，总结全文。

研究的创新与不足

针对现有主流技术创新理论对供给方力量对技术创新影响的忽视，本书从资本利用技术创新控制农业经营角度出发，系统深入地研究了农业技术创新的两条可能的路径：机械化和标准化。同时，系统研究了农业的价值目标变迁如何影响农业技术创新和制度创新。因此，本书弥补了当前农业技术创新研究的供给层面的缺失，形成了技术创新的供给和需求的分析框架，这可能是本书最重要的创新之处。以马克思的技术创新思想为指导的农业技术创新路径研究，开辟了一条技术创新研究的新思路。

现代生产要素进入传统农业，推动了传统农业的改造和农业生产力的进步。但是，农业发展导致的农村生态环境和生活环境的破坏，也是有目共睹的。在系统梳理农业发展的价值目标演变基础上，我们明确指出，农业发展过程的环境破坏源于农业的经济价值目标、生态环境价值目标与生活价值目标的不统一。因此，从农业的综合价值目标的实现角度出发，本书阐述了可持续农业发展的重要意义，并为可持续农业发展构建了相应的技术创新和制度创新体系。

借用舒尔茨"农民的时间的经济价值的提高"的概念，揭示农业资本深化进程背后的微观机理——农户投资结构的转变。根据目前农户技术需求诱致力的不均衡分布情况，我们可以得出中国应该构建公私并存、竞争合作的农业技术创新体系的结论。我们对技术创新需求层面的分析，有效拓展了现有研究，是本书的创新点之一。

非熟练劳动力工资的上涨并不意味着中国人口红利的消失，因为，劳动节约型农业技术创新的使用将有效释放农村劳动力，推动"刘易斯转折点"的动态化。农民工加班是中国劳动密集型产业竞争优势的重要来源，但是，随着劳动力工资上涨，农民工加班意愿降低。因此，加快发展方式转变，刻不容缓。基于农业技术创新视角讨论"刘易斯转折点"的动态化，也是本书的创新点之一。

现有研究表明，农户技术的采用除受规模影响外，还受很多其他因素的影响。本书忽视了这些因素对农业技术采用，进而对技术创新路径的影响，这是本书的不足之处。

1 技术进步、技术效率与中国农业发展

历史已经证实，农业发展是工业化顺利推进的前提条件，忽视农业，甚至歧视农业，往往会严重伤害一国或地区的工业化进程，最终导致发展的失败。新中国成立后60多年的经济发展历史，成为此规律的生动注脚。新中国成立前30年（1949~1978年），赶超型的重工业优先发展战略内生了城市偏向的政策体系，导致农业发展缓慢，而这成为中国改革开放的策源地和重要推动力量。歧视农业和农村的制度与政策的调整，农业技术的进步，以及市场力量的逐步引入，推动了改革开放以来中国农业的成功。① 本章

---

① Huang et al. 用"中国的农业发展：失望的过去、最近的成功和将来的挑战"这样的标题对新中国成立后60年来的农业发展做了经典总结。详见 Huang Jikun, Keijiro Otsuka and Scott Rozelle. Agriculture in China's Development: Past Disappointments, Recent Successes, and Future Challenges, in Brandt Loren and Thomas G. Rawski. *China's Great Economic Transformation*, New York: Cambridge University Press, 2008, pp. 467 – 505. 林毅夫、蔡昉等在长期的中国经济研究中，形成了思潮—战略—自生能力的分析框架，很好地解释了城市偏向政策的内生逻辑。而贝茨揭示了非洲城市偏向政策的形成逻辑及其对经济发展的影响。林毅夫、蔡昉、李周：《中国的奇迹：发展战略与经济改革》，上海人民出版社、上海三联书店，1994；林毅夫：《思潮、战略与自生能力》，北京大学出版社，2008；罗伯特·贝茨：《超越市场奇迹——肯尼亚农业发展的政治经济学》，吉林出版集团有限责任公司，2009；罗伯特·贝茨：《热带非洲的市场与国家：农业政策的政治基础》，吉林出版集团有限责任公司，2011。

在重点描述改革开放以来中国农业增长和结构变迁的基础上，阐释其背后的动力结构，证实改革开放以来中国农业发展方式的转变过程。

1.1 中国农业的增长与结构变迁：演进描述

1.1.1 中国农业的总量和人均量增长

1978年改革开放以来，中国经济和社会发展取得了举世瞩目的成就，被誉为"中国奇迹"。从经济总量看，按照当年价格计算，1978年国内生产总值为3645亿元，而2011年为472882亿元，增长了近129倍；按照不变价格计算，1978年国内生产总值指数为100，则2011年为2250.4，增长了21.5倍。从人均收入看，按照当年价格计算，1978年的人均国内生产总值为381元，而2011年为35181元，增长了91.3倍；按照不变价格计算，1978年人均国内生产总值指数为100，则2011年为1600.9，增长了15倍。在1978～2011年的33年时间里，按照不变价格计算，中国国内生产总值年均增长率高达9.9%，人均国内生产总值年均增长率高达8.8%。

同期，中国农业也发展迅速，为第二、第三产业的扩张提供了坚实基础。按照当年价格计算，1978年第一产业GDP为1028亿元，2011年增加至47486亿元，增长了近45.2倍；按照不变价格计算，1978年第一产业GDP指数为100，则2011年为436.8，增长了近3.4倍。在1978～2011年的33年时间里，按照不变价格计算,中国农业年均增长率达 4.6%。粮食、油料作物、水果、肉类和水产品产量分别由 1978 年的 30477 万吨、522 万吨、657 万吨、1062 万吨、456 万吨增加到 2011 年的 57121 万吨、3307 万吨、22768 万吨、7958 万吨、5603 万吨,分别增加了 0.9 倍、5.3 倍、33.7 倍、6.5 倍、11.3 倍。

与各国经济发展历程相似,中国农业经过改革开放初期的相对高速增长之后,逐步回归到 4% 左右的正常增长率,远低于第二、第三产业的增长率。尽管如此,但由于中国农业的增长速度高于人口的自然增长率,中国的食物自给能力和居民食物消费水平和结构都得到了不断提升,见表 1-1 和图 1-1。与改革开放初期的 1978 年相比,2011 年,中国人均粮食、油料作物、水果、肉类和水产品的产量分别增加了 0.34 倍、4.0 倍、23.1 倍、4.4 倍、7.4 倍,由 1978 年的 317 千克、5 千克、7 千克、11 千克、5 千克增加到 2011 年的 424 千克、25 千克、169 千克、59 千克、42 千克。中国农业发展满足了经济增长推动的人们食物消费结构的转变,即由植物纤维为主向兼重动物脂肪及高蛋白的转变。①

1.1.2　中国农业经济结构的变迁

改革开放以来农业发展的成功,不仅体现在量的增长上,更重要的是农业经济结构的变迁。衡量农业发展成功与否的重要标

---

① 黄宗智详细描述了这一进程,并认为,中国人食物消费和农业结构的转变,连同持续上升的大规模非农就业、持续下降的人口自然增长率三者一起构成中国农业发展的历史性契机,农业本身成为就业的重要吸收来源,推动中国小康社会的建设,并因此稳定农村,缓解"三农"问题。黄宗智:《中国的隐性农业革命》,法律出版社,2010,第 103~126 页。

表 1-1 中国的经济增长与农业增长水平 (1978~2011 年)

类别	单位	1978 年	1985 年	1990 年	1995 年	2000 年	2005 年	2010 年	2011 年
国内生产总值	亿元	3645	9016	18668	60794	99215	184937	401513	472882
农业	亿元	1028	2564	5062	12136	14945	22420	40534	47486
工业	亿元	1745	3867	7717	28680	45556	87598	187383	220413
服务业	亿元	873	2585	5888	19979	38714	74919	173596	204983
粮食	万吨	30477	37911	44624	46662	46218	48402	54648	57121
油料作物	万吨	522	666	1613	2250	2955	3077	3230	3307
水果	万吨	657	679	1874	4215	6225	16120	21401	22768
肉类	万吨	1062[a]	1205	2857	5260	6125	7743	7926	7958
水产品	万吨	456	705	1237	2517	4278	5108	5373	5603
人口	万人	96259	105851	114333	121121	126743	130628	134091	134735
人均 GDP	元	381	858	1644	5046	7858	14185	30015	35181
城镇人均可支配收入	元	343	739	1510	4283	6280	10493	19109	21810
农民人均纯收入	元	134	398	686	1578	2253	3255	5919	6977
人均粮食	千克	317	358	390	385	365	371	408	424
人均油料	千克	5	6	14	19	23	24	24	25
人均水果	千克	7	6	16	35	49	123	160	169
人均肉类	千克	11	11	25	43	48	59	59	59
人均水产品	千克	5	7	11	21	34	39	40	42

注:a 为 1979 年数据;人均粮食、油料、水果、肉类、水产品数据系笔者根据总量/人口公式计算所得。

数据来源:国家统计局编《中国统计年鉴(2012)》,中国统计出版社,2012。

图1-1 中国改革开放以来经济增长率和农业增长率（1978~2011年）

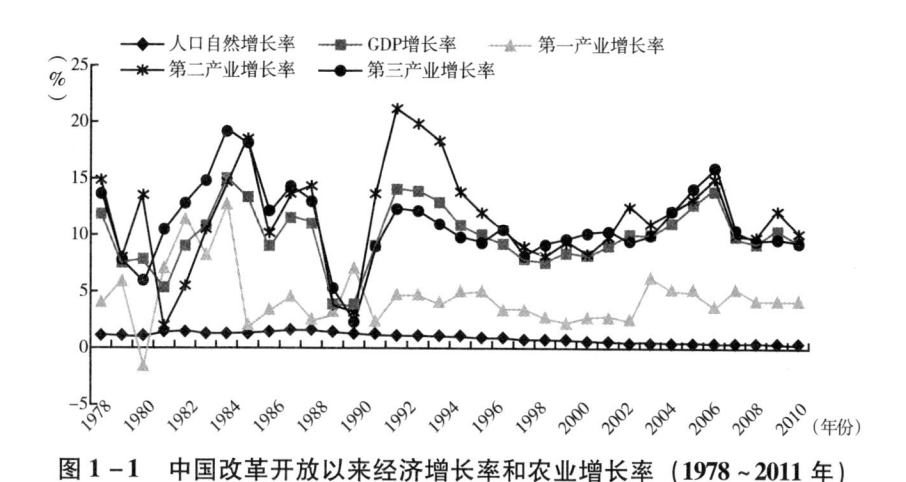

准之一是，农业发展是否为工业化推进过程中非农人员提供廉价而优质的食物。改革开放以来中国经济的高速增长，工业和服务业部门的迅速扩张，吸引了乡村人口向城市的大规模流动，城镇化进程大大加快。同时，经济增长带来了国民收入水平的提升。二者共同激发了人们对肉类、水果和其他非粮食作物需求的增长，而中国农业很好地应对了这种挑战，并在此过程中成长壮大。

据表1-2，农林牧渔总产值的结构清晰地展现了中国农业成功的结构变迁过程。1978年，种植业（狭义农业）占农业总产值的80%，改革开放后其比重持续降低，2011年只占农业总产值的51.6%。而林、牧、渔业在农业总产值中的比重由1978年的20%增加至2011年的44.8%，其中增长最明显的牧业和渔业，分别从1978年的15%、1.6%增长至2011年的31.7%、9.3%。正是农业经济结构的转变，推动了中国农业在改革开放以来的30多年时间里保持4%左右的健康增长。因为，牧业和渔业的增长率远远高于种植业的增长率，从而成为农业持续健康增长的最重要动力，如图1-2所示。

表 1-2 中国农业经济结构的变迁（1978~2011 年）

年份	总产值(亿元)					产值比例(%)			
	农林牧渔	农业	林业	牧业	渔业	农业	林业	牧业	渔业
1978	1397.0	1117.5	48.1	209.3	22.1	80.0	3.4	15.0	1.6
1980	1922.6	1454.1	81.4	354.2	32.9	75.6	4.2	18.4	1.7
1985	3619.5	2506.4	188.7	798.3	126.1	69.2	5.2	22.1	3.5
1990	7662.1	4954.3	330.3	1967.0	410.6	64.7	4.3	25.7	5.4
1995	20340.9	11884.6	709.9	6045.0	1701.3	58.4	3.5	29.7	8.4
2000	24915.8	13873.6	936.5	7393.1	2712.6	55.7	3.8	29.7	10.9
2005	39450.9	19613.4	1425.5	13310.8	4016.1	49.7	3.6	33.7	10.2
2010	69319.8	36941.1	2595.5	20825.7	6422.4	53.3	3.7	30.0	9.3
2011	81303.9	41988.6	3120.7	25770.7	7568.0	51.6	3.8	31.7	9.3

数据来源：国家统计局编《中国统计年鉴（2012）》，中国统计出版社。

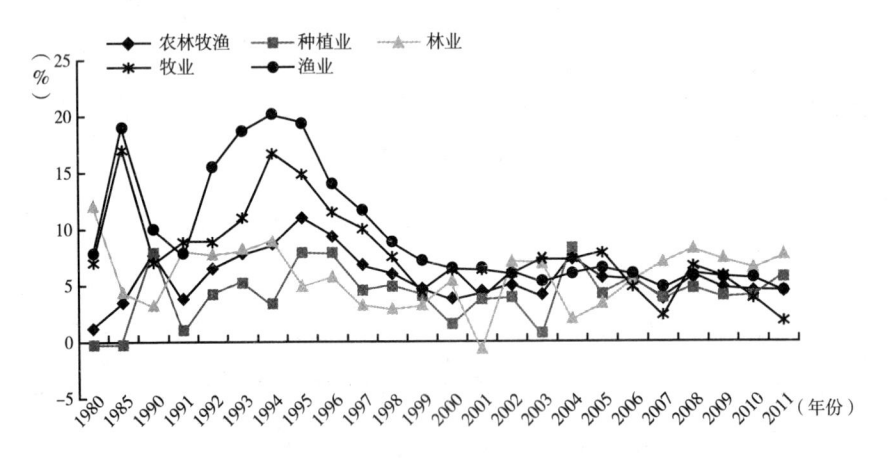

图 1-2 中国农业总产值及内部各业增长率（1978~2011 年）

种植业内部结构的快速变迁是中国农业经济结构转变的另一重要体现。改革开放以来，种植业在农业总产值中的比重降低的同时，粮食作物播种面积在种植业中的比重由 1978 年的 80.3%

持续下降到 2011 年的 68.14%，而相应的油料作物、蔬菜、瓜类等经济作物及其他农作物比重持续上升，2011 年达总播种面积的近 31.86%，特别是蔬菜、瓜类由 1978 年的占总播种面积的 2.2% 增加至 2011 年的 13.57%（见表 1-3）。

表 1-3 中国主要农作物种植结构（1978~2011 年）

单位：%

项目	1978 年	1980 年	1985 年	1990 年	1995 年	2000 年	2005 年	2010 年	2011 年
农作物总播种面积	100	100	100	100	100	100	100	100	100
粮食作物	80.3	80.1	75.8	76.5	73.43	69.39	67.07	68.38	68.14
油料作物	5.2	6.8	10.8	7.3	8.74	9.85	9.21	8.64	8.54
棉花	3.2	3.4	3.6	14.4	3.62	2.59	3.26	3.02	3.10
麻类	0.5	0.5	0.9	0.3	0.25	0.17	0.22	0.08	0.07
糖料	0.6	0.6	1.1	1.1	1.21	0.97	1.01	1.19	1.20
烟叶	0.5	0.3	0.9	1.1	0.98	0.92	0.88	0.84	0.90
药材	—	—	—	0.1	0.19	0.43	0.78	0.77	0.85
蔬菜、瓜类	2.2	2.2	3.3	4.8	7.08	11.06	12.82	13.31	13.57
其他农作物	—	—	—	4.2	4.49	4.70	4.78	3.76	3.62

数据来源：1978~1985 年数据根据《中国统计年鉴（1996）》笔者计算所得；1990 年数据来自《中国统计年鉴（2001）》；1995~2011 年数据来自《中国统计年鉴（2012）》。

农业总量的增长和结构变迁成为中国农民收入增长的重要推动力之一，而农民收入的增长反过来通过扩大市场规模而成为农业进一步发展的重要力量。因此，斯密定理是解释中国农业发展的重要思路之一。

1.2 农业增长的源泉：要素积累和全要素生产率提升

1.2.1 现有文献简述

改革开放以来中国农业的持续增长，吸引了大批研究者的关注，他们集中于探讨其增长的动力源泉。

1992年，林毅夫发表于《美国经济评论》的"中国的农村改革与农业增长"[①]一文，称得上是这一研究领域的奠基之作。该作品连同他的后续相关研究，最终形成了制度变革、技术进步和中国农业发展的解释框架。林毅夫相关研究的"主要目的是要将以家庭为基础的农作制改革对产出增长的贡献同其他改革及投入可得性增加的贡献分解开来"。[②] 其研究表明，1978～1984年中国农业总产出增长42.23%，其中投入（土地、劳动、资本、肥料）增加贡献了45.79%，各项改革导致的生产率变化贡献了48.64%，而在各项改革中，从生产队体制向家庭联产承包责任制的转变就使总产出增长了约46.89%，稍大于农业投入要素的总效应。[③] McMillan等的研究发现，1978～1984年中国农业

[①] 制度是决定一国或地区经济发展绩效的关键因素，是新制度经济学家的共识。但是，制度对经济发展的定量分析非常关键，而林毅夫的这篇文章是这一领域的奠基性文献之一。

[②] 林毅夫：《制度、技术与中国农业发展》，上海三联书店、上海人民出版社，1994，第77～78页。

[③] 林毅夫：《制度、技术与中国农业发展》，上海三联书店、上海人民出版社，1994，第76～106页。

生产率增长的78%可以用家庭联产承包责任制的采用来解释，22%归功于农产品价格上升。① Fan Shenggen 的研究表明，制度变迁解释了中国农业生产率增长的63%，技术进步解释了剩下的37%。② Fleisher B. M. 和 Liu Y. 的研究发现，中国农村家庭小块土地的整合能够对中国农业生产率有显著影响。③ Wang 等构建了一个影子价格-利润前沿模型，检验中国农村家庭农业生产效率。根据研究发现，农户家庭资源禀赋与教育水平是影响中国农户配置效率的重要因素，市场扭曲程度的降低能够促进农业技术效率和配置效率。④ Rozelle Scott 和黄季焜使用标准的狄威西亚指数（Divisia Index）计算发现，中国主要粮食的全要素生产率以每年2%的健康速率增长。他们认为，虽然投入增长是过去20多年里中国农业产出增长的重要原因，但未来中国农业的发展不能再依赖于投入。原因是肥料和农药的大量使用意味着产出的增长不可能得以持续，而且其他因素，如环境意识和资源的约束也要求减少投入。因此，未来中国农业的发展出路在于农业全要素生产率的增长和对产出贡献的增加。⑤ 陈卫平运用非参数的

---

① 林毅夫1992年的论文指出了McMillan等论文的几个缺陷。McMillan John, John Whalley and Lijing Zhu. The Impact of China's Economic Reforms on Agricultural Productivity Growth, *Journal of Political Economy*, 1989, Vol. 97, pp. 781–807. 林毅夫：《制度、技术与中国农业发展》，上海三联书店、上海人民出版社，1994，第104页。

② Fan Shenggen. Effects of Technological and Institutional Reform on Production Growth in Chinese Agriculture, *American Journal of Agricultural Economics*, 1991, Vol. 73, pp. 266–275.

③ Fleisher B. M. and Liu Y. Economies of Scale, Plot Size, Human Capital, and Productivity in Chinese Agriculture, *Quarterly Review of Economics and Finance*, 1992, Vol. 32 (3), pp. 112–123.

④ Wang J., Wailes E. J. and Cramer, G. L.. A Shadow-price Frontier Measurement of Profit Efficiency in Chinese Agriculture, *American Journal of Agricultural Economics*, 1996, Vol. 78, pp. 146–156.

⑤ Rozelle Scott、黄季焜：《中国的农村经济与通向现代工业国之路》，《经济学（季刊）》2005年第4期，第1019~1042页。

曼奎斯特指数（Malmquist Index）研究了 1990~2003 年中国农业全要素生产率的增长及其构成的时序成长和空间分布特征。从 1990 年至 2003 年的 13 年时间，中国农业全要素生产率平均每年增长 2.59%。从构成上看，农业生产率的增长主要是由技术进步导致的，而不是来自技术效率的提升。1990~2003 年，中国农业技术进步指数年均增长 5.48%，农业技术效率指数反而年均下降 2.78%。[①] 李静和孟令杰使用非参数的 HMB 生产率指数方法考察了中国改革开放以来 1978~2004 年农业全要素生产率的变化趋势。其研究发现，中国农业全要素生产率总体上保持了健康的增长速度，年均增长 2.2% 左右。从生产率增长变化的分解来看，技术进步是唯一促进中国农业全要素生产率保持增长的决定力量，年均增长 3.3%，技术效率的下滑则使农业全要素生产率年均下降 1.4% 左右，规模效应和投入产出混合效应几乎没有什么影响。[②]

现有文献肯定了：第一，投入增长对改革开放以来农业产出增长做出了重要贡献，贡献率在 50% 左右。第二，1978~1984 年中国农村制度变革对中国农业产出和全要素生产率增长具有重要影响。同时，现有文献指出，1990 年以来中国农业产出增长和全要素生产率提高主要来自中国农业技术进步，而不是制度变革所带来的技术效率改进。

本书主要运用面板数据对中国农业的全要素生产率进行实证

---

① 陈卫平：《中国农业生产率增长、技术进步与效率变化：1990~2003 年》，《中国农村观察》2006 年第 1 期，第 18~23 页。
② 李静、孟令杰：《中国农业生产率的变动与分解分析：1978~2004 年》，《数量经济技术经济研究》2006 年第 5 期，第 11~19 页。

研究，从而深入探讨农业增长的源泉。我们从以下两个方面对现有文献进行拓展：①利用曼奎斯特指数系统地研究改革开放至今的中国农业全要素生产率的演进。之前的研究，从时间维度看主要集中在 1952～1995 年，本书把研究集中在 1978～2011 年。②本书集中考察政府政策变革对农业全要素生产率及其构成的影响。中国农业的高速增长始于农村改革，21 世纪伊始，中国农业、农村和农民问题又成为政府关注的核心，因此，关注政府政策对农业全要素生产率的影响意义重大。

1.2.2 增长的动力构成：基于增长核算的分析框架

经济学源于对国富国穷的探索，从强调资本积累的哈罗德-多马模型，到强调外生技术进步的新古典增长理论，再到强调内生技术进步的新增长理论以及强调制度的新制度经济学，人们对国富国穷的理解逐步深入，其秘密也逐步展现在人们的面前，而增长核算理论就是人们理解这一秘密的努力之一，其试图定量测度不同要素对经济增长的贡献。

索洛于 1957 年发表的经典论文"技术进步与总量生产函数"奠定了增长核算理论的基础。在对美国 1909～1949 年单位劳动力小时生产率的来源研究中发现，单位劳动力资本存量仅能解释产出增长的 12.5%，而 87.5% 无法用要素投入解释，被称为"索洛残差"，而索洛认为技术进步是残差的主要解释因素。[①]为此，经济增长的源泉包括两大重要部分：要素积累和全要素生

---

① Solow. Robert M. Technical Change and the Aggregate Production Function, *The Review of Economics and Statistics*, 1957, Vol. 39 (3), pp. 312 – 320.

产率的提升。以常见的柯布-道格拉斯生产函数为例，总产出的增长率可以表示为：

$$\frac{\Delta Y}{Y} = \frac{\Delta A}{A} + \alpha_K \cdot \frac{\Delta K}{K} + \alpha_L \cdot \frac{\Delta L}{L} + \alpha_H \cdot \frac{\Delta H}{H}$$

其中，Y 表示总产出，K、L、H 分别表示物质资本、劳动力和人力资本，α_K、α_L、α_H 分别表示物质资本、劳动力和人力资本等的产出弹性，A 表示技术水平。由此，总产出的增长可以划分为两部分：物质资本、劳动力和人力资本等要素积累带来的产出增长和技术进步推动的全要素生产率提升带来的产出增长。

而由于现实的企业并不总是运行在效率边界上，全要素生产率的提升又可以进一步分解成技术进步和技术效率的提升两个部分。因此，总产出的增长可以分成三个部分：要素积累、技术进步和技术效率的提升。在此，技术变革或科学技术进步是指生产函数前沿面的转变，在图1-3中表现为由 F_1 转变为 F_2；技术效率提升是指潜在产出水平和实际产出水平之间缺口的缩小。图1-3中，企业在时期1和时期2对两种技术分别产生的生产函数前沿面 F_1 和 F_2。如果企业具有完全效率，则企业在时期1和时期2的产出水平分别为 T_1 和 T_2。然而，技术上无效率企业在时期1和时期2的实际产出水平分别是 Y_1 和 Y_2。技术进步通过生产函数 F_1 和 F_2 之间距离"T_2-T_1"来测度；技术无效率通过实际产出水平与潜在产出水平之间的缺口来测度，在时期1和时期2分别为 E_1 和 E_2。因此，在时期1和时期2效率提升是不同的。而投入增加对产出的贡献用 Z 表示。这样，企业人均产出水平的增长就包括三个基本源泉：投入增

加、技术进步和技术效率提升,即式(1-1):

$$Y_2 - Y_1 = Z + (T_2 - T_1) + (E_1 - E_2) = Z + TFP \quad (1-1)$$

也就是说,产出的增加是投入增加和全要素生产率提升共同作用的结果。如图 1-3 所示,其中 Z 代表要素投入 X 增加带来的总产出增长,$T_2 - T_1$ 代表技术进步带来的总产出增长,$E_1 - E_2$ 代表技术效率提升带来的总产出增长。

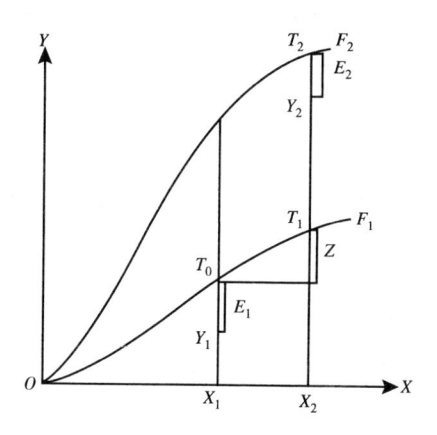

图 1-3 总产出增长的源泉:要素积累、技术进步与技术效率提升

1.3 测度方法和数据来源及处理

1.3.1 非参数的 Malmquist 指数方法

1. 曼奎斯特生产率指数

Caves D. W. 等根据曼奎斯特(Malmquist)发展的距离函数

创立了曼奎斯特生产率指数。[①] Färe R. 等把生产率的增长分解为相互独立的两个组成部分：技术进步和技术效率提升，而生产率的变化等于利用距离函数计算的两个曼奎斯特生产率指数的几何平均数。[②]

生产技术 S^t 表示在时间 $T=1,\cdots,T$ 把投入 $x^t \in R_+^N$ 转化为 $y^t \in R_+^M$，定义为：

$$S^t = \{(x^t, y^t): x^t 能够生产 y^t\} \quad (1-2)$$

这里，假设 S^t 满足某些公理，从而可以定义有意义的产出距离函数。[③]

根据 Färe R. 等的定义，距离函数是 Farrell 技术效率的倒数，[④] 从而可以定义时期 t 的参考技术 S^t 的产出距离函数：

$$D_0^t(x^t, y^t) = \inf\left[\theta : \left(x^t, \frac{y^t}{\theta}\right) \in S^t\right]$$

$$= \{\sup[\theta : (x^t, \theta y^t) \in S^t]\}^{-1} \quad (1-3)$$

产出距离函数可以看作某一生产点 (x^t, y^t) 向理想的最大产出

[①] Caves D. W., Christensen L. R. and Diewert W. E.. Multilateral Comparisons of Output, Input, and Productivity Using Superlative Index Number, *Economic Journal*, 1982, Vol. 92, pp. 73 – 86; Caves D. W., Christensen L. R. and Diewert, W. E.. The Economic Theory of Index Number and the Measurement of Output, Input, and Productivity, *Econometrica*, 1982, Vol. 50, pp. 1393 – 1414.

[②] Färe R., Grosskopf S., Norris M. and Zhang, Z.. Productivity Growth, Technical Progress, and Efficiency Change in Industrialized Countries, *American Economic Review*, 1994, Vol. 84, pp. 66 – 83.

[③] Färe R.. *Fundamentals of Production Theory: Lecture Notes in Economics and Mathematical Systems*, Heidelberg: Springer-Verlag, 1988.

[④] Färe R., Grosskopf S., Norris M. and Zhang Z.. Productivity Growth, Technical Progress, and Efficiency Change in Industrialized Countries, *American Economic Review*, 1994, Vol. 84, pp. 66 – 83; Farrell M. J.. The Measurement of Productive Efficiency. *Journal of the Royal Statistical Society*, 1957, Vol. 120, pp. 253 – 282.

点压缩的比例。如果 $D_0^t(x^t, y^t) = 1$，(x^t, y^t) 在生产前沿面上，生产在技术上是有效率的；如果 $D_0^t(x^t, y^t) < 1$，(x^t, y^t) 在生产前沿面内部，则生产在技术上是无效率的；如果 $D_0^t(x^t, y^t) > 1$，(x^t, y^t) 在生产前沿面外部，生产在技术上是无效的。

两个不同时期之间的距离函数可以定义为：

$$D_0^t(x^{t+1}, y^{t+1}) = \inf[\theta : (x^{t+1}/\theta) \in S^t] \quad (1-4)$$

这是一个混合型指数，用来测度在 t 期技术条件下某一生产点 (x^{t+1}, y^{t+1}) 向最大产出点压缩的比例。

根据 Caves D. W. 等的研究，[①] 曼奎斯特生产率指数可以定义为：

$$M_0^t = \frac{D_0^t(x^{t+1}, y^{t+1})}{D_0^t(x^t, y^t)} \quad (1-5)$$

M_0^t 测度了 t 期技术条件下源于 t 与 $t+1$ 之间技术效率变化所导致的生产率变化。t 期至 $t+1$ 期之间技术效率变化也可以利用 $t+1$ 期技术来测度，该曼奎斯特生产率指数可以定义为：

$$M_0^{t+1} = \frac{D_1^{t+1}(x^{t+1}, y^{t+1})}{D_1^{t+1}(x^t, y^t)} \quad (1-6)$$

曼奎斯特生产率变化指数可以被分解为技术效率增进和技术进步两部分。在实证研究中，有两种分解曼奎斯特生产率指数的

---

① Caves D. W., Christensen L. R. and Diewert W. E.. Multilateral Comparisons of Output, Input, and Productivity Using Superlative Index Number, *Economic Journal*, 1982a, Vol. 92, pp. 73 – 86; Caves D. W., Christensen L. R. and Diewert W. E.. The Economic Theory of Index Number and the Measurement of Output, Input, and Productivity, *Econometrica*, 1982b, Vol. 50, pp. 1393 – 1414.

思路。为了得到以时期 t 为基期的 $t+1$ 期的全要素生产率,我们利用 Färe R. 等的思路,用两个曼奎斯特生产率指数的几何平均值来计算生产率的变化。① 因此,以产出为基础的曼奎斯特生产率指数可以定义为式(1-5)和式(1-6)的几何平均数并且可以分解为:

$$M_0(x^{t+1},y^{t+1},x^t,y^t) = \left\{\left[\frac{D_0^t(x^{t+1},y^{t+1})}{D_0^t(x^t,y^t)}\right]\left[\frac{D_1^{t+1}(x^{t+1},y^{t+1})}{D_1^{t+1}(x^t,y^t)}\right]\right\}^{\frac{1}{2}}$$

$$= \frac{D_1^{t+1}(x^{t+1},y^{t+1})}{D_0^t(x^t,y^t)}\left\{\left[\frac{D_0^t(x^{t+1},y^{t+1})}{D_1^{t+1}(x^{t+1},y^{t+1})}\right]\left[\frac{D_0^t(x^t,y^t)}{D_1^{t+1}(x^t,y^t)}\right]\right\}^{\frac{1}{2}}$$

$$= E(x^{t+1},y^{t+1},x^t,y^t)T(x^{t+1},y^{t+1},x^t,y^t) \quad (1-7)$$

其中,$E(x^{t+1}, y^{t+1}, x^t, y^t)$ 测度在规模报酬不变且要素自由处置条件下技术效率提升指数,即测度 t 期至 $t+1$ 期之间每个观测对象对最佳实践边界的追赶(Catching-up)程度。$T(x^{t+1}, y^{t+1}, x^t, y^t)$ 表示技术进步指数,即测度 t 期至 $t+1$ 期之间技术边界的变化。因此,利用曼奎斯特生产率指数可以确定全要素生产率变化的两个不同来源:技术创新带来的技术边界变化和对最佳实践边界的追赶带来的技术效率提升。当曼奎斯特生产率指数超过 1 时,表明生产率增长;当曼奎斯特生产率指数等于 1 时,表明生产率不变;当曼奎斯特生产率指数小于 1 时,表明生产率降低。同理,当 $E(x^{t+1}, y^{t+1}, x^t, y^t) > 1$ 时,表明存在技术效率提升;当 $E(x^{t+1}, y^{t+1}, x^t, y^t) = 1$ 时,

---

① Färe R., Grosskopf S. and Norris M.. Productivity Growth, Technical Progress, and Efficiency Change in Industrialized Countries: Reply, *American Economic Review*, 1997, Vol. 87, pp. 1040–1043.

则不存在技术效率提升；当 $E(x^{t+1}, y^{t+1}, x^t, y^t) < 1$ 时，存在技术效率退化。当 $T(x^{t+1}, y^{t+1}, x^t, y^t) > 1$ 时，表明存在技术进步；当 $T(x^{t+1}, y^{t+1}, x^t, y^t) = 1$ 时，则不存在技术进步。

2. 数据包络分析（DEA）

Färe R. 等列举了几种传统的计算曼奎斯特生产率指数的方法。[①] 但是，它们中大多数需要针对一定技术的专门的生产函数。Charnes A. 等提出不需要专门生产技术的数据包络分析方法就可以建立的一种最佳实践边界。[②] 利用 Färe R. 等概括的数据包络分析方法，[③] 我们建立了中国农业部门在各种技术条件和各个时期的最佳实践边界。有了这种最佳实践边界，我们就可以把中国各个省份的实际观测值与最佳实践边界比较，从而得出是技术效率提升还是技术进步导致的边界转变。这样，用来测度全要素生产率的曼奎斯特生产率指数就可以看作这两者的几何平均数。

假设有 $k = 1, \cdots, K$ 个省在时期 $t = 1, \cdots, T$ 利用 $n = 1, \cdots, N$ 种投入 $x_{k,n}^t$ 生产出 $m = 1, \cdots, M$ 产出 $y_{k,m}^t$。在数据包络技术中，从数据中得出的时期 t 的规模报酬不变情况下的参考技术可以定义为：

[①] Färe R., Grosskopf S., Norris M. and Zhang, Z.. Productivity Growth, Technical Progress, and Efficiency Change in Industrialized Countries [J], *American Economic Review*, 1994, Vol. 84, pp. 66–83.

[②] Charnes A., Cooper W. and Rhodes, E.. Measuring the Efficiency of Decision Making Units, *European Journal of Operational Research*, 1978, 2, pp. 429–444.

[③] Färe R., Grosskopf S., Norris M. and Zhang, Z.. Productivity Growth, Technical Progress, and Efficiency Change in Industrialized Countries, *American Economic Review*, 1994, Vol. 84, pp. 66–83.

$$G^t = \left\{ (x^t, y^t) : y_m^t \leq \sum_{k=1}^{K} Z_K^t y_{k,m}^t \quad m = 1, \cdots, M, \right.$$

$$\sum_{k=1}^{K} Z_K^t x_{k,n}^t \leq x_n^t \quad n = 1, \cdots, N,$$

$$\left. z_k^t \geq 0 \quad k = 1, \cdots, K \right\} \quad (1-8)$$

这里，z 指每个横断面观测值的权重。Afriat S. 的研究[①]通过增加如下假设就可以放宽规模报酬不变假设：

$$\sum_{k=1}^{K} z_k^t = 1, (VRS) \quad (1-9)$$

与 Färe R.[②] 等一样，我们利用一种增强的曼奎斯特生产率指数分解方法来分析中国 31 个省份农业产出的生产率增长。在此，我们把技术效率提升分成两个部分：纯效率提升和规模改变带来的效率提升。

为了计算 k 省在时期 t 和时期 $t=1$ 之间的曼奎斯特生产率指数，我们利用数据包络方法分别计算如下 4 个距离函数：$D_0^t(x^t, y^t)$；$D_1^{t+1}(x^t, y^t)$；$D_0^t(x^{t+1}, y^{t+1})$；$D_1^{t+1}(x^{t+1}, y^{t+1})$。为了计算每个省 $k = 1, \cdots, K$ 的以产出为基准的 Farrell 技术效率测度，非参数规划模型可以定义如下：

$$\{[D_0^t(x_k^t, y_k^t)]^{-1} = \max \lambda^k$$

约束条件为：

---

① Afriat S.. Efficiency Estimation of Production Functions, *International Economic Review*, 1972, 13, pp. 568–598.
② Färe R., Grosskopf S., Norris M. and Zhang, Z.. Productivity Growth, Technical Progress, and Efficiency Change in Industrialized Countries, *American Economic Review*, 1994, Vol. 84, pp. 66–83.

$$\lambda^k y_{k,m}^t \leq \sum_{k=1}^{K} Z_k^t y_{k,m}^t \qquad m = 1,\cdots,M,$$

$$\sum_{k=1}^{K} Z_k^t x_{k,n}^t \leq x_{k,n}^t \qquad n = 1,\cdots,N,$$

$$Z_k^t \geq 0 \qquad k = 1,\cdots,K\} \qquad (1-10)$$

$D_1^{t+1}(x^{t+1}, y^{t+1})$ 的计算和式（1-10）是相似的，仅仅需要把 t 更换成 $t+1$。

构建曼奎斯特生产率指数还需要计算两个混合型距离函数，它们是通过把一时期的观测值与另一时期的最佳实践边界进行比较而得出。对于 k 省观测值而言，混合型距离函数的逆函数可以通过如下公式得到：

$$\{[D_0^t(x_k^{t+1}, y_k^{t+1})]\}^{-1} = \max\lambda^k$$

约束条件为：

$$\lambda^k y_{k,m}^{t+1} \leq \sum_{k=1}^{K} Z_k^t y_{k,m}^t \qquad m = 1,\cdots,M,$$

$$\sum_{k=1}^{K} Z_k^t x_{k,n}^t \leq x_{k,n}^{t+1} \qquad n = 1,\cdots,N,$$

$$Z_k^t \geq 0 \qquad k = 1,\cdots,K \qquad (1-11)$$

为了测算规模效率变化，可以通过把式（1-9）加入到式（1-10）和式（1-11）的约束条件中来计算规模报酬可变技术下的逆产出距离函数。技术进步（*TECHCH*）是相对规模报酬不变技术计算的；每期规模效率变化（*SCH*）是规模报酬不变条件下距离函数和规模报酬可变条件下距离函数的比率；纯效率变化（*PEFFCH*）可以通过计算各期在规模报酬可变条件下本期距离函数的比率得到。为此，等式（1-7）可以分解如下：

$$M_0(x^{t+1}, y^{t+1}, x^t, y^t) = E(x^{t+1}, y^{t+1}, x^t, y^t) T(x^{t+1}, y^{t+1}, x^t, y^t)$$
$$= TECHCH \times EFFCH$$
$$= TECHCH \times PEFFCH \times SCH \qquad (1-12)$$

这里，$EFFCH$ 表示规模报酬不变条件下计算的技术效率提升。

1.3.2 数据来源及处理

本书所使用的数据是中国大陆31个省、自治区和直辖市于1978～2011年农业投入和产出的数据。研究中所有数据来自《中国统计年鉴》《新中国五十年统计资料汇编》和《新中国六十年统计资料汇编》。本书所使用的农业产出变量和农业投入变量定义如下。

1. 农业产出变量

农业产出是以1978年不变价格计算的GDP中第一产业产值。根据《中国统计年鉴》统计指标解释，这里第一产业是指农、林、牧、渔业。这与很多研究中国农业生产率的相关文献不同，大多数研究采用的是农、林、牧、渔总产值作为农业产出的度量指标，而本书采用GDP中第一产业产值避免了总产值中所包含的农业投入价值。

2. 农业投入变量

农业投入包括土地、劳动、机械动力、化肥、役畜五种投入。

（1）土地投入：以农作物总播种面积而不是可耕地面积计算，因为耕地存在复种指数的差别，同时还存在抛荒和半抛荒等现象，因此，可耕地不是反映农业土地投入的一个好指标。

（2）劳动投入：以乡村年底农、林、牧、渔从业人员数计算，其中乡村工业和服务业就业人员不包括在内。1978年和

1984年乡村年底农、林、牧、渔从业人员数采用的是《新中国六十年统计资料汇编》中各省第一产业从业人员数。

（3）机械动力投入：主要用于农、林、牧、渔业的各种动力机械的动力总和。包括耕作机械、排灌机械、收获机械、农用运输机械、植物保护机械、牧业机械、林业机械、渔业机械和其他农业机械（内燃机按引擎马力折成瓦计算、电动机按功率折成瓦计算）。不包括专门用于乡、镇、村、组办的工业、基本建设、非农业运输、科学试验和教学等非农业生产方面用的动力机械与作业机械。这个指标的统计数据主要来源于农机部门。

（4）化肥投入：指本年内实际用于农业生产的化肥数量，包括氮肥、磷肥、钾肥和复合肥。化肥施用量要求按折纯量计算数量。折纯量是指把氮肥、磷肥、钾肥分别按含氮、含五氧化二磷、含氧化钾100%的成分进行折算后的数量。复合肥按其所含主要成分折算。公式为：

折纯量＝实物量×某种化肥有效成分含量的百分比

（5）役畜投入：主要用于农业生产和农业运输。在《中国统计年鉴》中，役畜投入是以"农村居民家庭平均每百户拥有主要固定资产数量（年底数）"统计的，由于各个省份统计标准相同，在实际计算中，笔者没有再做处理。其中，1978～1984年各省"农村居民家庭平均每百户拥有主要固定资产数量（年底数）"数据缺少，故使用各省"大牲畜年底头数（万头）"作为替代。[①] 上海2001年之后数据空缺，我们使用2000年的役畜数量代替。

[①] 数据来源：国家统计局国民经济综合统计司编《新中国六十年统计资料汇编》，中国统计出版社，2010。

1.4 估算结果与分析

为反映出全国总体层次上的农业全要素生产率的增长及其构成的变化,我们运用几何平均法对各年度全国所有省、自治区、直辖市的农业曼奎斯特生产率指数值、农业技术进步指数值、农业技术效率提升指数值、纯效率提升指数值和规模效率提升指数值分别进行处理,得到各年度全国相应的值。如果是分析跨时期的情况,我们首先计算出该时期各省、自治区、直辖市的农业全要素生产率及其构成的指数值,然后再计算几何平均数。

1.4.1 中国农业全要素生产率及其构成的时序特征

从表1-4可以看出,中国农业全要素生产率在1978～2011年的33年间,年均增长率为3.9%,而同期中国农业年均增长率为4.6%,这表明中国农业年均增长率的84.8%是全要素生产率增长贡献的,由此可见,中国农业发展的主要推动力来源于全要素生产率的进步。而在农业全要素生产率3.9个百分点中技术进步贡献了4.2个百分点,对中国农业年均增长率的贡献是91.3%;技术效率增进贡献了-0.3个百分点,对中国农业年均增长率的贡献是-6.5%。而在农业技术效率提升中,纯技术效率提升指数年均增长-0.3%,而规模效率提升指数年均增长0个百分点。

然而,中国农业全要素生产率增长具有明显的波动性。1978～1984年,中国农村开始改革,家庭联产承包责任制从萌芽到全

表1-4 中国农业曼奎斯特生产率指数及其
构成变化（1978~2011年）

时期	M(*)	TC	EC	PEC	SEC
1978/1979	1.057	1.089	0.971	0.965	1.006
1979/1980	1.022	0.949	1.077	1.030	1.046
1980/1981	1.124	1.113	1.011	1.035	0.976
1981/1982	1.083	1.114	0.972	0.978	0.994
1982/1983	1.067	1.035	1.031	1.022	1.009
1983/1984	1.054	1.055	0.999	0.982	1.017
1978/1984	1.067	1.057	1.009	1.002	1.008
1985/1986	0.993	0.983	1.010	0.997	1.013
1986/1987	1.064	1.071	0.993	1.005	0.988
1987/1988	1.046	1.116	0.937	0.958	0.978
1988/1989	0.941	0.945	0.996	0.987	1.009
1989/1990	1.095	1.034	1.059	1.042	1.016
1990/1991	0.991	1.039	0.953	0.951	1.003
1991/1992	0.945	0.959	0.986	0.998	0.988
1992/1993	0.988	1.033	0.957	0.961	0.996
1993/1994	1.082	1.075	1.007	1.011	0.996
1994/1995	1.078	1.078	0.999	1.018	0.981
1995/1996	1.037	0.994	1.043	1.016	1.027
1996/1997	1.019	1.047	0.973	0.975	0.998
1997/1998	1.022	1.045	0.977	0.987	0.990
1998/1999	1.003	1.051	0.954	0.975	0.979
1999/2000	0.976	0.997	0.979	0.981	0.998
1985/2000	1.018	1.030	0.988	0.991	0.997
2000/2001	1.021	1.044	0.978	0.989	0.988
2001/2002	1.030	1.020	1.010	1.006	1.003
2002/2003	1.053	1.087	0.969	0.996	0.973
2003/2004	1.091	1.052	1.037	1.028	1.009
2004/2005	1.030	1.037	0.994	0.997	0.997
2005/2006	0.962	0.979	0.982	0.981	1.002

续表

时期	M(*)	TC	EC	PEC	SEC
2006/2007	1.119	1.093	1.024	1.005	1.020
2007/2008	1.098	1.069	1.027	1.029	0.998
2008/2009	1.022	0.995	1.027	0.991	1.036
2009/2010	1.070	1.089	0.982	1.002	0.980
2010/2011	1.100	1.118	0.984	0.987	0.997
2000/2011	1.056	1.053	1.003	1.002	1.001
1985/2011	1.033	1.039	0.993	0.995	0.998
1978/2011*	1.039	1.042	0.997	0.997	1.000

注：其中 M(*) 表示曼奎斯特生产率指数，即全要素生产率；TC 表示技术进步指数；EC 表示技术效率提升指数；PEC 表示纯技术效率提升指数；SEC 表示规模效率提升指数。

* 由于 1978~1984 年役畜数据缺失，为了统计口径的一致，1978~2011 年的曼奎斯特生产率指数测算没有包含役畜投入。

面铺开。家庭联产承包责任制的实施，改变了中国农民的激励结构，导致农民采用新技术的动机增强，推动中国农业生产前沿面的外移，① 使农业生产率在这 6 年中增长迅速，全要素生产率年

---

① 1978~1984 年中国农业生产前沿面外移的原因，除了家庭联产承包责任制的采用导致农民激励机制变化外，另一重要原因在于：中国农业科学技术的进步和毛泽东时代发动全民兴修水利工程带来的农业基础设施的提升。而农业基础设施与农业新技术（如新种子——杂交水稻）的互补性早已被速水佑次郎和拉坦（Hayami and Ruttan）证明。中国杂交水稻的研究是在袁隆平教授的领导下进行的，该研究开始于 1964 年湖南省。1970 年，袁隆平和他的助手发现了一个野生的雄性不育水稻时，这项研究取得了突破。1971 年，对"保持系"和"恢复系"的研究成为全国性重大攻关项目，包括全国 20 多个研究机构。1972 年，第一个"保持系"种子由袁隆平和江西省的其他研究者发现；1973 年，广西的一个育种专家发现了第一个"恢复系"；具有显著的杂交优势的杂交组合于 1974 年发现；1975 年开始在数百个县进行试验；1976 年，杂交水稻开始大田生产。因此，农业新技术的出现为改革开放后农业生产率的增长提供了前提条件。但是，如果没有毛泽东时代的农田水利设施的全民兴修，杂交水稻的优势也难以发挥。为此，研究中国改革开放以来的经济增长必须采用演进的观点，把改革开放前后作为一个整体来研究。速水佑次郎和拉坦：《农业发展的国际分析》（修订扩充版），中国社会科学出版社，2000；林毅夫：《制度、技术与中国农业发展》，上海三联书店、上海人民出版社，1994，第 137~142 页。

均增长高达 6.7%。但是，随着家庭联产承包责任制在中国的全面铺开，中国改革的重心由农村向城市转移，农业全要素生产率在 1985~2000 年年均增长率仅为 1.8%。全要素生产率迅速降低的原因主要有二：①家庭联产承包责任制的制度变革效应消耗殆尽；②改革重心从农村向城市、从农业向工业的转移，故惠农政策减少，从而不利于农业技术效率的提高。而 20 世纪 80 年代中期至 90 年代初期的农业生产率的增长减速，导致 20 世纪 90 年代前半期中国农产品供不应求，特别是，1993 年年底粮食价格迅速上升。为了保证粮食价格供应，中央政府采取了如下措施：①提高政府合同定购粮的收购价格，1994 年收购价比上年提高了 46.6%，1995 年比上年提高了 29%，1996 年又比上年提高了 5.8%；②允许地方政府根据实际情况对定购粮的收购价格给予价格补贴。① 这些政策措施的采用大大提高了农民种粮积极性，因此，1994~1999 年农业全要素生产率保持了正增长。但是，农业生产率增长带来的粮食丰收导致了"卖粮难"及农业结构性矛盾，致使农民增产不增收问题严重，影响了农民生产积极性，并妨碍了农民对农业的投资和农业新技术的采用，这导致农业全要素生产率从 1994 年开始逐年降低，1999 年仅增长 0.3 个百分点，2000 年降为 -2.4 个百分点。进入 21 世纪，"三农"问题成为中国政府面临的最大挑战，为此，一系列惠农政策相继出台，如减免农业税、增加农业补贴等，这些政策的实施重新提高了农民的生产积极性，中国农业全要素生产率再次迅速上升，2000~2011 年中国农业全要素生产率年均增长 5.6%。

---

① 吴敬琏：《当代中国经济改革》，上海远东出版社，2004，第 106~107 页。

中国农业全要素生产率指数增长在不同阶段的源泉不同。1978~1984年，中国农业全要素生产率指数的增长主要源于技术的进步，技术进步指数年均增长5.7%，技术效率提升指数年均增长0.9%。家庭联产承包责任制的推广是这一阶段农业全要素生产率指数增长的关键因素：首先，家庭联产承包责任制为农民采用新生产要素（如杂交水稻）等技术创新提供了强劲动力，从而推动了农业生产前沿面的外移，带来了技术进步指数的高速增长；其次，家庭联产承包责任制有利于农民积极性和主动性的发挥，推动了中国农业对生产前沿的追赶，提高了农业技术效率。1985~2000年，中国农业全要素生产率指数的增长完全来自技术进步，技术进步指数年均增长3.0%，而技术效率处于退化状态，年均增长-1.2%。随着家庭联产承包责任制在1984年基本实现全覆盖，其提升技术效率的一次性制度效应释放殆尽，技术效率提升缺乏推力。而1985年开始的改革重心调整，惠农政策减少，不利于农业技术创新和技术效率的提升。同时，随着计划经济体制下的农业技术创新体系的市场化改革，由于基础性农业技术创新得不到足够财政支持而难以开展，从而限制了整个农业技术创新的速度。随着农业技术推广体系的市场化改革，基层农业技术推广组织和队伍基本崩溃，导致即使有新技术也难以到达农民手中，从而导致农业技术进步效率降低。2000~2011年，中国农业全要素生产率指数的增长主要来自技术进步，技术进步指数年均增长5.3%，同时，技术效率也恢复了正增长，年均增长0.3%。21世纪以来的城市支持农村、工业反哺农业，取消农业税、农业补贴（粮食直补、农资综合补贴、农机补贴、良种补贴）等政策极大激发了农民生产积极性，推动了农业技术效率的提升。同时，这些政策也有利于农业新技术在农村的推广，推动了农业技术进步指数的增长。

纵观改革开放以来农业全要素生产率的构成，技术进步指数年均增长4.2%，技术效率提升指数年均增长-0.3%。实证结果表明，中国存在农业技术进步和技术效率退化并存现象，表明中国对现有农业技术的推广和扩散是不成功的。[①] 主要原因可能在于，随中国第二、第三产业的发展，经营农业的比较收益下降，致使农村人力资本存量水平下降和农民经营农业的积极性降低，二者共同导致农业技术效率的退化。但是，如果我们把考察时间放眼整个改革开放以来的时期（1978~2011年），中国农业技术进步与技术效率退化并存的现象仅存在于1985~2000年这段时间。

1.4.2 中国农业全要素生产率及其构成的空间特征分析

表1-5给出了1978~2011年中国各省、自治区、直辖市和按东、中、西划分的区域农业全要素生产率的增长及其构成变化的计算结果。1978~2011年，测算的中国31个省、自治区和直辖市的农业全要素生产率仅有贵州和西藏出现了负增长，其他29个省、自治区和直辖市都实现了正增长。如果按照东、中、西三个区域看，三个区域的农业全要素生产率都实现了正增长，其中，东部地区增长最快，年均增长5.1%，中部地区次之，年均增长3.6%，西部地区表现最差，年均增长2.7%。

---

① 陈卫平：《中国农业生产率增长、技术进步与效率变化：1990~2003年》，《中国农村观察》2006年第1期，第18~23页。

从全要素生产率增长速度看，各省、自治区和直辖市之间增长速度差异很大，增长最快的前十个省、自治区、直辖市依次是江苏、青海、上海、北京、福建、辽宁、新疆、山东、天津和海南。增长最快的江苏省年均增长7.5%，增长最慢的是西藏，年均增长-0.8%，相差8.3个百分点，这可能是地区经济发展差异的重要源泉。

表1-5 中国各省、自治区和直辖市曼奎斯特生产率指数的增长及其构成

地区	1978~1984年			1985~2000年			2001~2011年			1978~2011年		
	$M(*)$	TC	EC	$M(*)$	TC	EC	$M(*)$	TC	EC	$M(*)$	TC	EC
北京	1.169	1.139	1.027	1.045	1.045	1.000	1.023	1.045	0.979	1.060	1.065	0.995
天津	1.096	1.127	0.972	1.053	1.040	1.012	1.031	1.058	0.975	1.052	1.065	0.988
河北	1.050	1.044	1.006	1.041	1.042	0.999	1.094	1.070	1.022	1.050	1.049	1.001
辽宁	1.117	1.112	1.005	1.043	1.042	1.001	1.067	1.060	1.007	1.058	1.059	0.999
上海	1.064	1.064	1.000	1.023	1.023	1.000	1.076	1.076	1.000	1.066	1.066	1.000
江苏	1.126	1.091	1.033	1.043	1.043	1.000	1.133	1.133	1.000	1.075	1.065	1.010
浙江	1.051	1.051	1.000	1.038	1.038	1.000	1.080	1.080	1.000	1.049	1.047	1.002
福建	1.062	1.059	1.003	1.051	1.051	1.000	1.071	1.071	1.000	1.060	1.052	1.008
山东	1.100	1.060	1.038	1.023	1.044	0.979	1.122	1.067	1.052	1.053	1.055	0.999
广东	1.116	1.116	1.000	1.040	1.040	1.000	0.940	0.956	0.983	1.010	1.018	0.993
广西	1.080	1.036	1.042	0.998	1.015	0.983	1.040	1.040	1.000	1.026	1.024	1.002
海南	1.065	1.065	1.000	1.053	1.053	1.000	1.056	1.056	1.000	1.052	1.052	1.000
东部	1.091	1.080	1.011	1.038	1.040	0.998	1.061	1.059	1.002	1.051	1.051	1.000
山西	1.110	1.054	1.053	0.992	1.023	0.969	1.075	1.062	1.013	1.037	1.048	0.989
吉林	1.091	1.091	1.000	1.039	1.057	0.983	1.079	1.090	0.990	1.051	1.064	0.988
黑龙江	1.022	1.022	1.000	0.995	1.031	0.965	1.075	1.061	1.013	1.027	1.039	0.989
安徽	0.981	1.007	0.975	0.997	1.029	0.969	1.067	1.047	1.019	1.022	1.044	0.979
江西	1.003	1.011	0.992	1.015	1.023	0.993	1.013	1.042	0.973	1.018	1.028	0.990
河南	1.009	1.022	0.988	1.009	1.026	0.983	1.063	1.063	1.001	1.038	1.053	0.985

续表

地区	1978~1984年			1985~2000年			2001~2011年			1978~2011年		
	$M(*)$	TC	EC	$M(*)$	TC	EC	$M(*)$	TC	EC	$M(*)$	TC	EC
湖北	1.070	1.037	1.032	0.998	1.033	0.966	1.073	1.043	1.030	1.043	1.043	1.000
湖南	1.075	1.095	0.982	1.039	1.038	1.001	1.039	1.039	1.000	1.039	1.037	1.002
内蒙古	1.148	1.069	1.073	0.998	0.987	1.011	1.050	1.064	0.987	1.047	1.046	1.001
中部	1.057	1.045	1.011	1.009	1.027	0.982	1.059	1.057	1.003	1.036	1.045	0.990
重庆	1.024	1.024	1.000	0.995	1.014	0.982	1.025	1.039	0.987	1.004	1.007	0.998
四川	1.022	1.022	1.000	1.008	1.019	0.988	1.039	1.037	1.001	1.013	1.011	1.002
贵州	1.055	1.013	1.042	0.983	1.007	0.977	1.002	1.036	0.968	0.997	1.004	0.994
云南	1.058	1.092	0.969	1.036	1.022	1.014	1.017	1.041	0.977	1.025	1.029	0.996
西藏	0.976	0.976	1.000	0.968	0.968	1.000	0.978	0.993	0.985	0.992	0.996	0.995
陕西	1.068	1.088	0.982	1.028	1.049	0.980	1.083	1.044	1.037	1.048	1.055	0.993
甘肃	1.061	1.023	1.037	0.986	1.007	0.978	1.034	1.036	0.999	1.026	1.026	1.000
青海	1.080	1.109	0.974	1.005	1.044	0.963	1.158	1.053	1.100	1.067	1.056	1.011
宁夏	1.103	1.063	1.037	0.996	1.032	0.965	1.087	1.068	1.018	1.045	1.051	0.994
新疆	1.064	1.020	1.043	1.019	1.032	0.987	1.086	1.090	0.997	1.056	1.052	1.003
西部	1.051	1.043	1.008	1.002	1.019	0.983	1.051	1.044	1.007	1.027	1.029	0.999

注：其中$M(*)$表示曼奎斯特生产率指数，即全要素生产率；TC表示技术进步指数；EC表示技术效率提升指数。

如果仍然以东、中、西三个地区作为分析单位，1978~1984年、1985~2000年和2001~2011年三个阶段的农业全要素生产率增长在三个地区都呈现"U"形演进轨迹。但是，如果从各个省、自治区和直辖市的单独演进看，这种规律并不明显。其中，三个阶段持续上升的省份有安徽、河南；三个阶段持续降低的有北京、天津、广东、湖南、云南；先升后降呈倒"U"形的是江西。由此可见，中国农业全要素生产率的演进规律在各省、自治区和直辖市之间呈现多元化的特点。

最后，从农业全要素生产率的构成看，在1978~2011年整个改革开放期间，无论哪个地区，农业技术进步指数都保持了正增长，而中部和西部的农业技术效率提升指数都出现了不同程度的负增长。特别是中部地区农业技术退化现象严重，而这一地区是中国重要商品粮、油、棉基地，因此，提升中部地区农业技术效率是保障中国粮食安全的重要环节。

1.5 结论

我们运用非参数的曼奎斯特生产率指数方法测算了中国1978～2011年农业全要素生产率的时序演进及分析了空间分布的基本特征，得到如下主要结论。

（1）改革开放以来，中国农业全要素生产率保持了快速和健康的增长态势，1978～2011年年均增长3.9%，贡献了中国农业年均增长率的84.8%，由此可见，中国农业发展的主要推动力来源于全要素生产率的进步。如果把1978～2011年分成1978～1984年、1985～2000年和2001～2011年三个阶段，中国农业全要素生产率呈现"U"形演进轨迹。1978～1984年增长最快，年均增长率达6.7%；1985～2000年增长速度放慢，年均增长率仅仅1.8%；21世纪开始，增长再度加速，年均增长率达到5.6%。

（2）1978～2011年，农业技术进步是中国农业全要素生产率的唯一来源，农业技术效率处于退化状态，年均增长 -0.3%，这一结论与现有研究基本一致。当然，农业技术效率退化主要处于1985～2000年这一时段，技术效率提升指数以年均 -1.2%的速度退化。

（3）从区域看，中国农业全要素生产率的增长存在区域不均衡现象，东部地区增长最快，中部地区次之，而西部地区最慢。但是，1978～2011年，测算的中国31个省、自治区和直辖市的农业全要素生产率仅有贵州和西藏出现了负增长，其他29个省、自治区和直辖市都实现了正增长。同时，中国各个省、自治区和直辖市的农业全要素生产率演进规律呈现多元化的特点。

（4）从中国农业全要素生产率的时序演进和空间分布特征可以看出，中国农业全要素生产率的变化与政府政策紧密相关。政府政策对农业的支持力度加强的时候也是中国农业全要素生产率迅速增长的时候，政府政策对农业的支持力度减弱甚至忽视农业的时候也必然是中国农业全要素生产率迅速衰退的时候，而政府政策对农业技术效率的影响更加明显。为此，政府支农、惠农政策是提高农业全要素生产率、转变农业增长方式的关键所在。

农业全要素生产率测度研究表明，中国农业已经完成了增长方式转变，即由要素积累的粗放式增长转向技术进步推动的集约型增长。要想中国农业在将来持续健康增长，必须继续依靠农业技术创新和技术效率提升两种主要途径。为此，研究农地政策调整后中国农业技术创新的路径，对于中国农业保持持续健康增长、保障中国粮食安全具有重要意义。

2 诱致性农业技术创新理论研究述评

技术变革是推动人类社会发展演化的重要动力,这已经成为经济学理论界的共识。但是,对于技术变革从何而来的问题,理论界有不同的看法。一种观点认为技术创新是科学技术知识自发演进的结果,外在于经济社会变迁过程;另一种观点认为技术创新是对经济社会变迁过程中要素资源禀赋变化和需求变化的反映。其中前者被称为外生技术创新理论,后者被称为诱致性技术创新理论。在对农业技术变迁的解释中,诱致性技术创新理论在西方居于主流地位,本章主要对诱致性技术创新理论做简要评述。

2.1 技术变革推动人类社会发展:思想简史

从经济思想的演化角度看,马克思和恩格斯首先揭示了技术创新推动的资本主义经济发展的动态过程。"资产阶级在它的不到一百年的阶级统治中所创造的生产力,比过去一切世代创造的全部生产力还要多，还要大。自然力的征服，机器的采用，化学在工业和农业中的应用，轮船的行驶，铁路的通行，电报的使用，整个整个大陆的开垦，河川的通航，仿佛用法术从地下呼唤出来的大量人口——过去哪一个世纪能够料想到有这样的生产力潜伏在社会劳动里呢？"① 技术创新推动了资本主义生产力的迅猛发展，那么为什么技术变革在资本主义时代加速，以至于帮助人类（首先是西欧及其衍生国美国、加拿大、澳大利亚和新西兰等）跨越"马尔萨斯陷阱"？马克思和恩格斯认为，技术变革是资本主义的本质特征，是资本主义存在的前提条件。

深受马克思影响的熊彼特同样认为，资本主义经济是内在不稳定的，这种不稳定即来自创新导致的创造性破坏，正是创新打破了资本主义的循环流转，使资本主义经济呈现出螺旋上升的发展动态。"开动和保持资本主义发动机运动的根本推动力，来自资本主义企业创造的新消费品、新生产方法或运输方法、新市场、新产业组织的形式"。"它不断地从内部使这个经济结构革命化，不断地破坏旧结构，不断地创造新结构。这个创造性破坏的过程，就是资本主义的本质性事实。它是资本主义存在的事实和每一家资本主义公司赖以生存的事实"。② 但是，"熊彼特与马克思唱起了反调。在熊彼特的笔下，一帮令人憎恶的寄生虫资本家变成了具有创新精神和积德行善的企业家"。③

西蒙·库兹涅茨继承了这一传统，在探讨发展问题时，他几

---

① 《马克思恩格斯选集》（第一卷），人民出版社，1972，第256页。
② 约瑟夫·熊彼特：《资本主义、社会主义与民主》，商务印书馆，2004，第146~147页。
③ 托马斯·麦克劳：《创新的先知：约瑟夫·熊彼特传》，中信出版社，2010，第59页。

次涉及"划时代创新"这一概念。在1971年诺贝尔经济学奖获奖演说中,他指出:"那些人类知识进步中的重大突破是长期持续增长的主要源泉,它们扩散到了世界上相当大的部分,可以称为划时代的创新。经济史的变迁过程或许可以被划分为经济纪元,划时代的创新以及它们所产生的具有独特性质的增长是每一个纪元的特征。"① 正是这些"划时代的创新"推动了人类社会的进步。佩蕾丝认为,自18世纪英国工业革命以来的五次划时代的创新推动了人类社会的经济增长经历了五个不同阶段,见表2-1。

表2-1 五次相继出现的技术革命(18世纪70年代到21世纪的最初10年)

技术革命	该时期的通行名称	核心国家	诱发技术革命的大爆炸	年份
第一次	产业革命	英国	阿克莱特在克隆福德设厂	1771
第二次	蒸汽和铁路时代	英国(扩散到欧洲大陆和美国)	蒸汽动力机车"火箭号"在利物浦到曼彻斯特的铁路上试验成功	1829
第三次	铁路、电力、重工业时代	美国和德国追赶并超越英国	卡内基酸性转炉钢厂在宾夕法尼亚的匹兹堡开工	1875
第四次	石油、汽车和大规模生产的时代	美国(起初与德国竞争世界领导地位),后扩散到欧洲	第一辆T形车从密歇根州底特律的福特工厂出产	1908
第五次	信息和远程通信时代	美国(扩散到欧洲和亚洲)	在加利福尼亚的圣克拉拉,英特尔的微处理器宣告问世	1971

资料来源:卡萝塔·佩蕾丝:《技术革命与金融资本:泡沫与黄金时代的动力学》,中国人民大学出版社,2007,第16页。

---

① 转引自卡萝塔·佩蕾丝《技术革命与金融资本:泡沫与黄金时代的动力学》,中国人民大学出版社,2007,第15页。

经济学家不仅定性研究了技术变革在经济增长过程中的重要作用，还通过增长核算理论与计量经济学等现代研究工具定量地测度了技术创新在经济增长过程中的作用。1957年，罗伯特·索洛在《技术进步与总量生产函数》一文中利用增长核算方法测度技术进步对美国在1909~1949年单位劳动力小时生产率的贡献，结果发现，单位劳动力资本存量仅能解释产出增长的12.5%，而技术进步解释了剩下的87.5%。[1]

日本经济学家速水佑次郎和美国经济学家拉坦合作，利用美国和日本农业发展的事实证明，农业技术的不断创新是美日农业劳动生产率能够持续提高的根本原因。当然，美日的农业技术创新是对美日初始资源禀赋和资源积累的动态反映而已。"我们的基本假设是，成功地获得农业生产率迅速增长的共同基础是，每个国家或发展地区产生生态上适应的、经济上可行的农业技术的能力。在历史发展过程中，成功地获得持续的生产率增长涉及对初始资源禀赋和资源积累的动态调整过程"。[2]

2.2 要素节约偏向的诱致性技术创新理论

20世纪30年代，希克斯（Hicks）在研究国民收入中要素分配份额变化时提出诱致性技术创新的基本思想，后经速水佑次郎

---

[1] Solow Robert M. Technical Change and the Aggregate Production Function. *The Review of Economics and Statistics*, 1957, Vol.39 (3), pp.312-320.
[2] 速水佑次郎，弗农·拉坦：《农业发展的国际分析》（修订扩充版），中国社会科学出版社，2000，第4页。

（Hayami）、弗农·拉坦（Ruttan）、宾斯旺格（Bingswanger）和格里利切斯（Griliches）等农业经济学家的研究、发展，这一理论成为经济学界对技术创新的主流解释。从本质上讲，诱致性技术创新是理性经济人对约束条件改变后的理性反应。当要素资源禀赋结构改变导致要素价格变化时，追求利润最大化的企业家必然试图通过技术创新来用丰富的、廉价的要素取代稀缺的、昂贵的要素。因此，诱致性技术创新理论本质上是新古典价格理论在技术创新领域的运用，是新古典经济学帝国主义的体现。诱致性技术创新理论沿着两种传统发展：一种是希克斯传统，强调要素资源禀赋变化引起的要素相对价格改变所诱导的要素节约偏向；另一种是施莫克勒-格里利切斯传统，强调需求扩张对技术变革速度的影响。

经济学家观察到，尽管随着经济发展，劳动力的工资水平不断上升，但是劳动要素收入在国民收入中的相对份额是稳定的。希克斯在解释这种现象时提出了诱致性技术创新思想：如果一种要素的相对价格相对于其他要素上涨，就会导致一系列减少这种要素的相对使用量的技术创新的出现。"一种生产要素的相对价格的变化本身激发了发明创造，一种特殊类型的发明创造——目标是节约那种变得相对昂贵的生产要素"。[①] 经济学界接受了希克斯的论断，但是，在20世纪60年代早期之前几乎没有引起人们的注意。这之后，索尔特（Salter）对该理论的批判反而激发了其发展。[②] 阿曼达（Ahmad）在系列论文中为要素节约偏向的诱致性技术创新理论构建了微观基础，宾斯旺格进一步完善了这一微观

---

① Hicks J. R.. *The Theory of Wages*. London：Macmillan，1932，pp. 124 - 125.
② Salter W. E. G.. *Productivity and technical change*. Cambridge：Cambridge University Press，1960.

基础。而拉坦和速水佑次郎的工作则为这一理论提供了实证证据。

在他的模型中，阿曼达利用了创新可能性曲线（Innovation Possibility Curve）概念来描述诱致性技术创新理论。在某一时点上，存在由现有知识存量所决定的可开发的系列产品生产技术，而每种技术都能用等产量线来描述，且每种技术要由理论转化为现实都必须投入一定的研发资源。创新可能性曲线实际上是所有企业可能研发的技术的等产量曲线的包络曲线。阿曼达的理论可用图 2-1 来描述。假设 t 期的创新可能性曲线为 IPC_t，而 I_t 为 t 期的某一特定技术。如果 t 期的资本－劳动的相对价格用 $P_t P_t$ 线描述，则 I_t 即为 t 期的最优生产技术。一旦 I_t 被开发，则 IPC_t 的其他技术可能性选择就被放弃。因为，与其开发 IPC_t 的其他技术，不如把研发资源投入研发以使创新可能性曲线由 IPC_t 推进到 IPC_{t+1}。当创新可能性曲线推进到 IPC_{t+1} 时，如果资本－劳动的相对价格不变，则最优生产技术为 I_{t+1}。但是，如果资本－劳动的相对价格变化为 $P_{t+1} P_{t+1}$ 线，则 I_{t+1} 就不是现有要素价格下的最优技术选择，而 I'_{t+1} 则为现有资本－劳动相对价格下的最优技术选择。这是因为，在新的价格线 $P_{t+1} P_{t+1}$ 下，劳动的价格相对资本上升了，诱发人们利用更便宜的资本去取代更昂贵的劳动力要素。

阿曼达的图示法虽然能够很好地描述具有外生固定预算约束的静态或比较静态的诱致性技术创新过程，但是，当预算约束不再固定时，数理方法是一种更好的选择。宾斯旺格于 1974 年发表的"诱致性创新的微观方法"一文填补了这一空白。[①] 宾斯旺格

---

① Binswanger Hans P.. A Microeconomic Approach to Induced Innovation. *Economic Journal*, 1974, Vol. 84, pp. 940–958.

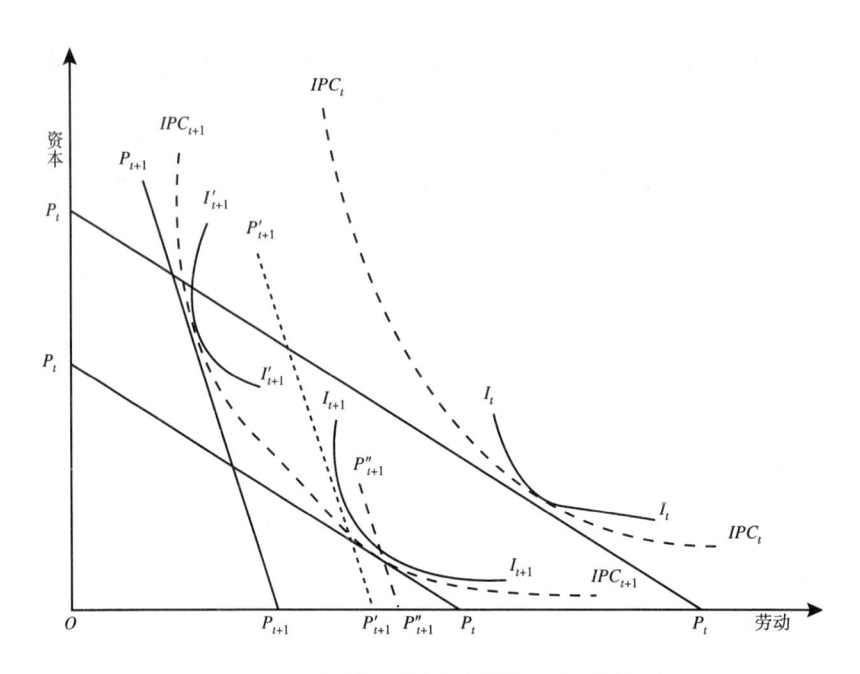

图2-1　阿曼达的诱致性技术创新模型

资料来源：Ahmad Syed. . On the Theory of Induced Innovation. *Economic Journal*, 1966, Vol.76, pp.344-57.

的模型不仅能够说明要素之间替代关系的技术创新，而且能够说明要素之间互补关系的技术创新。箭头 P 至 Q 和 P 至 R 分别代表单位 n（劳动节约型）和 m（资本节约型）产品所需投入组合的变动轨迹。其中，图 2-2（a）表示要素替代性技术创新，箭头 P 至 Q 表示，随着技术的进步，生产单位 n 产品所需的劳动减少的同时资本增加，表明是一种资本替代劳动的技术创新。图 2-2（b）表示要素互补性技术创新，箭头 P 到 Q 表示，随着技术的进步，生产单位 n 产品所需的劳动和资本都减少了，表明是一种既节约劳动又节约资本的技术。由于研发投资的回报率可能为 0，因此，就存在技术前沿，如图 2-2 中 $Q'SR'$。宾斯旺格的研究最重要的是给诱致性技术创新理论提供了一个正式的数理模型，从而可以分析除要素资源禀赋决定的要素价格之外的其他很多因素对技术创新的偏向和速率的影响。当技术创新的边际收益等于边际成本时，企业研发投入达到最优。他认为，技术变迁的偏向和速率是由如下因素共同决定的：①可替代的其他研究进路的相对生产率、发明可能性的大小与偏向以及外生技术冲击。②各类技术创新的相对价格。如果资本节约型技术创新的价格相对于劳动节约型技术创新的价格上升，将使技术创新更偏向于劳动节约型。③如果研究没有预算约束，那么产出规模的增大将增加研发努力。④改变要素成本的现值的任何要素都将影响最优要素组合。

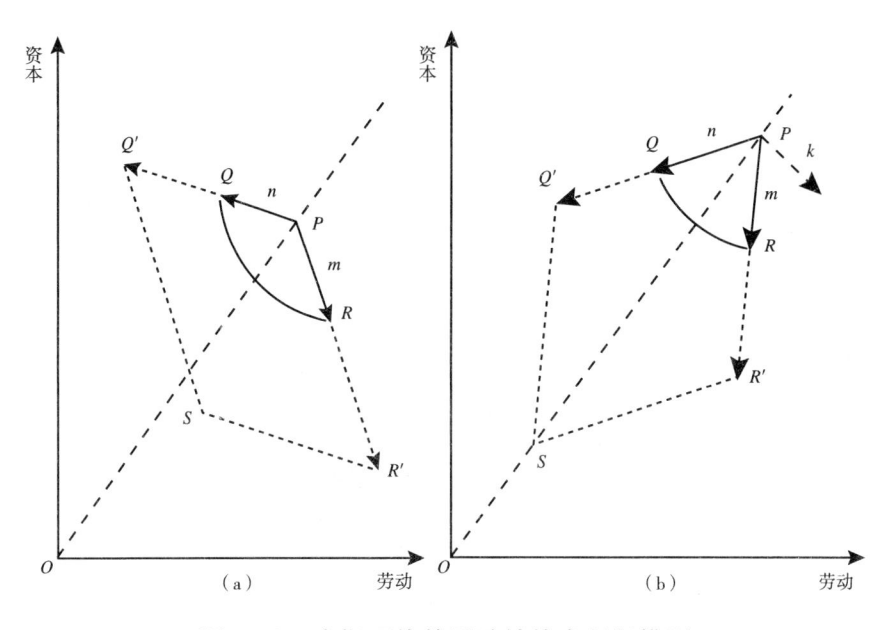

图 2-2 宾斯旺格的诱致性技术创新模型

资料来源：Binswanger Hans P.. A Microeconomic Approach to Induced Innovation. *Economic Journal*, 1974, Vol. 84, pp. 940-958.

速水佑次郎和弗农·拉坦构建一个"包括了与生物和机械技术进步相联系的要素替代性和互补性的特点"的诱导的技术

创新模型。① 图 2-3（a）描述了机械技术的进步过程。I_0^*、I_1^* 分别代表 0 期和 1 期创新可能性曲线。当劳动—土地的相对价格为 BB 时，由 I_0 表示的技术被发明出来，而 P 点代表了生产的最小成本，即在此点上，土地、劳动、操作收割机的非人力动力实现了最优组合。随着经济的发展，劳动的相对稀缺性显现，推动了劳动—土地的相对价格线由 BB 转变为 CZ。此时，CZ 线与 I_1^* 相切于 Q 点，一种节约劳动的机械技术（如联合收割机）被发明出来。这种技术创新使一个农场工人能够运用更大动力的技术，耕种更多的土地。在此模型中，土地和动力作为互补品出现，而土地和劳动力作为替代品出现。图 2-3（b）描述了生物技术的进步过程。i_0^*、i_1^* 分别代表 0 期和 1 期的创新可能性曲线。当化肥-土地的相对价格线由 0 期的 bB 转变为 1 期的 cz 时，一种新技术（化肥敏感的新种子）i_1 就会被开发出来。在此模型中，化肥和土地之间是替代关系，而化肥和农业基础设施之间是互补关系。② 相对阿曼达和宾斯旺格的模型而言，速水佑次郎和拉坦的模型不仅可以刻画替代要素的相对价格变迁对技术创新方向和路径的影响，而且可以刻画互补要素的相对价格变迁对技术创新的影响。更为关键的是，他们利用了美国和日本农业发展的数据，对希克斯传统的诱致性技术创新理论首次进行了实证检验。他们认为，美国和日本的农业发展都取得了成功，但是，推动这两个国家农业发展成功的技术路径却不同。"在美国，主要是机械化的进步增加了劳均耕地面积，从而促进了农业生产的扩

---

① 速水佑次郎、弗农·拉坦：《农业发展的国际分析》（修订扩充版），中国社会科学出版社，2000，第 109 页。
② 对化肥敏感的高产作物品种，往往要求对水的更精细的控制和更好的土地管理。

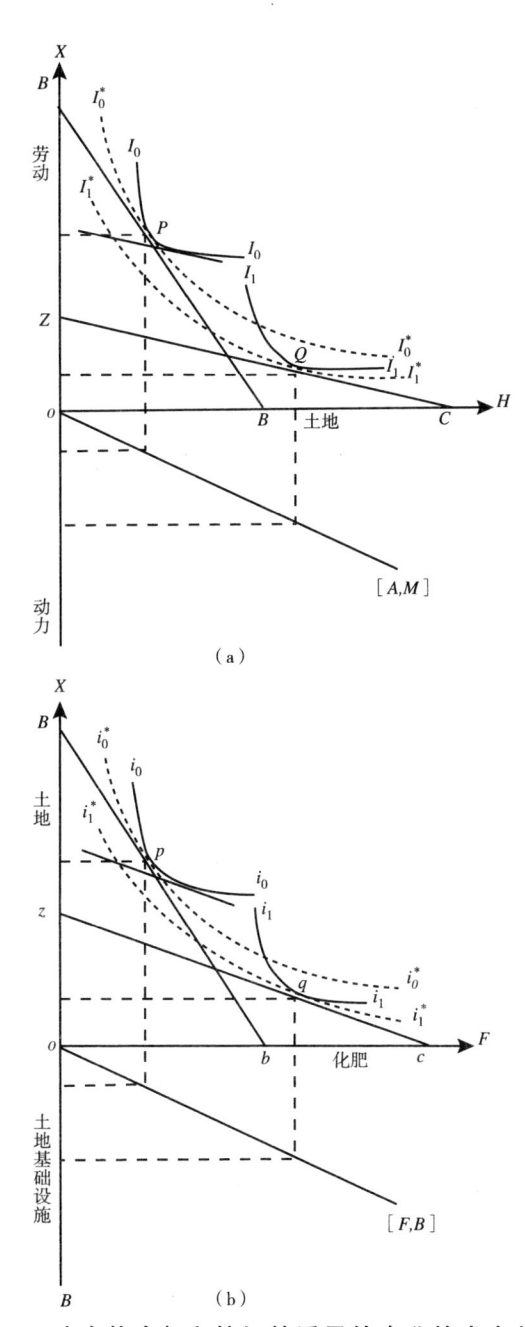

图 2-3 速水佑次郎和拉坦的诱导的农业技术变革模型

资料来源：Hayami Yujiro and Vernon W. Ruttan. *Agricultural Development: An International Perspective*, Baltimore: Johns Hopkins University Press, 1985, p. 91.

展和生产率的提高。在日本，主要是生物技术进步，即种子的改良提高了产量对较高施肥水平的反应，这样，尽管存在着土地供给的严重制约，仍然可以使农业产量迅速增长。"[①] 而之所以这两个国家能够取得成功，关键在于这两个国家具有根据市场价格信号开发技术的能力。"尽管存在着资源禀赋的巨大差异，美国和日本在1880～1980年都成功地实现了农业产量和生产率的持续增长。根据本章的分析，我们发现这两个国家取得成功的一个共同点是：它们都具有依据市场价格信号开发农业技术以促进相对丰富要素替代相对稀缺要素的能力。"[②]

2.3 需求导向的诱致性技术创新理论

施莫克勒－格里利切斯假说认为，在其他条件一定情况下，一种商品的新技术的可得性，是对该商品的市场需求的函数。由于一项技术创新的收益取决于适合该技术的商品的价格和市场规模，因此，科研机构会把更多资源用于市场规模较大或者价格较高的商品的新技术的研究上。

技术创新的速率和方向受到经济激励的重要影响并不是什么新观点，但是，格里利切斯是首次定量测度这些影响的经济学家之一。[③] 在他的关于杂交玉米的发明和扩散的经典研究中，格里

---

① 速水佑次郎，弗农·拉坦：《农业发展的国际分析》（修订扩充版），中国社会科学出版社，2000，第210页。
② 速水佑次郎，弗农·拉坦：《农业发展的国际分析》（修订扩充版），中国社会科学出版社，2000，第234页。
③ Heckman James. Contributions of Zvi Griliches. NBER Working Paper No. 12318, June 2006.

利切斯证明了需求因素在发明的时点和区位上的重要影响。他的研究表明,经济激励能够解释杂交玉米的采用在时间和空间上的差异的很大一部分。适合特殊区域的杂交种子开发的滞后,种子公司进入这些区域的滞后,都能用进入这些区域的获利性来解释。无论是杂交种子采用的长期均衡水平,还是趋于均衡的速率,都至少能够用部分被转向杂交品种的获利性的差异来解释。①

施莫克勒通过对铁路、农业机械、造纸和石油四个行业的专利发明的统计学研究认为,相对于现有科学知识存量而言,需求因素是激发发明活动的更重要因素。② 施莫克勒通过对专利的研究,得出如下结论:科技知识可能会决定发明活动的整体方向,但是,它与具体发明的出现并无直接的因果关系。为了验证需求因素刺激发明创造的观点,施莫克勒重点考察了资本货物领域的发明。他的基本推论如下:当一个工业行业开始在资本货物上大量投资,安装新的流水线或者更换旧生产设备时,发明家受到激励去为这些行业提供新装备,因为他预期到他的研发活动会得到可观的回报。为此,施莫克勒重点寻找资本货物投资和发明之间存在因果关系的证据。他发现,在资本货物投资达到高峰时,发明也达到高峰;反之,资本货物投资衰减时,发明也跟着减少。而且,发明的高峰和低谷的到来总是滞后于资本货物投资。发明

---

① Griliches Z.. Hybrid Corn: An Exploration in the Economics of Technological Change. *Econometrica*, 1957a, 25 (4), pp. 501 – 522.
② Schmookler Jacob. *Determinants of Industrial Invention*. in Nelson, Richard R. (ed) *The Rate of Direction of Inventive Activity: Economic and Social Factors*. Princeton: Princeton University Press, 1962; Schmookler Jacob. *Invention and Economic Growth*. Cambridge: Harvard University Press, 1966.

滞后于投资对施莫克勒的观点非常关键，因为，这表明发明家的发明创造活动是由企业投资的变化推动的。

施莫克勒-格里利切斯假说得到了卢卡斯和本·雷恩与拉坦的研究的支持，即技术变迁是对总需求的反映。[1] 20世纪60年代中期，弗农利用需求拉动的技术创新模型解释了耐用消费品（如汽车、电视机、冰箱和洗衣机等）在美国的初始引入和扩散。

2.4 对诱致性农业技术创新理论的评价

诱致性农业技术创新理论强调经济因素在解释技术创新的方向、速率和扩散等问题上的重要性，把技术创新过程内生化，毫无疑问，这加深了我们对技术创新过程的理解，为推动技术进步的战略和政策体系的设计提供了许多真知灼见。"把经济理论运用到历史事件和资料分析来解释早期美国技术史时，哈巴卡克的工作也有引起争议和令人起疑的地方。不管哈巴卡克的缺陷是什么，他和施莫克勒一样都将注意力转向这一论点，即经济可能是在现代社会催生技术创新的主要方式之一。哈巴卡克和施莫克勒将革新的经济基础的重要性过分夸大

---

[1] Lucas Robert E. Jr. Tests of a Capital-Theoretic Model of Technological Change [J]. *Review of Economic Studies*, 1967, 34, pp. 175-180; Ben-Zion Uri and Ruttan Vernon W. Money in the Production Function: An Interpretation of Empirical Results [J]. *Review of Economics and Statistics*, 1975, 57, pp. 246-247; Ben-Zion Uri and Ruttan Vernon W. Aggregate Demand and the Rate of Technical Change. Binswanger Hans P. and Ruttan Vernon W. Induced innovation: Technology institutions and development. Baltimore: Johns Hopkins University Press, 1978, pp. 261-275.

可能是该受批评的。然而,我们不必因为他们理论的缺陷就完全置之不理,可以将它们的见解和结论吸收进来,提出一种内容更丰富的技术发展理论。"①

2.4.1 要素节约导向和需求导向的技术创新理论的关系

诱致性技术创新理论的两条研究路径实际上是互补的。要素节约导向的技术创新理论实际上解决的是经济学中的"如何生产"问题,而需求导向的技术创新理论实际上解决的是经济学中的"生产什么"问题。正如林毅夫所言,"上面的两种诱致性技术创新方法在决定研究资源的分配时实际上是互补的。如果只了解什么样的研究类型是与来自于要素相对稀缺性的需求一致的,这仅回答了问题的一半;要有效地分配资源,一个研究机构还必须了解,在存在许多潜在的具有相同的要素节约特性的新技术时,哪一种技术具有更大的市场潜力"。②

如果用 π 代表利润,q、k、l、L 分别代表农场主生产农产品产量、资本存量、劳动力投入和土地,p、r、w、R 分别代表农产品价格、资本利息、农业工人工资和地租,则农场主的利润由下式决定:

$$\pi = p \cdot q - (r \cdot k + w \cdot l + R \cdot L) \quad (2-1)$$

农场主追求利润最大化,有两种基本方式:一种是成本一定条件下,追求总产出进而总收益的最大化,而这取决于产品价格

---

① 乔治·巴萨拉:《技术发展简史》,复旦大学出版社,2000,第129~130页。
② 林毅夫:《制度、技术与中国农业发展》,上海三联书店、上海人民出版社,1994,第181页。

和产量规模，而需求导向的技术创新理论考察的正是此种情况下的农业技术创新；另一种是在产品价格和产量水平一定的条件下，成本最小化，从而实现农场利润最大化，而要素节约导向的技术创新考察的正是此时的技术创新。因此，要素节约导向和需求导向两种诱致性技术创新本质上是互补的。

2.4.2 技术创新的需求拉力和供给推力之争

诱致性技术创新理论因为忽视了技术供应方理论以及由知识诱导的发明这一事实而被人们批评。在诱致性技术创新理论家看来，好像只要技术方案有利可图，就可以解决一切实际问题。但是，只要我们想想今天很多悬而未解的难题：无污染的廉价能源、低廉的净化海水、彻底治愈癌症和艾滋病等的廉价药物，这一理论缺陷就暴露无遗。正如内森·罗森伯格所言："鉴于在对研发活动进行经济支持时，脑海里通常会有一个清晰的经济目标，我们的做法不应太令人吃惊。但是，信息获取过程的特殊性质，特别是研究工作一旦开始，对能发现什么充满着不确定性，因此坚守严格的经济决定论是不明智的。即使人们相信技术变革受到经济力量的驱动，这也不能说明可以用一个简单的方程来描述经济动机和技术变革的量化性质之间的关系。"[①]

由此可见，过分地强调技术创新背后的经济驱动力，与过分地强调科学知识对技术创新供给一样，存在缺陷，而技术创新是供给和需求共同作用的结果。

---

① 内森·罗森伯格：《探索黑箱——技术、经济学和历史》，商务印书馆，2004，第25页。

2.4.3 诱致性技术创新理论忽视技术创新背后的资本力量

诱致性技术创新理论认为，技术创新的路径是效率导向的，技术创新是提升要素生产率的一种工具，这里的效率是一种普世价值，因而是中性的，或者说是独立于社会不同阶层或阶级利益的。因而，福特的大规模生产体制是一种阶级或阶层中性的诱致性技术创新，新大陆熟练工人的短缺推高了熟练工人的工资，从而诱导了节约熟练工人的流水线的产生。同理，新大陆人少地多的自然环境导致的劳动力相对价格的上升推动了节约劳动力的农业机械技术的创新，从而提升了农业劳动生产率。虽然，诱致性技术创新理论也看到了技术创新带来的分配效应，阿塞莫格鲁（Acemoglu）认为，第二次世界大战以来，教育的飞速发展，特别是高等教育，推动了技能型劳动力价格的降低，导致与技能型劳动力互补的技术创新的大量涌现，进一步推动了对技能型劳动力的需求，二者相互作用，推动了技术创新的技能偏向。而技能偏向的技术创新导致技能型劳动力和非熟练劳动力之间的收入差距拉大。[1] 但是，这种收入分配差距拉大是提升效率，进而提高产出水平必须付出的代价。由此，再次秉持新古典经济学的基本理念，得出不能使两个变量同时达到最优状态。

诱致性技术创新理论的技术创新的阶级或阶层中性理念的根源在于忽视了对技术创新主体的分析。在马克思和恩格斯看来，

---

[1] Acemoglu Daron. Why Do New Technologies Complement Skills? Directed Technical Change and Wage Inequality. *Quarterly Journal of Economics*, 1998, Vol. 113 (4), pp. 1055 - 1090; Acemoglu Daron. Directed Technical Change. *Review of Economic Studies*, 2002, Vol. 69 (4), pp. 781 - 810.

资本主义社会技术创新的主体是资产阶级，技术创新不过是资产阶级最大限度占有无产阶级创造的剩余价值的一种工具，尽管它客观上确实推动了生产力的巨大进步和人类社会的发展。因此，在马克思和恩格斯那里，技术创新并不是中性的，而是有偏的。① 由于资产阶级控制了创新过程，因此，技术创新成为资产阶级剥夺工人阶级权力、控制工人阶级的一种工具。因而，正是以资产阶级为主导的技术创新导致收入差距拉大这一结果，因此，资本主义下收入差距的扩大是资产阶级剥夺和控制工人阶级的结果。诱致性技术创新理论正是由于忽视了（客观或主观上）对技术创新主体的研究，而把资产阶级的效率概念当作普世的效率概念，从而得出分配状况的恶化、环境的衰退和资源的耗竭等是经济增长或发展必须付出的代价的结论。因此，诱致性技术创新的最大问题在于其标榜以效率为导向，但是，其效率是资产阶级的效率，而对工人阶级和社会其他阶层而言可能是非效率。

2.4.4　农业的价值目标决定农业技术创新路径

更为关键的是，诱致性技术创新理论完全从农业的经济价值角度研究技术创新的方向和速率，并指导农业研发资源的配置，在导致农业产出增长、效率提升和利润增加的同时，也带来了生物多样性的破坏、土壤肥力衰竭、温室气体的排放等生态环境问题，使农业的经济价值、生态环境价值和生活价值之间的矛盾恶

---

① 当然，这里"有偏"的意思不同于阿塞莫格鲁的有偏的技术变迁的意思。在阿塞莫格鲁看来，技术变迁的路径是由要素的禀赋和市场规模共同决定，因而技术创新的路径是具有要素偏向的。而在马克思和恩格斯看来，技术变革的有偏体现在创新对工人阶级和资产阶级权力分配的影响上。

化。但是，随着一国或地区经济社会发展水平的提高，农业的生态环境价值和生活价值成为农业更重要的价值追求目标。因此，一国或地区应该根据农业的价值目标调整研发资源的配置，通过农业技术创新实现农业的综合价值的最大化。

2.5 结论

总之，我们认为，与其他商品一样，技术创新也是由其供给方和需求方共同决定，因此，技术创新的路径选择问题必须从影响技术创新的供给和需求两个方面的因素展开分析。本书在评述现有农业技术创新理论的基础上，从技术创新的供给和需求两个方面构建农业技术创新的一般理论，并用于分析中国农业技术演化路径。农业技术创新因为其外溢效应需要公共部门和私人部门共同投资完成，因此，农业技术创新的供给主体就包括公共研究机构、私人公司以及二者的合作机构，而农业技术创新的需求主体是农户和农业公司。为此，我们首先从农户要素资源禀赋结构转变和农户规模两个角度研究技术需求方对农业技术创新路径的影响，然后从农业的价值目标转变和资本控制技术创新两个角度研究技术供给方对农业技术创新路径的影响。在此基础上，总结中国农业技术创新路径及其对中国经济发展的影响。

3 农民时间的经济价值的提高与中国农业的资本深化

改革开放以来，中国经济总量的迅速扩张和结构的剧烈转变，推动非农就业机会迅猛增长，形成了人类历史上最大规模的城乡人口流动。这种人口流动导致农民时间的经济价值的提高，推动资本—劳动的相对价格发生变化，加速了中国农业的机械化进程。但是，中国农业的机械化进程早在改革开放前就已经开始，这主要表现在利用农业机械提高农业复种指数，提高农业总产出。而随着非熟练劳动力工资的继续提高，农业土地流转的加速，中国农业机械化进程将进一步加速，并且机械操作将逐步由高动力、低控制型农作进一步扩展到高度控制型农作。而农业的资本深化进程源于劳动－资本要素相对价格变化导致的农户投资结构的转变。

3.1 中国农业的资本深化进程

3.1.1 农业资本深化进程的现状描述

农业革命是工业革命的先声或者条件，改革开放以来农业的增长虽然不如非农部门的增长那么举世瞩目，但是，农业部门基本完成了其为非农部门发展所应尽的贡献。从产品贡献来看，改革开放后的农业发展基本满足了城市居民收入提升后对农产品的需求，不仅表现在量上，更表现在质上，即满足了中国居民收入上升后对动物脂肪及高蛋白的高附加值农产品的需求。① 从要素贡献看，中国农业劳动生产率的提高把亿万农民从土地上解放了出来，为乡村工业的崛起和城市第二产业和第三产业的发展提供了丰富、廉价和健康的高素质劳动力，这是中国改革开放后经济崛起的重要因素之一。同时，土地生产率的提升还为 21 世纪以来中国城市的扩张提供了充足的土地。从市场贡献来看，农民收入的上升为城市工业品提供了庞大的市场，而农业生产方式的变革为农业生产资料行业的扩张提供了动力。尽管改革开放后农业的外汇贡献下降了，但是，蔬菜、花卉等劳动密集型农产品的出口也提升了中国经济的国际竞争力。

改革开放以来中国农业的发展，不仅表现在量的扩张上，更体现在农业内部结构的演变上。从总量来看，按不变价格计算，如果 1978 年为 100 的话，2011 年为 436.8，改革开放以来增长了近 3.4 倍。② 从 1952～2010 年中国第一产业年均产出增长率来看，改革开放前第一产业的增长周期波动明显，而改革开放后波动趋缓。1978～2011 年，中国第一产业以 4.6% 的年均增长率增长，对于第一产业而言，这是一个很高的增长速度了。同时，农

---

① 黄宗智、彭玉生在《三大历史性变迁的交汇与中国小规模农业的前景》一文中详细描述了中国人的食物结构正在经历由植物纤维为主向兼重动物脂肪及高蛋白的转变过程。详见黄宗智《中国的隐性农业革命》，法律出版社，2010，第 103～125 页。
② 数据来自国家统计局编《中国统计年鉴（2012）》，中国统计出版社，2012。以下数据，除了特别说明，均来自《中国统计年鉴（2012）》。

业内部结构的变化满足了经济社会发展对农业的要求。狭义农业，即种植业的比重不断下降，而牧业和渔业比重不断上升。1978年，农、林、牧、渔在农业总产值中的比重分别为80.0%、3.4%、15.0%、1.6%，而2011年，这一比例变为51.6%、3.8%、31.7%、9.3%。双重动力推动了这种结构转变：第一重动力是经济发展、人均收入水平的上升对农产品需求结构的变化；第二重动力是要素资源禀赋推动了劳动密集型农业产业的发展。

中国农业总量的增长和内部结构的变迁引发"是什么力量推动了中国农业的发展"的问题。根据经济增长核算理论，推动农业增长无非两种力量：要素积累和全要素生产率的提升。因此，农业产出是由农业劳动力、资本、土地与农业技术等共同决定的。对于一国而言，土地面积一般是固定的，中国由于人口增长带来的粮食压力致使可垦地几乎全部开垦，通过土地面积扩张而增加农业产出的空间很小。1952~2011年，中国耕地面积变化很小，中国农作物总播种面积一直在1.4亿~1.6亿公顷徘徊。因此，土地扩张不可能是中国农业总量增长的主要推动力量。同时，20世纪90年代中期以前，中国农业从业人员持续增长，的确是农业增长的重要推动力量。但是，此后中国农业从业人员持续下降，而中国农业同样增长。因此，农业劳动力要素也不是中国农业增长的重要推动力量。为此，中国农业的增长必须用资本要素和农业技术的进步来解释，而农业技术进步经常嵌入农业资本设备之中。

农业现代化一直是中国政府对农业发展的定位和目标，而很长时间以来，我们认为，现代化农业就是机械化的农业。在这一理念和政策目标的指导下，20世纪50年代以来，中国农业就开始走上一条机械化的道路,农业生产的动力结构逐步由畜力和人力转向机械动力。1952年,中国农业机械总动力存量为18万千瓦,1978年增加到11750万千瓦,2011年进一步增加到97735万千瓦。从每公顷耕地拥有动力总量看,1952年为0.002千瓦,1978年增加至1.182千瓦,而2011年更进一步增加到8.03千瓦。从劳均拥有动力总量看,1952年为0.001千瓦,1978年增加至0.415千瓦,2011年进一步增加到3.68千瓦。虽然中国农业机械化的进程在改革开放前就已经开始,但是,农业机械化真正加速是在改革开放后,特别是在20世纪90年代中后期以来的这段时间。

在农业生产过程中,农业机械的主要作用为翻耕与平整土地、灌溉、收割与脱粒、运输等,而这些工作都离不开农用拖拉机这种基本动力。因此,农用拖拉机的数量能够较准确地反映农业机械化的程度。从表3-1可以看出,1978年我国拥有农用大中型拖拉机和小型拖拉机分别为557358台和1373000台,至2011年迅猛增长至4406471台和18113000台,不考虑单机动力变化,分别增长了6.9倍和12.2倍。① 各种农活的机械化程度依靠配套农具的数量。每台大中型拖拉机配套农具数量从1978年的2.14部下降到1990年的最低点1.20部,然后再次上升至2011年的1.59部。而农用小型拖拉机配套农具数量持续上升,

---

① 农用小型拖拉机的增速几乎是大中型拖拉机的两倍,这主要是因为改革开放后农村家庭联产承包责任制的实施使农业生产由集体转向单家独户,而中国人多地少的禀赋格局使小型拖拉机比较适合小规模的农户,大中型拖拉机主要适用于一些集体农场。农用排灌柴油机的数量增长快于动力增长反映了同样的逻辑。因此,中国大中小型农用拖拉机的不同增速、农用排灌柴油机的数量增长快于动力增长都表明农户对要素禀赋决定的要素价格做出了理性反应。

表 3-1 中国主要农用机械数量（1978~2011 年）

年份	农用大中型拖拉机 数量（台）	农用大中型拖拉机 配套农具（部）	每台大中型拖拉机配套农具数（部/台）	农用小型拖拉机 数量（台）	农用小型拖拉机 配套农具（部）	每台小型拖拉机配套农具数（部/台）	农用排灌柴油机 数量（台）	农用排灌柴油机 动力（万千瓦）
1978	557358	1192000	2.14	1373000	1454000	1.06	2657000	2522
1980	744865	1369000	1.84	1874000	2191000	1.17	2899000	2718
1985	852357	1128000	1.32	3824000	3202000	0.84	2865000	2566
1990	813521	974000	1.20	6981000	6488000	0.93	4111000	3349
1991	784466	991000	1.26	7304000	7327000	1.00	4330000	3447
1992	758904	1044000	1.38	7507000	8308000	1.11	4377000	3442
1993	721216	1001000	1.39	7883400	8657000	1.10	4554275	3613
1994	693154	979719	1.41	8236687	8662000	1.05	4711516	3731
1995	671846	991220	1.48	8646356	9579774	1.11	4912068	3839
1996	670848	1049900	1.57	9189200	10911500	1.19	5092934	3985
1997	689051	1157316	1.68	10484813	12530020	1.20	5461235	4292
1998	725215	1203687	1.66	11220551	14378324	1.28	5816118	4499
1999	784216	1320429	1.68	12002509	16210408	1.35	6449528	4935
2000	974547	1399886	1.44	12643696	17887868	1.41	6881174	5233
2001	829900	1469355	1.77	13050840	18821829	1.44	7285693	5580
2002	911670	1578861	1.73	13393884	20033634	1.50	7506066	5668
2003	980560	1698436	1.73	13777056	21171505	1.54	7495652	5593
2004	1118636	1887110	1.69	14549279	23096911	1.59	7775427	5804
2005	1395981	2262004	1.62	15268916	24649726	1.61	8099100	6034
2006	1718247	2615014	1.52	15678995	26265699	1.68	8363525	6149
2007	2062731	3082785	1.49	16191147	27329552	1.69	8614952	6283
2008	2995214	4353649	1.45	17224101	27945401	1.62	8983851	6562
2009	3515757	5420586	1.54	17509031	28805621	1.65	9249167	6796
2010	3921723	6128598	1.56	17857921	29925485	1.68	9462526	6959
2011	4406471	6989501	1.59	18113000	30620134	1.69	9683914	—

资料来源：国家统计局编《中国统计年鉴（2012）》，中国统计出版社，2012年。其中每台大中型拖拉机配套农具数、每台小型拖拉机配套农具数是笔者根据各自前两列数据计算所得。

从1978年的1.06部持续增加到2011年的1.69部。农业灌溉的机械化程度也迅速提高，农用排灌柴油机的数量从1978年的2657000台迅速增至2011年的9683914台，增长了2.64倍，1978~2010年动力增长1.76倍。从每公顷土地拥有的农用小型拖拉机和排灌柴油机看，1978年以来增幅明显。2004年以来，农用大中型拖拉机的增速同样加快，这是农户土地流转导致农户规模相对扩大和农业机械合作社发展的结果。

总之，新中国成立后60多年来的农业发展伴随着明显的资本深化进程，特别是改革开放以来，这一进程明显加速，表现为农业生产的动力结构迅速由以人力和畜力为主转向以机械动力为主，农业的机械化程度大大提高。但是，到目前为止，鲜有文献研究中国农业资本深化进程背后的动力结构及其变迁，从而无法对中国农业机械化的未来发展做出有效指导。

3.1.2 农业资本深化进程的动力分析

许多文献已经强调了农业资本深化对农业发展的重要作用。奥姆斯特德和罗德在分析美国1910~1990年北部农业生产率的增长时指出，"生产率的提高通常可归结于两个因素：（1）机械化，它增加了单位工人所能管理的牲畜数或作物种植面积；（2）生物技术进步，它提高了牲畜或土地的单位产量。……尽管这两种途径是独立前进的，但二者常常相互依存"。[①] Mugera

---

① 奥姆斯特德·罗德：《北部农业的变迁：1910~1990年》，载恩格尔曼、高尔曼主编《剑桥美国经济史》第三卷，中国人民大学出版社，2008，第704页。

和 Langemeier 在对美国堪萨斯州农业劳动生产率的增长与趋同分析中指出,"资本深化是劳动生产率增长与趋同的最基本驱动因素。从时间上看,小农户在资本投入的积累上扮演着'追赶者'的角色"。① 高帆以上海为例的研究表明,上海农业劳动生产率的提升主要由产业之间和产业内部的结构转化、农业内部和农业外部的资本深化所推动。②

但是,中国农业的资本深化进程的驱动力很少有文献关注。对此问题的常见解释理论是诱致性创新理论,也即新古典价格理论。按照这一理论,农业的资本深化源于资本相对于劳动力价格的相对下降,驱使农民用廉价的资本要素取代更为昂贵的劳动力,从而导致农业的机械化程度提高,推动农业的资本深化进程。阿塔克、贝特曼和帕克在对美国19世纪农业发展的研究中就指出,劳动力的供给紧张推动了美国农业的机械化进程。"这种劳动力供给的紧张鼓励了大家庭的存在以及促进了人们对于那些能节约劳动力的农业生产工具的需求。为了满足对生产工具的要求,这一时期出现了许多像约翰·迪尔(John Deere)公司和赛勒斯·麦考密克公司(Cyrus McCormick)这样的新兴制造商。"③ 休斯和凯恩在《美国经济史》中同样认为,劳动力的稀缺推动美国农业机械化的

---

① Mugera Amin W. and Langemeier Michael R.. Labor Productivity Growth And Convergence In The Kansas Farm Sector: A Tripartite Decomposition Using The Dea Approach, 2008 Annual Meeting, July 27 - 29, 2008, Orlando, Florida 6069, American Agricultural Economics Association (New Name 2008: Agricultural and Applied Economics Association).
② 高帆:《结构转化、资本深化与农业劳动生产率的提高——以上海为例的研究》,《经济理论与经济管理》2010年第2期,第66~73页。
③ 阿塔克、贝特曼和帕克:《农场、农场主与市场》,载恩格尔曼·高尔曼主编《剑桥美国经济史》第二卷,中国人民大学出版社,2008,第265页。

奇迹。"现代的中西部家庭农场一般轮种大豆、小麦和玉米，拥有500英亩以上的土地，主要由一个全职的操作员使用价值不菲的机械作业：拖拉机、播种机、大型圆耙、喷洒器、带空调的联合收割机，甚至在贮窖里使用丁烷干燥剂。这种机械化的经济奇迹的起源正是19世纪中西部农场劳动力的长期短缺。"① Pingali认为，土地面积的扩张和节约劳动力是从畜力驱动到机耕的根本推动力。②

但是，新古典价格理论或诱致性技术创新理论在解释美国农业的资本密集型技术变迁的道路时与美国的历史不符。Olmstead 和 Rhode 的研究表明，当劳动节约型机械设备于19世纪中叶开始在美国发明并在农场推广时，劳动力相对于土地的价格正在下降。而当增加单位土地产量的生物技术创新于20世纪30年代在美国兴起的时候，正值土地价格对化肥和劳动力价格的比率下降时期。③ 而利用新古典价格理论解释中国的农业资本深化时，更与历史明显矛盾，具体表现在：第一，中国非熟练劳动力工资的上升是21世纪初才开始的，但是，中国农业的资本深化进程自新中国成立以来就已开始，改革开放之后明显加速。因此，中国的问题是在劳动无限供给条件下农业开始了资本深化进程。第二，直到20世纪90年代之前，农业的资本深化和农业劳动力同时增加，并没有出现资本对劳动的替代现

---

① 休斯、凯恩：《美国经济史》（第7版），北京大学出版社，2011，第192页。
② Pingali Prabhu. Agricultural Mechanization: Adoption Patterns and Economic Impact, Handbook of Agricultural Economics, Vol. 3, ed. R. Evenson and P. Pingali. Amsterdam, the Netherlands: North-Holland, 2007, pp. 2779–2805.
③ Olmstead Alan L. and Rhode Paul W.. Induced Innovation in American Agriculture: A Reconsideration, *Journal of Political Economy*, 1993, Vol. 101, pp. 100–118.

象。因此，除了劳动力、资本、土地的相对稀缺程度决定的要素价格之外，中国农业的资本深化进程背后还隐藏着其他因素或驱动力。

1. 农业增产与农业资本深化

对于中国这样人均耕地面积少的人口大国而言，粮食的自给能力是关乎国家安全的重大战略问题。同时，在非农产业不够发展、非农就业机会非常少的情况下，农业增产既是国家安全的需要，也是农户增收的重要途径。农业增产的重要途径包括：第一，在单位面积产量一定条件下，增加耕地面积，如美国历史上的西进运动；第二，在耕地面积一定条件下，提高单位面积产量，如绿色革命对很多发展中国家的意义；第三，在单季亩产和耕地面积一定条件下，提高现有耕地的复种指数。而对于新中国而言，通过增加耕地面积增加产量几乎没有可能性。为此，中国农业增产的关键在于提高单位面积产量和复种指数，而这两者之间是相互促进的。也就是说，通过选择适合复种的种子及合理安排农时来提高复种指数。中国淮河—秦岭一线以北基本是每年一季，这一线以南地区可以一年两季，而长江中下游平原及以南地区通过合理安排农时可以实现一年两季的水稻种植。但是，这要求该地区在20天左右的时间里完成早稻的收割和晚稻的栽种，这是极其耗费劳动力的工作。农业机械的引入，提高了土地翻耕、平整、脱粒和灌溉等工作的效率和速度，节约了贵如黄金的农时。因此，劳动无限供给下中国农业的资本深化源于农业增产的需要。其基本逻辑是，利用农业机械化的效率和速度优势提高农业复种指数，以实现耕地一定条件下增产增收的需要。图3-1描述了中国1949～

2010 年农业复种指数的变迁，复种指数从 1949 年的 1.27 增加到 1995 年的 1.58。[①] 由于复种指数的提高，农业劳动力的需求也增加了，因此，出现了农业劳动力和农业机械同步增加的现象。也就是说，资本或者农业机械不是替代了劳动力，而是增加了农业劳动力的需求。图 3-2 描述了 1973～2010 年中国农业机械总动力（万千瓦）与第一产业就业人员（万人）之间关系，二者呈明显的倒 U 形曲线关系。也就是说，在 21 世纪以前，随着中国农业机械总动力的增长，农业就业人数也在增加，资本或机械不是替代劳动力，而是增加了对劳动力的需求。仅在 21 世纪以来，伴随农业机械化的推进，农业就业人数才开始下降，资本或机械对劳动力的替代才开始发生。

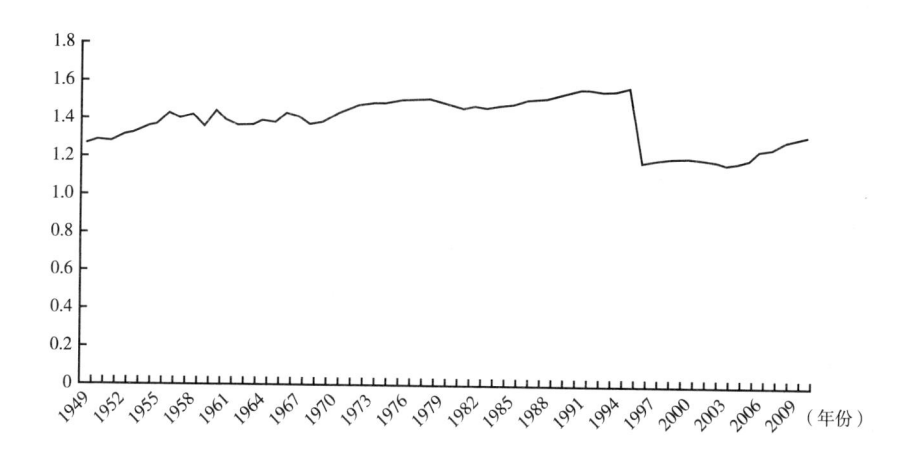

图 3-1 农业复种指数（1949～2010 年）

---

① 1996 年复种指数的急剧下降源于耕地面积从 1995 年的 94970.9 千公顷直接增加到 130039.2 千公顷。《中国统计年鉴》注释指出，"1996～2005 年耕地面积（总资源）来源于国土资源部、国家统计局、全国农业普查办公室'关于土地利用现状调查数据成果的公报'"。因此，1996 年复种指数的急剧下降是统计数据调整的结果，而不是农业生产方式的急剧改变所致。

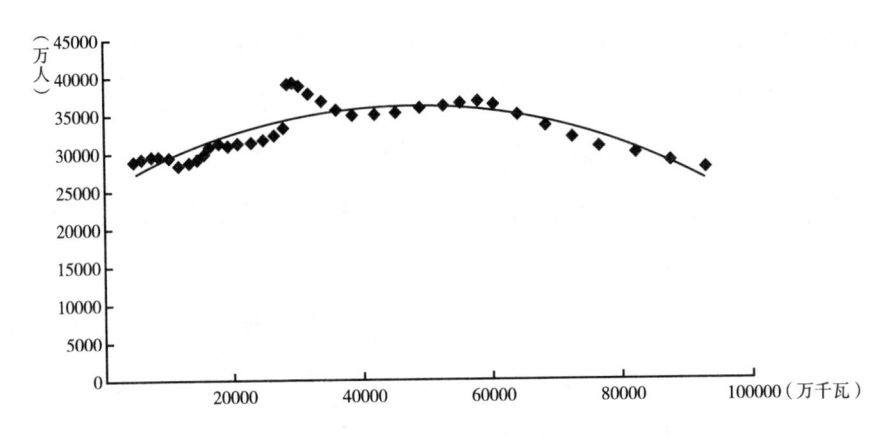

图 3-2 农业机械总动力与就业人数（1973~2010 年）

　　Pingali 认为，根据所需能量的强度，农业生产可以分为动力密集型（Power Intensive）和高度控制型两种活动（Control Intensive），其中土地平整、交通运输、排灌、研磨、脱粒等活动就属于前者，锄草、筛滤、水果采摘等活动就属于后者，而块根类农作物的收割、谷物收割、间作、复耕则介于二者之间。无论在土地稀缺还是丰富的国家或地区，动力密集型活动首先实现机械化，而高度控制型操作的机械化更晚，且与工资率的变动密切相关。[①] 在中国的农业机械化进程中，首先实现机械操作的就是土地平整、交通运输、排灌等活动，在这一过程中，拖拉机作为基本动力发挥了非常重要的作用。拖拉机提供了土地翻耕、平整等活动所需的动力，农业排灌柴油机提供了灌溉所需的动力，更重要的是它们满足了作物轮作对时间的需要。根据美国农业发展的经验，帕克认为，从农业部门的整

---

① Pingali Prabhu. *Agricultural Mechanization*: *Adoption Patterns and Economic Impact*. Handbook of Agricultural Economics, Vol. 3, ed. R. Evenson and P. Pingali. Amsterdam, the Netherlands: North-Holland, 2007, pp. 2779-2805.

体发展来看，拖拉机属于一项土地节约型创新。① 中国农业机械化的经验印证了帕克的这一观察。图 3-3 描述了 1985~2011 年中国农村居民家庭每百户拥有的主要固定资产的变化轨迹。从中可以看出，直到 20 世纪 90 年代后期，在小型和手扶拖拉机、农用水泵、机动脱粒机等保有量增长的同时，役畜和胶轮大车的保有量并没有明显降低，这表明作为动力来源的拖拉机并不是役畜的替代物，而是对复种指数提高导致的劳动量增加的反应。

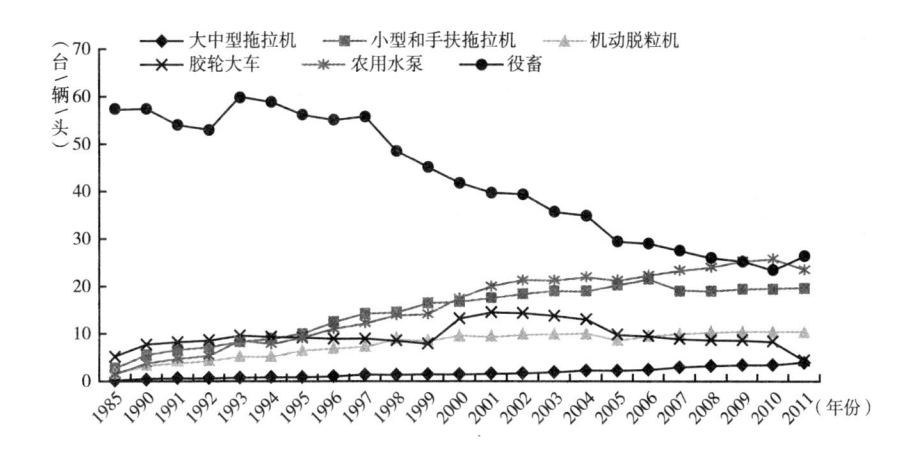

图 3-3 农村居民家庭平均每百户拥有主要生产性固定资产（年底数）

因此，新中国成立以来的农业的资本深化背后具有不同的驱动力量，21 世纪以前的驱动力量是农业增产推动的复种指数的提高，从而导致在农业机械化提升的同时农业就业人数也同

---

① William Parker. *Agriculture*. Lance E. Davis et al., American Economic Growth: An Economist's History of the United States, New York, the USA: Joanna Cotler Books, 1972, p.372.

步增长。①

2. 非农就业、就业模式转变与农业的资本深化

21世纪以来，经过20多年非农产业的高速扩张，农村剩余劳动力逐渐被非农产业所吸收，劳动无限供给的时代即将结束，这导致劳动供给曲线由无限弹性阶段进入有限弹性阶段，非熟练劳动力工资开始上升。与此同时，工业化模式的改变导致就业模式发生转变，"离土不离乡"的乡村工业就业模式向"离土离乡"的城镇就业模式转变，这更加剧了农村劳动力的短缺，特别是青壮年劳动力。因此，非农就业机会的增加和就业模式的转变导致农村劳动力的短缺，推高了劳动力的相对价格，导致农民利用节约劳动的农业技术以解决这一问题，从而推动了中国农业的机械化。同时，非农就业收入也成为农民投资于农业机械设备的重要资金来源。

现有研究已经证明，非农就业收入是提高农村居民家庭福利的关键。② 1988年，美国小农场主（销售额40000美元以下）占总农场数的70.8%。而在其收入构成中，该群体平均务农收入

---

① 黄宗智在对中国农业的研究过程中，得到了相同的结论。中国在农业的现代投入时期，农业变迁的形式主要是单位面积劳动投入的进一步密集化，而不是借助现代投入来节省劳动力或者提高劳均产出。"拖拉机在长江三角洲所起的作用：它没有导致劳动力的节省；反之，是导致了进一步的劳动密集化。"Pingali在《农业机械化：采用模式与经济影响》一文中，也得出了相同的结论，明确指出，劳动节约型技术的采用并不总是意味着对劳动力的替代。例如，动力排灌设备的采用提高了作物的播种密度，导致对劳动力的需求增加。黄宗智：《中国的隐性农业革命》，法律出版社，2010，第5页。Pingali Prabhu. *Agricultural Mechanization: Adoption Patterns and Economic Impact*. Handbook of Agricultural Economics, Vol. 3, ed. R. Evenson and P. Pingali. Amsterdam, the Netherlands: North-Holland, 2007, pp. 2779 – 2805.

② Rosenzweig Mark R.. *Labor Markets in Low-Income Countries*. Hollis Chenery and T. N. Srinivasan, eds., Handbook of Development Economics, Vol. 1, Amsterdam: North-Holland, 1988, pp. 713 – 762.

1988美元，政府补贴1697美元，非农收入26434美元，合计30119美元。非农收入在其总收入中占有绝对优势。[1] 改革开放以来中国农村居民家庭人均纯收入结构的变化也再次印证了这一洞见。1990年，工资性收入仅占农民人均纯收入的20%，家庭经营性收入占76%。但是，到2011年，工资性收入占比提升至42.5%，而家庭经营性收入占比下降至46.2%。中国分区域数据也显示，农村居民人均纯收入水平越高的地区，家庭经营纯收入在总收入中所占比例越低，而工资性收入比重越高。因此，获取非农就业机会对农村居民家庭的收入具有重要意义。

出于对更好生活的追求，在城乡之间推拉二力的相互作用下，中国农民迅速加入非农就业大军之中。根据国家统计局监测调查结果，2011年中国"离土离乡"农民工共约2.4亿。[2] 另外，2011年，在4.05亿乡村就业人员之中，其中1.59亿人在乡镇企业就业，[3] 0.34亿在乡村私营企业就业，0.27亿人从事个体，这些"离土不离乡"的乡村非农就业人员共2.2亿，仅1.85亿人从事农业。从改革开放伊始，中国非农就业机会持续增加，到2010年，非农就业总量（城镇就业和农村非农就业之和）达到5.79亿人，在总就业人口中占76%。特别是21世纪以来，非农就业增速加快。而随着农村劳动力，特别是青壮年劳动力离开农村进入城市从事非农就业，农村缺乏体力劳动者，导致农民用农业机械设备取代劳动力。图3－2表明，21世纪以

---

[1] 奥姆斯特德、罗德：《北部农业的变迁：1910~1990年》，载恩格尔曼、高尔曼主编《剑桥美国经济史》第三卷，中国人民大学出版社，2008，第724页。
[2] 来自网络报道，http://www.cqn.com.cn/news/whpd/zjlt/rdpl/469514.html。
[3] 2011年乡镇企业就业人数缺失，这里的1.59亿是2010年的数据。

来，农业就业人数与机械总动力二者之间存在负相关关系，农业的机械化不再是增加劳动力的需求，而是开始替代劳动力。

20世纪90年代以来，中国工业化模式的改变也加速了农业的资本深化进程。家庭联产承包责任制的推行催生了中国乡村工业的崛起，"离土不离乡，进厂不进城"的小城镇发展模式构成了改革开放初期中国工业化的基本模式。到20世纪90年代中期，乡村工业达到了发展的巅峰，其总产值占GDP的1/3，1995年，吸收了1.64亿乡村就业人员。乡村工业这种发展模式并没有对农业生产的劳动力需求产生太大的冲击。因为农业生产的季节性特征，对劳动力的需求集中在收割和播种的农忙时节，其他时间则几乎是闲暇。因此，"离土不离乡"的工业模式很好地利用了农业生产的这个特征，从而既兼顾了农业生产的需要，又为工业发展提供了廉价且优质的劳动力资源。[①] 所以，在乡村工业大发展时期，工业的发展并没有产生机械化对劳动力的替代效应，而是互补效应。

但是，伴随着乡村工业在20世纪90年代中后期的改制，乡村工业的发展基本陷入停滞状态，吸收就业的能力也明显停滞。图3-4清楚地表明，20世纪90年代中后期以来，乡村非农就业的增长非常缓慢。与此同时，小城镇发展模式逐步被城市化模式所取代，北上广为核心的环渤海、长三角、珠三角等城市群成为发展的龙头，从此"离土不离乡"的就业模式被"离土离乡"的就业模式所取代。从图3-4可以清楚看出，20世纪90年代中后期至21世纪以来，城镇就业成为非农就业扩张的主要推动

---

① 乡村工业的竞争优势：因为利用的主要是农民的农闲时间，农民时间的机会成本比较低；乡村工业雇佣的主要是本地劳动力，熟人社会的他们更容易监督，并相对容易实现团队合作的劳动过程。

力，农民工这一候鸟式群体也成为世人关注的焦点之一。与"离土不离乡"模式不同的是，"离土离乡"模式下农民不能再在农忙季节回家帮忙了，[①] 因此农民家庭生产经营活动对劳动力的需求受到冲击。这就加速了农业的机械化进程，使利用机械替代劳动力成为农民的最优选择。因此，20 世纪 90 年代末期至 21 世纪，每百户农民家庭拥有的拖拉机数持续增加，而役畜数不断降低，因为役畜的喂养更加耗费劳动力。

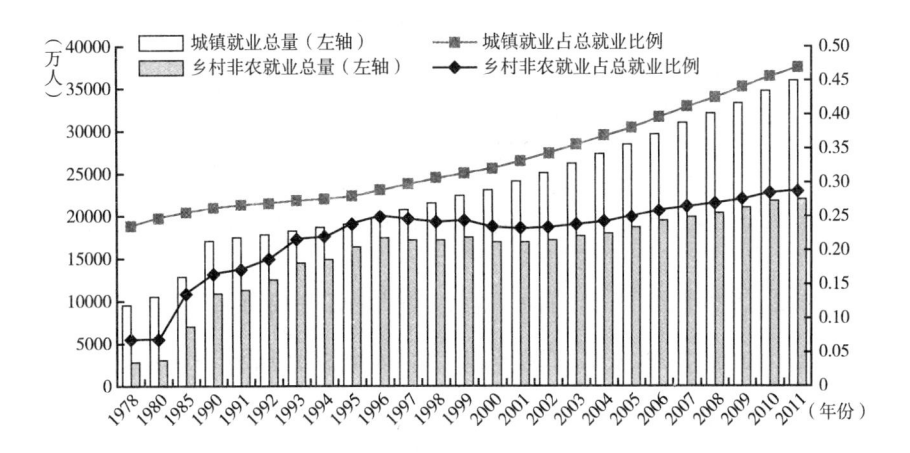

图 3 - 4　中国的城镇就业和乡村非农就业的演变（1978~2011）

同时，非农就业收入的增加也为农业的机械化提供了资金来源。根据《中国统计年鉴（2012）》，2010 年，城镇单位就业人员平均工资为 41799 元，国有单位最高 43483 元，城镇集体单位最低 28791 元。由于农民工集中在私营企业和建筑行业，而私营建筑业在 2011 年平均工资为 26108 元，因此，2011 年农民工年收入 25000 元的估算是合理的。同期，一台 101 小型手扶拖拉机

[①] 这里"不能"是指农忙时节回家的成本太高了，以至于"不能"回家做农活。

的价格为 3000 元左右，加上翻耕、平整、运载等其他配套农具，合计 6000 元左右。为此，农民置办一套可以多年使用的小型农业机械大概花费年打工收入的 1/4，这可能是一项收益比较高的投资，因为喂养役畜的劳动力成本太高。但是，6000 元的投资对于农村低收入户而言太高，2011 年按照五等份分组，农村低收入户人均纯收入仅 2000 元。因此，非农就业是农民投资农业机械的主要资金来源。而且，至少自 2003 年以来，非农就业的实际工资上涨速度一直超过机械化农具价格的上涨速度，因而，相对于劳动力工资而言，农业机械化设备的实际价格是下降的，这也为农业机械化提供了条件。

3.1.3　农业资本深化的未来：高度控制型操作的机械化

改革开放以来，推动中国农业资本深化进程的动力发生了重要转变。改革初期，国家通过复种指数提高来增加农业产出的需要，推动了农业的机械化进程。改革后期，特别是 21 世纪以来，非农就业的增加和工业化模式的转变，使节约劳动力成为推动农业机械化的主要动力。由此可见，随着"刘易斯转折点"的到来，非熟练劳动力工资的持续上升，节约劳动力的机械化进程将进一步加速，并逐步由动力密集型操作的机械化迈向高度控制型操作的机械化，机械化的广度和深度都将继续加深。

日本和韩国的农业机械化模式为中国未来的机械化进程指明了方向和道路，因为我们有相似的要素资源禀赋和农业结构。1960 年，日本农业生产中的排灌和脱粒已经完全机械化，同期动力耕耘机也开始起飞，动力耕耘机由 1960 年的 75 万台迅速增长到 1965 年的 250 万台。1965 年，日本每公顷耕地就拥有 0.5 台动力耕耘机，到 1989 年，日本每公顷水田至少拥有 1 台动力耕耘机。韩国的经历与日本相似：1965 年，韩国的动力耕耘机仅 1000 台，到 1980 年就增加到了 29 万台；1970 年韩国每公顷水田有 0.1 台动力耕耘机，而到 1989 年，每公顷水田就有 0.5 台动力耕耘机。[①]

中国的农业机械化在改革开放后加速，特别是 21 世纪以来。1978 年，中国共拥有 55.7 万台农用大中型拖拉机、137.3 万台农用小型拖拉机。到 2011 年，农用大中型拖拉机增加至 440.6 万台，小型增加至 1811.3 万台，总量增长明显。但是，到 2011 年，中国每公顷耕地拥有的农用小型拖拉机仅为 0.15 台、农用大中型拖拉机仅为 0.036 台。从中国每公顷耕地拥有的动力耕耘机看，中国农业的机械化程度还不到日本 1965 年的水平，比韩国 1970 年的水平稍高。因此，按照日、韩农业机械化的经验，中国未来一段时间农业机械化程度将进一步提高。

根据国际农业机械化的经验，农业机械化的先后顺序为由动力密集型操作（高强度动力和低度控制）向高度控制型操作（高度控制和低强度动力）推进，而且后者与工资率的变动紧密相关。中国的农业机械化经验也与此一致，首先是耕耘的机械化，目前正迅速推进到收割的机械化，如图 3-5 所示，联合收割机的保有量呈指数化增长。收割是高度劳动密集型活动，而且对时间的要求非常高，要赶在变天之前完成，因此，短时间内需要大量劳动力，而非农就业对农村劳动力的吸收使收割时节剩余劳动力的短缺更加严重。这样的商机吸引了很多个人（组成合

[①] Pingali Prabhu. *Agricultural Mechanization: Adoption Patterns and Economic Impact*. Handbook of Agricultural Economics, Vol. 3, ed. R. Evenson and P. Pingali. Amsterdam, the Netherlands：North-Holland, 2007, pp. 2779-2805.

作社）和公司投资于这一领域，通过提高收割服务获利，推动了农业收割的高速机械化。① 由此可见，中国农业的机械化将进一步由动力密集型操作向高度控制型操作推进，如块根类作物的收割、除草，棉花、水果、茶叶等的采摘活动。

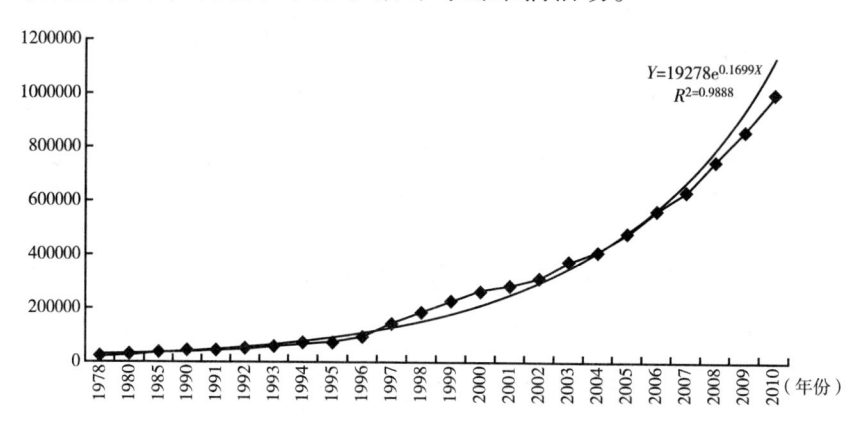

$Y=19278e^{0.1699X}$
$R^2=0.9888$

图 3-5 中国农业联合收割机的拥有量呈指数化增长

资料来源：国家统计局农村社会经济调查司编《中国农村统计年鉴（2011）》，中国统计出版社，2011，第 35 页。

3.2 农民时间的经济价值的提高、农户投资结构转变与农业的资本深化

3.2.1 地权稳定性与农户投资行为的文献评述

中国的经济改革是从农村实行家庭联产承包责任制开始的。

---

① 实际上，在美国历史上，联合收割机往往也是由公司或专业的合作社拥有并向农场主提供专门的收割服务的，并按照服务收费。Pingali Prabhu. *Agricultural Mechanization: Adoption Patterns and Economic Impact*. Handbook of Agricultural Economics, Vol. 3, ed. R. Evenson and P. Pingali. Amsterdam, the Netherlands: North-Holland, 2007, pp. 2779 - 2805.

许多经济学家认为，正是家庭联产承包责任制的实施带来了中国农业在20世纪70年代末到80年代初的迅猛增长，并进而构成了中国经济改革的坚实基础。[1] 但是，到20世纪80年代后期，中国农业增长出现停滞和徘徊。有研究认为，家庭联产承包责任制下农民拥有的地权的不稳定性，降低了农户投资的积极性，特别是对有机肥的投资，带来了生产率的损失，是中国农业增长停滞和徘徊的重要原因。[2] 在他们看来，地权的稳定性是农户长期投资的必要条件。Yao[3]和Wen[4]的研究认为，农民土地承包权的不稳定性降低了农户投资的积极性。姚洋的另一项研究通过对江西、浙江两省5县449户农户的计量研究后认为，地权的不稳定性和对土地交易权的限制对土地产出率具有负面的影响，其影响是通过降低要素配置的效率和减少农户对土地的长期投入来实现的。[5] Carter等运用浙江省的214个农户的两年面板数据从三个方面检验了土地产权对农民投资激励的影响，发现土地承包权

---

[1] McMillan John, John Whalley and Lijing Zhu. The Impact of China's Economic Reforms on Agricultural Productivity Growth. *Journal of Political Economy*, 1989, No. 97, pp. 781 – 807; Lin, J. Y. Rural Reform and Agricultural Growth in China. American Economic Review, 1992, Vol. 82（1），pp. 34 – 51; Huang Jikun and Scott Rozelle. Technological Change: Rediscovering the Engine of Productivity Growth in China's Rural Economy. Journal of Development Economics, 1996, Vol. 49（2），pp. 337 – 67.

[2] 姚洋：《农地制度与农业绩效的实证研究》，《中国农村观察》1998年第6期；Li Guo, Scott Rozelle and Loren Brandt. Tenure, land rights, and farmer investment incentives in China, Agricultural Economics, 1998, 19, pp. 63 – 71; Jacoby, H., G. Li and S. Rozelle. Hazards of Expropriation: Tenure Insecurity and Investment in Rural China. Mimeo, 1998。

[3] Yao Y.. Institutional arrangements, tenure insecurity and agricultural productivity in post reform rural China. Working paper, Department of Agricultural Economics, University of Wisconsin, Madison, 1995.

[4] Wen G. J.. The land tenure system and its saving and investment mechanism: the case of modern China. Asian Economy, 1995, 9（3），pp. 233 – 259.

[5] 姚洋：《农地制度与农业绩效的实证研究》，《中国农村观察》1998年第6期。

的安全性对农民投资的激励影响最大,而土地租赁权对投资激励没有显著影响。① Li 等针对河北省的研究表明,农户的土地承包期越长,越能够激发农民使用农家肥和磷肥。当他们使用"土地承包合同在 1995 年是否到期"这一虚拟变量衡量土地产权时,也依然发现它对农民是否使用磷肥影响是显著的。② Jacoby 等的研究同样表明,稳定的地权对投资具有促进作用。③ Brandit 的实证研究也发现,在那些土地调整更频繁的村里,农民使用有机肥料的密度更低一些。④

但是,有研究对农户土地产权的稳定性与农户投资之间明显的正相关关系提出质疑。Kung 认为,家庭联产承包责任制下的土地产权不稳定导致农民投资积极性的下降所带来的低效率并不太大。⑤ 他的另一个研究也认为家庭联产承包责任制下的土地调整导致的土地承包权的安全性的负面效果并非如现有理论及现有研究所断言的那样简单。⑥ 许庆和章元在一项研究中将农户的长期投资激励划分为"与土地相连的长期投资"和"与土地不相连的长期投资"两类,并分别考察了这两类不同长期投资的决

---

① Carter Michael and Yao Yang. Property Rights, Rental Markets, and Land in China. Department of Agricultural and Applied Economics, working paper, University if Wisconsin-Madison, 1998.
② Li Guo, Scott Rozelle and Loren Brandt. Tenure, land rights, and farmer investment incentives in China, Agricultural Economics, 1998, 19, pp. 63 – 71.
③ Jacoby H., G. Li and S. Rozelle. Hazards of Expropriation: Tenure Insecurity and Investment in Rural China. Mimeo, 1998.
④ Brandit Loren, Jikun Huang, Guo Li and Scott Rozelle. Land Rights in Rural China: Facts, Fictions and Issues. The China Journal, 2002, No. 47, pp. 67 – 97.
⑤ Kung, J. K.. Equal entitlement versus tenure security under a regime of collective property rights: Peasants' performance for institutions in post-reform Chinese agriculture. Journal of Comparative Economics, 1995, 21, pp. 82 – 111.
⑥ Kung, J. K.. Common property rights and land reallocations in rural China: Evidence from a village Survey, World Development, 2000, 28, pp. 701 – 719.

定因素，发现它们的影响因素是不同的。土地的小调整对于这两类长期投资的影响也明显不同："减人减地"使减地农户的"与土地不相连的长期投资"大幅度下降，但对农户的农家肥使用量并没有什么影响；而"增人增地"对于增地农户的任何长期投资都没有什么影响。[①] 这些实证结果表明，土地调整导致的土地使用权的不稳定对农户的农家肥使用量并没有显著影响。

更关键的是，地权稳定是农户长期投资的必要条件这一结论经不起现实的检验。众所周知，随着中国改革开放的不断推进，中国农村地权越来越稳定。如果地权稳定是农户长期投资的必要条件的话，那么，20世纪80年代的地权稳定程度将比20世纪90年代要高。因为，在20世纪80年代农户投资的积极性高，投资增长速度快，农业产出迅速增长。1978～1984年的农业总产出增长了42.23%，是中国农业产出增长最快的六年。[②] 下面我们以中国农业机械投资为例来看中国农业长期投资的变化。20世纪80年代初、中期是中国农业机械投资增长最快的时期，而这一时期恰恰是中国地权稳定性最差的时期，几乎每年都要进行土地的调整。而到20世纪90年代后期，中国农村基本实现了30年不变的政策，农地的产权更加清晰，保护得更好，但是，这一时期的农业机械投资的增长速度大大放缓。同时，在现有的研究中，大都强调地权稳定性对农户有机肥投资的影响。但是，地权稳定性与农家肥、绿肥等有机肥之间的正相关关系也是经不起现

[①] 许庆、章元：《土地调整、地权稳定性与农民长期投资激励》，北京大学中国经济研究中心经济发展论坛工作论文，No. FC20050071，2005。

[②] 林毅夫：《制度、技术与中国农业发展》，上海三联书店、上海人民出版社，1994，第93页。

实检验的。因为，在20世纪80年代农民普遍用农家肥、绿肥等有机肥肥田。但是，到20世纪90年代中后期使用农家肥和有机肥肥田的概率和总量都比80年代少。同时，许庆和章元的研究成果也从实证角度证明，土地调整导致的土地使用权的不稳定对农户的农家肥使用量没有显著影响。因此，地权稳定性是农户投资的必要条件这一结论已经被现实所证伪。①

如果说地权的稳定性对农户投资并没有显著的影响，那么，我们如何解释20世纪90年代中后期以来农户有机肥施用量的明显减少②？如何解释农户投资结构的转变？在许庆和章元的研究中，他们认为，对于农户的长期投资激励最有影响力的因素可能在土地制度之外，如粮食价格、农业生产资料价格、非农就业机会、户籍制度等。但是，他们同时指出，从回归分析中也可以看出，R^2的值都不大，说明因变量的变动被模型中包括土地调整在内的自变量解释的部分还不高。③那么，到底是什么因素导致农户投资行为的变化？农户有机肥施用量的减少和农户机械投资、动力使用、化肥农药使用等的增加就是一个值得研究的问题，具有重要的政策意义。

通过引入舒尔茨"人的时间的经济价值的提高"的概念④，我们证明了20世纪90年代中后期以来中国农村农家肥、绿肥等

---

① 许庆、章元:《土地调整、地权稳定性与农民长期投资激励》，北京大学中国经济研究中心经济发展论坛工作论文，No. FC20050071，2005。
② 有许多调查都指出20世纪90年代中后期以来农户有机肥施用量的降低。但是，这里没有全国性的统计数据。根据调研，在笔者家乡安徽安庆地区，20世纪80年代实行联产承包责任制时，农民普遍使用农家肥（如猪、牛粪便等）、紫云英等有机肥。但是，到今天，农民基本不用这些有机肥。
③ 许庆、章元:《土地调整、地权稳定性与农民长期投资激励》，北京大学中国经济研究中心经济发展论坛工作论文，No. FC20050071，2005。
④ 西奥多·舒尔茨:《报酬递增的源泉》，北京大学出版社，2001，第74页。

有机肥投入减少现象不是因为农村地权的稳定性，而是因为中国农民时间的经济价值的提高导致有机肥投资的机会成本的上升，从而导致中国农业投资结构由以劳动投入为主转向以非劳动投入为主。

3.2.2 要素价格与生存型农户投资行为：理论模型

改革开放初期，中国农民时间的经济价值的提高源于农业产出的增长和农产品价格的提高。但是，随着改革开放的继续深入推进，改革的重点由农村转移到城市，城市创造的大量就业机会和乡镇企业的崛起成为农民收入增长的重要源泉。因此，越是发达的地区，农民家庭经营性收入占总收入的比例越小；而在落后地区，富裕农户工资性收入所占比重较大。这源于两个因素：一是中国的自然要素禀赋决定的，中国人多地少，人均耕地少；二是在农村家庭联产承包责任制下，中国农村土地流转不畅导致劳动要素与土地要素之间难以进行重新配置，降低了资源的配置效率。由于这两个原因，中国农业成为一种生存型农业或保障性农业，农民追求的不是如何达到农业产出和利润的最大化，而是如何用最小的投入成本来达到家庭生存所需的粮食产量。

如果把农户的投资分为两种：劳动投入与非劳动投入，劳动投入是指农业生产过程中劳动要素的直接使用，如兴修水利中的劳动投入、除草和施农家肥等；非劳动投入是指农业生产过程中除劳动投入外的其他要素投入，如农业机械、化肥、农药等。那么，据以上分析，生存型农户的投资决策可用如下方程表示：

$$\begin{cases} \min C(L,K) = LP_L + KP_K \\ \text{s.t. } Q(L,K) = Q_0 \end{cases}$$

其中，L、K 分别表示劳动投入和非劳动投入，P_L、P_K 分别表示劳动投入和非劳动投入价格，Q_0 表示生存所需粮食数量。该方程组表示生存型农户的投资行为是在生存粮食数量 Q_0 约束下最小化投资成本。利用拉格朗日方程法我们可以求得，生存粮食数量约束下农户最小化投资成本所需一阶条件：

$$\frac{\partial Q / \partial L}{P_L} = \frac{\partial Q / \partial K}{P_K}$$

因此，在非劳动投入价格 P_K 和非劳动投入数量不变的情况下，当劳动投入价格 P_L 上升时，农户要使投资成本最小化就必须减少劳动的投入量。因为，根据边际报酬递减规律，劳动投入的减少将提高其边际产出水平。这种要素价格提高导致的要素投入量的减少表现为两种效应：替代效应和收入效应。随着农民时间的经济价值的提高，农民收入上升，这将导致农民增加对闲暇的消费，从而减少劳动投入。这种因农民时间的经济价值的提高导致收入上升而使劳动时间减少的效应称为收入效应。此外，农民时间的经济价值的提高意味着农民从事农业的机会成本的提高，从而导致农民用资本等非劳动投入来代替劳动投入。这种因农民时间的经济价值的提高而导致的用非劳动投入代替劳动投入就是替代效应。因此，中国农民时间的经济价值的提高导致的总效应就是劳动投入的减少。这种减少表现在农业生产过程中的两个维度上。一个维度是在农业生产作业中用非劳动投入代替劳动投入，如用化学肥料取代农家肥，减少农家肥的施用量和次数，因为施农家肥更耗费劳动时间；用除草剂替代人工除草；使用更多的机械动力和电力，如拖拉机、抽水机等。另一个维度是减少农业生产作业的次数，也就是降低复种指数。当然，不同农户的就业机会是不同的,从而有不同的时间价值,也就有不同的耕种方式,如有的可能更偏重于农家肥等绿肥的使用,属于劳动密集型;而有的更偏重于使用化肥等无机肥,侧重于机械技术和动力。

根据上述对生存型农户投资决策的分析,我们可以得到如下两个实证命题。

第一,随着农民时间的经济价值的提高,农户将会减少劳动投入,增加非劳动投入。

第二,农民时间的经济价值的提高与农业绿肥等有机肥的使用之间具有反向相关性。当然,全国性的绿肥等有机肥的使用量数据缺失,我们只能通过检验农民时间的经济价值与化肥、农药的使用之间的正向相关性来间接证明。

3.2.3 实证分析及解释

1. 变量关系说明

我们用中国农村居民家庭人均纯收入水平(NMSR)来衡量农民时间的经济价值的提高。从统计资料来看,中国农村居民家庭人均纯收入在近 30 年的改革开放中 (1978~2006 年) 增长了近 26 倍,见表 3-2。[①] 中国农民时间的经济价值的提高不仅可以通过统计数据来衡量,还可以通过中国农民的生活方式和生产方式的变化表现出来。从生活方式来看,节约时间的生活用品不断涌入中国农村家庭,由最初的电饭煲、洗衣机等到如今的家庭

---

① 从世界经济史来看,这都是一个不可思议的变化。在美国,制造业工人每小时工资上升 3 倍花了将近 60 多年的时间;英国花了近 80 年;法国花了 70 多年;德国花了 70 多年(以 1890 年为基年)。西奥多·舒尔茨:《报酬递增的源泉》,北京大学出版社,2001,第 74 页。

小轿车、电脑等。从生产方式来看，中国农村正在经历由最初的肩挑背扛到机械化的变化。这些都反映出中国农民时间的经济价值的不断提高带来的农业的资本深化进程。因此，农民时间的经济价值的提高将导致农业机械动力使用量的增加。但是，农民时间的经济价值的提高对农业机械动力等资本投入的使用有双重效应：第一是农民时间的经济价值的提高导致劳动投入的机会成本增加，从而使农业机械动力等资本投入增加；第二是随着农民时间的经济价值的提高，农民收入增加，导致农民对资本投入品的

表3-2 中国农民时间的经济价值的提高（1978~2006年）

年份	农村居民家庭平均每人		年份	农村居民家庭平均每人	
	纯收入（元）	纯收入指数（1978年为100）		纯收入（元）	纯收入指数（1978年为100）
1978	133.6	100	1993	921.6	346.9
1979	160.2	119.2	1994	1221	364.4
1980	191.3	139	1995	1577.7	383.7
1981	223.4	160.4	1996	1926.1	418.2
1982	270.1	192.3	1997	2090.1	437.4
1983	309.8	219.6	1998	2162	456.2
1984	355.3	249.5	1999	2210.3	473.5
1985	397.6	268.9	2000	2253.4	483.5
1986	423.8	277.6	2001	2366.4	503.8
1987	462.6	292	2002	2475.6	528
1988	544.9	310.7	2003	2622.2	550.7
1989	601.5	305.7	2004	2936.4	588.2
1990	686.3	311.2	2005	3254.9	624.6
1991	708.6	317.4	2006	3587	—
1992	784	336.2			

资料来源：国家统计局编《中国统计年鉴（2006）》，中国统计出版社，2006。

增加。因此，为了区分这两种不同效应，我们使用工资性收入在农民总收入中比重（Y）指标来衡量农业中直接劳动投入成本的变化，这能够避免第二种效应。如果农业机械动力等资本投入数量随工资性收入在农民纯收入中的比重的上升而上升的话，就表明机械动力的使用是为了节约农业中直接劳动投入的成本。

为了考察农村地权的稳定性对农民投资行为的影响，我们引入一个虚拟变量 $DQWDX$ 代表地权稳定性。我国政府农村土地政策的调整反映出对农民土地承包经营权保护程度的不断加深。我们据此给出了 $DQWDX$ 这一虚拟变量 1~5 的不同分值，1 代表地权稳定性程度最低，随数值的增大，地权稳定性程度提高。1978~1983 年，中国农民的土地承包经营权是每年调整一次，地权稳定性程度最低，故赋值为 1；1984~1992 年，中央给予农民 15 年的土地经营承包权，地权稳定性程度增加，赋值为 2；1993~1997 年，国家将家庭联产承包责任制制度写入宪法，并在同年提出"在原定的耕地承包期到期之后，再延长 30 年不变"，故赋值为 3；1998~2002 年，十五届三中全会通过的《中共中央关于农业和农村工作若干重大问题的决定》提出："要坚定不移地贯彻土地承包期再延长三十年的政策，同时要抓紧制定确保农村土地承包关系长期稳定的法律法规，赋予农民长期而有保障的土地使用权。"故赋值为 4；2003 年开始施行的《农村土地承包法》第二十条规定："耕地的承包期为三十年。"至此，二轮承包的期限被法律化了，故赋值为 5。由于机械投资是一种农业固定资产，因此，农业机械动力的使用会因为地权稳定性的提高而增加。

农民时间的经济价值提高的间接作用在于提高饲养役畜的机

会成本，这将导致农民用机械动力取代役畜。因此，在役畜的使用与机械动力的使用之间存在负相关关系。

2. 数据来源

各种变量数据均来自历年的《中国统计年鉴》，农业机械动力使用量（$NYJX$）采用万千瓦时单位。每百户农民拥有的役畜量（YX）代表役畜使用量。役畜量（YX）的数据统计年鉴只有1989~2005年的数据，1978~1988年的数据是我们根据如下公式计算所得：

$$每百户农村家庭拥有役畜量(头) = 大牲畜中役畜头数 \times 1.5 / [(1 - 非农人口占全国人口比重) \times 全国户数]$$

在此，之所以用大牲畜中役畜头数乘以1.5是考虑到农村家庭人口比城市多，一般在50%左右。农民工资性收入的数据国家统计局只有1978年、1980年、1985年、1990年及1992~2005年的数据。但是，1978年、1980年的数据明显夸大了农民工资性收入的来源。因为，1985年以后的工资性收入主要指非农就业收入，而1978年和1980年的工资性收入主要指从集体中获取的收入，而这些收入主要是农民务农收入，相当于后来家庭经营性收入，而不是非农就业收入。因此，1986~1991年的数据是由《中国统计年鉴》中提供的工业收入、建筑收入、运输收入、商业收入、饮食业收入和服务业收入六项加总所得。1979~1984年数据是根据1985~2005年工资性收入变化的趋势反推计算的。最后，工资性收入在农民人均纯收入中的比值Y是通过工资性收入除以农民人均纯收入所得。

3. 模型结果

为了考察农民时间的经济价值提高对投资结构转变的影响，

我们根据上述分析，建立了如下计量模型：

$$\ln(NYJX) = \beta_0 + \beta_1 \ln(NMSR) + \beta_2 \ln(YX) \\ + \beta_3 \ln(Y) + \beta_4 DQWDX + \mu$$

其中，$NYJX$ 代表农业机械总动力使用量；$NMSR$ 代表中国农村居民家庭人均纯收入水平；YX 代表役畜量；Y 代表农民工资性收入在农村居民家庭人均纯收入水平中的比重；$DQWDX$ 表示地权稳定性指标；μ 表示白噪声。

在上述计量模型中，除了虚拟变量以外，其他变量都取自然对数形式。OLS 回归结果见表 3-3。

表 3-3 回归结果

自变量	模型 1	模型 2
Ln($NMSR$)	0.219*** (7.661)	0.255*** (11.12)
Ln(YX)	-0.231(-5.018)	-0.296***(-8.68)
$DQWDX$	0.034* (1.964)	
Ln(Y)	0.507*** (11.178)	0.515*** (10.776)
常数项	10.494*** (38.531)	10.605*** (37.63)
	$N=28$, Adjusted $R^2=0.997$, $D.W=2.262$	$N=28$, Adjusted $R^2=0.996$, $D.W=2.267$

注：*、**、*** 分别表示该系数达到 10%、5% 和 1% 的显著水平。括号中为 t 值，以下相同。

从计量结果看，模型调整的 R^2 都很高，达到 0.99，表明模型的拟合效果非常好，解释力很强。从模型 1 看，各个变量的回归系数与我们的理论预期是一致的。农民家庭人均纯收入与机械动力使用之间存在正相关关系。在 1% 的显著性水平，如果其他条件不变，农民家庭人均纯收入每上升10%，机械动力的使用量上升2.19%。工资性收入在农民纯收入中的比重与机械动力的使用之间的正相关关系更加明显。在1%的显著性水平，如果其他条件不变，工资性收入在农民纯收入中的比重每上升10%，机械动力的使用量将上升5.07%。役畜的使用量与机械动力使用量之间有明显的负相关关系。在1%的显著性水平，役畜使用量每增加10%，将导致机械动力使用量降低2.31%。这些检验结果表明，随着农民时间的经济价值的提高，直接劳动投入的机会成本会不断上升，从而导致农民用机械等资本投入来替代直接劳动投入。由于机械投资是农民的一种长期固定资本的投资，按照地权稳定性影响农民投资行为的观点，它将随地权稳定性的上升而提高。但是，在我们的模型1中，农民地权的稳定性对农民投资结构转变的影响微弱，而且仅在10%的水平下显著。为此，我们在模型2中剔除了地权稳定性变量，模型拥有几乎同样的解释力。这表明农民投资结构的变化不是地权稳定性的结果，而是农民对要素价格变化的反应，是对自身时间的经济价值提高的理性反应。因此，我们的模型证明了我们理论的第一命题。

为了检验农民时间的经济价值的提高与农民绿肥使用量的关系，根据上述研究，我们建立了如下计量模型：

$$\ln(HFSY) = \beta_0 + \beta_1 \ln(NMSR) + \beta_2 \ln(YX) + \beta_3 \ln(Y) + \beta_4 DQWDX + \mu$$

其中，$HFSY$ 代表化肥的使用量；μ 代表白噪声；其他变量同上。

由于没有全国性的绿肥使用量数据，本研究只能通过检验农民时间的经济价值的提高与化肥使用之间的关系来间接证明绿肥使用与农民时间的经济价值提高使用的关系。根据生存型农户的投资理论,农民时间的经济价值的提高将增加农民使用绿肥等有机肥的成本,从而导致农民增加对化肥的使用。因此,在化肥使用与农民时间的经济价值的提高之间存在正相关关系。但是,农民对化肥使用可能不是农民时间的经济价值提高的结果,而正是它的原因。为此,我们首先对化肥使用与农民时间的经济价值的提高做格兰杰因果关系检验,检验结果见表3-4。通过格兰杰因果检验,我们发现至少在95%的置信水平下可以认为农民时间的经济价值的提高是化肥使用量增加的格兰杰成因。为此,我们可以应用上述模型,下面直接报告OLS检验结果:

$$\ln(HFSY) = 4.95 + 0.407\ln(NMSR) + 0.186\ln(YX) + 0.28\ln(Y)$$
$$- 0.028DQWDX + \mu$$
$$(11.185) \quad (8.784) \quad (2.485) \quad (3.803) \quad (-0.982)$$
$$N = 28 \qquad \ln^2 = 0.991$$

表3-4 化肥使用与农民时间的经济价值提高的格兰杰因果检验

Null Hypothesis:	Obs	F-Statistic	Probability
HFSY does not Granger Cause NMSR	26	1.12827	0.34243
NMSR does not Granger Cause HFSY		3.97384	0.03438

与我们的预测相一致,农民时间的经济价值的提高,特别是农户工资性收入比重的上升,将导致农户绿肥投资的机会成本的上升,从而使农户用化肥等无机肥取代了绿肥等农家有机肥。根据我们的模型,在1%的显著性水平,农民工资性收入在农民人均纯收入中的比重每上升10%,将导致化肥使用量增加2.8%;

农民家庭人均纯收入每上升10%，化肥使用量将上升4.07%。按照地权稳定性是减少农户绿肥投资的原因的观点，随着地权稳定性的上升，农户的绿肥投资应该提高，化肥投资应该降低。但是，在我们的检验中这种关系是不显著的。许庆和章元认为，农户的家畜拥有量对于农户的农家肥使用量具有显著的影响。为此，我们在模型中引入役畜使用量来检测这一结论，结果发现在役畜使用量与化肥使用量之间存在正相关关系。在1%的显著性水平，役畜使用量每增加10%，化肥使用量就增加1.86%。这可能的原因是役畜的使用增加了农民耕种的面积和复种指数，从而导致化肥使用量的增加。按照化肥与绿肥之间的替代关系，可以认为随着役畜使用量的增加，化肥使用量将增加，绿肥使用量将减少。而这与许庆和章元的结论正好相反。我们认为这可能是因为所使用的数据的关系，许庆和章元使用的是家畜拥有量，而本研究使用的仅仅是役畜使用量，前者远远超过了后者。

但是，有人可能认为农民收入与化肥使用之间的正相关关系并不代表农民收入的提高与有机肥之间的反向变化关系。如果我们从生存型农户的决策出发，就可以很清楚地看出，在成本一定的情况下，农户化肥使用量的增加必然意味着绿肥等农家有机肥使用量的减少。因此，改革开放以来，特别是20世纪90年代以来农家肥等有机肥使用量的减少恰恰是农民收入提高的结果，或者说是中国农民时间的经济价值提高的必然结果。

3.2.4 生存型农户延缓农业的资本深化

通过构建一个生存型农户投资决策模型，我们证明了农户劳动投资与非劳动投资的替代性。模型表明，改革开放以来中国农民时间的经济价值的提高必然导致生存型农户减少农业生产中的直接劳动投入，这主要表现为替代效应和收入效应，还有增加农业机械、化肥等非劳动投入。通过《中国统计年鉴》的数据，我们检验了模型的结论，检验结果能很好地证明我们结论的准确性。这一研究结果能很好地解释改革开放以来中国农业投资的结构变化，即以劳动投资为主向以资本投资为主的转变，表明中国农业正经历着一场资本深化的现代化。特别是，这一研究结果能够很好地解释20世纪90年代中后期以来中国农业绿肥等农家有机肥投入减少的现象。它不是因为地权的稳定性，而是因为中国农民时间的经济价值提高导致的有机肥投资机会成本的上升。

如果我们的逻辑是正确的，那么，根据地权的不稳定性导致的农业投资的减少，特别是有机肥投资的减少，进而推出中国农业土地产权的无效性的结论就值得重新推敲和审视。但是，这并不意味着我们认为中国农业土地产权制度在当前是最有效率的，是不需要改革的。我们推翻的是由地权稳定性导致土地产权无效性的逻辑，而不是其结论。

我们的结论——中国农民时间的经济价值的提高导致农民投资结构的变化，特别是绿肥等农家有机肥投资的减少是基于生存型农户这一假设。改革开放以来农业劳动生产率的提高产生的推力和非农产业的发展产生的拉力二者共同导致中国农民时间的经济价值的提高。但是，在这一过程中，中国劳动力市场和土地市场的不均衡放开，即在劳动力市场逐渐放开时，农村土地市场一直没有放开，使中国农民成为一种生存型农户。对于生存型农户而言，生存所需最少粮食的约束必然导致劳动投资与非劳动投资之间的替代而非同步变化，这使第一类效率损失——资源配置效率损失，即在技术水平一定条件下，由于农村土地不能在不同比较优势的农户之间进行重新配置带来的效率损失。市场放开的不均衡所导致的第二类效率损失延缓了中国农业的资本深化过程。这导致农业劳动生产率和中国农业的比较竞争力的降低。对于生存型农户而言，土地无法在农户之间自由配置，因而其缺乏资本深化所需的最小的有效规模，从而延缓了中国农业的资本深化进程。市场放开不均衡所导致的第三类效率损失来自异质性劳动力下农村的人力资本流失的效率损失。

由上述分析，我们认为中国农村劳动力市场与土地市场的不均衡放开是中国小农演化成为生存型农户的根本原因，而这又导致中国农业有机肥投资的降低和三类效率损失。因此，提高中国农业的国际竞争力的一条基本路径就是放开中国农村土地市场。当然，这又要区分不同地区采用不同的土地政策，如对于非农就业机会多、城市化发达的东部沿海地区，我们就可以实施土地私有化政策，对就业机会欠缺、经济不发达的中西部地区就可以在土地集体所有制下通过加速土地使用权的流转来实现土地要素与劳动要素的重新配置，提高效率。因此，中国政府应该根据不同地区特定的区情制定不同的土地产权政策。但是，目的只有一个：逐步实现土地资源与劳动力资源之间的最优配置，走高效率的农业产出增长道路。

3.3 结论

改革开放以来，中国农业的资本深化进程明显加速，成为推动中国农业发展的重要因素（许多农业技术的创新都是嵌入农业资本设备之中）。但是，在不同的阶段，中国农业资本深化的动力不同，21世纪以前的主要动力是农业增产推动的复种指数的提高，而其后主要的动力是非农就业机会增加带来的农民时间的经济价值的提高。

农民时间的经济价值的提高导致生存型农户投资结构发生转变，即由以劳动投入为主转向以非劳动投入为主，特别是现代机械、化肥、农药和除草剂等。这推动了21世纪以来中国农业的资本深化进程。但是，土地流转市场发展缓慢，延缓了土地要素和劳动要素的重新整合配置，导致农业发展存在三类效率损失。

然而，国家制定了关于土地流转市场建设的重要农村政策。十八届三中全会通过的《中共中央关于全面深化改革若干重大问题的决定》明确指出，"鼓励承包经营权在公开市场上向专业大户、家庭农场、农民合作社、农业企业流转，发展多种形式规模经营"。由此可以预测，随着中国农户规模的扩大和农民时间的经济价值的提高，中国农业机械化进程将进一步加速，并且农业机械化将逐步由动力密集型的操作机械向高度控制型操作机械方向发展。另外，随着农民时间的经济价值的提高，节约农民时间的生物技术创新（除草剂、基因种子等）也将受到农业经营主体的青睐。

4 农地流转、农户规模与农业技术创新

人多地少的基本国情决定了中国农户的超小规模，而这制约了农户对现代农业技术的利用。改革开放以来，非农就业机会的增加和城市化的推进，推动了农村土地流转市场的出现与发展，农户经营规模得以扩张，提升了中国农业的静态和动态效率。特别是，农户规模扩张有利于增强农业技术创新的需求诱致力。为了提高农业技术的有效供给水平，我国应该构建公私并存、竞争合作的农业技术创新体系。

4.1 农户规模扩张的静态和动态效率提升

4.1.1 农业土地制度的变迁与中国农业发展

在《伟大的中国经济转型》一书有关中国农业发展的章节中，黄季焜等根据农业在经济发展过程中应该承担的职能，把中

国农业过去60年的发展概括为：失望的过去、最近的成功和未来的挑战。① 这一概括准确地描述了中国农业过去60年的演化轨迹。问题是，中国农业缘何沿着这一轨迹演化？其驱动力是什么？中国农业改革开放前的失望，源于人民公社体制。最近的成功，源于家庭联产承包责任制对人民公社体制的取代。中国农业未来面对的最大挑战在于：谁来养活中国？因此，纵观中国农业过去60年的演化轨迹，它与中国农业土地制度的变迁息息相关，从土地制度的变迁可以很好地解读新中国农业发展的历史。

人民公社体制本质上是工厂制度在农业中的再现。但是，与工业生产过程不同，农业生产受自然条件、环境和气候的影响很大，从外部监督农业生产过程难度极大，成本极高。因此，农民高度的社会主义主人翁意识与自觉是人民公社体制成功的前提条件。应该说，在人民公社体制实施的初期，广大农民是存在这种高度的主人翁意识与自觉的意识，但是，由于人民公社体制不存在一种公平、公正地惩处投机取巧、以公谋私的社员的体制，如林毅夫提出的退出权，致使"劣币驱逐良币"，导致"偷懒"成为人民公社体制下社员的最优选择。而农产品生长周期长，受自然条件、环境和气候影响大等特点又使"偷懒"监督成本极高，致使人民公社体制下农业生产缺乏效率。② 到1978年，中国农业仍然没有解决中国人的温饱问题，政府不得不利用稀缺的外汇

---

① Jikun Huang, Keijiro Otsuka, and Scott Rozelle. Agriculture in China's Development: Past Disappointments, Recent Successes, and Future Challenges. Loren Brandt, Thomas G. Rawski. China's Great Economic Transformation. Cambridge: Cambridge University Press, 2008, pp. 467 - 505.

② 林毅夫：《制度、技术与中国农业发展》，上海三联书店、上海人民出版社，1994，第16~43页。

进口粮食以缓解粮食短缺的危机，这样严重延缓了中国工业化的进程。

根据阿尔钦和德姆塞茨的团队生产理论，在团队生产中为了解决"谁来监督监督者的问题"，可以把剩余索取权交给工作最难监督之人，以让他自我监督。① 改革开放以来，家庭联产承包责任制在中国农村的成功，正是给予了农户土地经营的剩余索取权而成功地解决了人民公社体制下的痼疾——"偷懒"问题。中国农民形象地用"交足国家的，留足集体的，剩下的都是自己的"揭示了剩余索取权的真谛。家庭联产承包责任制成功地解决了中国人民的温饱问题。

但是，20世纪90年代中后期以来，"三农"问题再次成为全国人民关注的核心，以及中国经济发展的最大障碍。中国人多地少的基本国情决定了家庭联产承包责任制下中国农户规模必然狭小，而土地的社会保障职能又进一步限制了土地在农户之间的重组，导致生存型小农成为中国农业的基本组织形式。生存型小农能够解决温饱问题，却难以解决农民致富问题。随着城市劳动力市场的开放，农业越来越成为农民的副业，抛荒和半抛荒成为中国农民的最优选择，因此，谁来养活中国成为农业未来面临的最大挑战。

有鉴于此，在党的十七届三中全会上，我们通过了《中共中央关于推进农村改革发展若干重大问题的决定》（以下简称《决定》），调整了农业土地政策，以使其适应发展适度规模经营

---

① 阿尔钦、德姆塞茨：《生产、信息费用与经济组织》，上海三联书店、上海人民出版社，1994，第59~95页。

农业的需要。《决定》指出，"搞好农村土地确权、登记、颁证工作。完善土地承包经营权权能，依法保障农民对承包土地的占有、使用、收益等权利。加强土地承包经营权流转管理和服务，建立健全土地承包经营权流转市场，按照依法自愿有偿原则，允许农民以转包、出租、互换、转让、股份合作等形式流转土地承包经营权，发展多种形式的适度规模经营"。但是，由于土地对中国农民具有生产性和保障性双重功能，因此，在中国城乡社会保障体制没有统一的情况下，保持农地的集体性质，防止农地私有化后的土地集中就具有重要意义，因此，《决定》指出，"土地承包经营权流转，不得改变土地集体所有性质，不得改变土地用途，不得损害农民土地承包权益"。2014 年，中共中央、国务院《关于全面深化农村改革 加快推进农业现代化的若干意见》进一步指出，"稳定农村土地承包关系并保持长久不变，在坚持和完善最严格的耕地保护制度前提下，赋予农民对承包地占有、使用、收益、流转及承包经营权抵押、担保权能。在落实农村土地集体所有权的基础上，稳定农户承包权、放活土地经营权，允许承包土地的经营权向金融机构抵押融资。有关部门要抓紧研究提出规范的实施办法，建立配套的抵押资产处置机制，推动修订相关法律法规。切实加强组织领导，抓紧抓实农村土地承包经营权确权登记颁证工作，充分依靠农民群众自主协商解决工作中遇到的矛盾和问题，可以确权确地，也可以确权确股不确地，确权登记颁证工作经费纳入地方财政预算，中央财政给予补助"。

农地的流转必然导致土地要素与其他生产要素之间的重组，推动农业生产向生产前沿面移动，提升农业生产效率。

4.1.2　土地流转的静态效率提升

1. 实现土地要素在农户之间的重新配置，获取土地配置效率

家庭联产承包责任制下按照农户人口平均分配土地的政策是以各个农户具有相同的要素资源禀赋为条件的。① 但是，在农户人口数量一定的条件下，农户人口的年龄结构的不同导致劳动力数量不同。因此，有的农户可能劳动力不足，而有的又劳动力过剩，而过剩的劳动力诱导了乡村工业的产生和打工族的出现。随着农民非农就业机会的增加，非农收入逐渐成为劳动力丰富的农户的主要收入来源。但是，在家庭联产承包责任制下，土地承包经营权既是农民的权利，也是农民的义务，因此，非农收入为主的农户同样承担经营承包地、避免荒芜的义务，他们遂演变成兼业农户。与此同时，农村又存在一些由于多种原因不能从事非农工作的专职农户，但是这些专职农户又苦于人多地少的国情导致的土地规模不足，难以开展规模化经营，以及提高经营农业的绩效和家庭收入水平。因此，如果存在一个土地承包经营权市场，将兼业农户的承包经营权向专职农户集中，既可以解决兼业农户的后顾之忧，又可以在一定程度上解决专职农户的规模不足问题，这将带来一个"帕累托改进"，提高整个社会的资源配置效率。

因此，随着土地流转政策的实施和完善，一个规范的土地承包经营权流转市场将形成，并通过其实现土地资源在不同要素资

---

① 这种分配方式最为人们所称颂的在于其公平性，实际上，这种分配方式是不平等的。因为，它是以农户在所有其他各种要素资源禀赋占有上是平等的为前提条件的，而实际上这几乎不可能。例如，一个身体有残疾的农户与身体健康的农户获得的土地是一样的。

源禀赋的农户之间重新配置，从而带来整个社会土地资源配置效率的提升。

2. 实现人力资本在城乡之间的配置，获取人力资本的配置效率

21世纪以来，我国政府开始实施"城市支持农村、工业反哺农业"的城乡协调发展战略，而这一战略实施的落脚点就是建设新农村和现代农业。然而，建设新农村和现代农业的首要任务在于培育现代农民。

今日中国存在的一个基本悖谬现象就是：一方面是城市人才过剩，集中表现为大学生就业难；另一方面是农村人才短缺，农业生产的主力军是老人、妇女和儿童。在一个城乡人口基本自由流动的境况下，缘何出现城乡的冰火两重天？究其原因，就是在农村土地流转市场缺乏的情况下，城乡人口流动过程中出现了逆向选择现象。根据托达罗－哈里斯模型，农民是否流入城市不是取决于城乡之间的绝对工资差异，而是取决于城乡之间的预期收入差异。城市的预期收入等于农民在城市的预期工资与就业概率之积，因此，对于农村受过一定教育的青壮年劳动力而言，其无论是预期工资还是就业概率都比没有受过教育的中老年劳动力要高，所以其城市预期收益更高。而在一个传统的小农世界，受过教育和年轻力壮的劳动力的收益并不能同比例增加，也就是说，农村受过教育的青壮年劳动力在农村的收益与没有受过教育的中老年劳动力相差无几。因此，随着城乡的自由流动，城市的高工资首先吸引的是农村人力资本水平最高者，然后次之，从而产生了一种逆向选择现象。无数的实地调查数据证明了这一结论，即农村流入城市的劳动力都是受过教育的青壮年，这导致农村人才流失严重，成为建设新农村和改造传统农业的最大障碍。

改变这种现状的关键是提高受过教育的农村青壮年劳动力在经营农业方面的预期收益，而限制其提高预期收益的最主要因素就是经营规模不足，从而难以充分利用其才、其力。因此，伴随土地流转市场的形成，土地承包经营权向农村受过教育的青壮年劳动力集中，将提高其在农村的预期收益，在城市预期收益一定情况下，将终结这种城乡人口流动中的逆向选择现象。这一方面可以一定程度地解决城市人才过剩问题，另一方面又解决了农村人才短缺问题，实现了人力资本在城乡之间的重新优化配置，带来了一个人力资本配置的"帕累托改进"，实现了整个社会人力资本配置效率的提升。

3. 加速中国农业的资本深化进程，获取物质资本的配置效率

20世纪90年代后期以来，中国经济出现了"高增长、低就业"现象，就业弹性不断降低，究其根源，资本深化进程过快导致机器排斥工人是重要原因。在城市资本相对过剩的同时，中国农村很多地区农业生产的基本动力结构仍然是以畜力和人力等非机械动力为主，农业生产方式仍然沿用两千多年来的传统。缘何在城市加速资本深化的同时，农村资本却严重短缺，资本深化进程受阻？

农业生产方式仍然沿用两千多年来的传统，集中表现在农业生产的"迂回"程度低，即分工和专业化程度低。根据斯密定理，劳动分工取决于市场规模，而市场规模又取决于劳动分工。因此，这里可能出现多重均衡现象：分工程度高、市场规模大的高水平均衡与分工程度低、市场规模小的低水平均衡同时并存。中国小规模的农户限制了对农业投入品的需求，特别是由农户规模决定的机械技术的采用，而对机械技术产品的低需求又进一步限制了该产品生产的规模经济效应，从而限制了该产品价格的降低，这将使该种机械技术产品因为价格太高而难以为农户所采用。市场规模和劳动分工的相互依赖导致中国农业机械化程度低，不得不依靠两千多年来一直采用的传统生产方式，从而延缓了中国农业的现代化进程。

土地流转市场的出现和规范化，将提高农户规模，从而提高农户对农业投入品的需求，而这将推动农业投入品生产的规模扩张，降低价格，进一步提高农业投入品的市场需求规模，二者产生正向互动效应，加速中国农业的资本深化进程，引导资本从相对过剩的城市回流农村，改变资本在城乡之间的配置扭曲现象，实现资本配置的"帕累托改进"，在整个社会实现资本配置效率的提升。

4.1.3 土地流转的动态效率提升

土地流转导致的农户规模变化，除了实现静态配置效率的增进外，还有利于诱导农业技术创新和制度创新，实现动态效率的提升。

1. 土地流转有利于农业技术的创新

农业技术创新理论是循着两条线索发展的：一条关注要素的相对稀缺性，另一条关注市场需求。前者是希克斯－速水佑次郎－拉坦－宾斯旺格假说。它假定，一种要素相对价格的提高，会诱使能节约该要素的技术类型的创新。该假说的核心如下：如果没有市场扭曲，要素相对价格将反映要素相对稀缺性的水平与变化，农民会被诱使去寻找能节约日益稀缺的要素的技术。因此，从社会的角度看，研究机构在决定其技术创新方向时，应该将要素稀缺性考虑进去。速水佑次郎和拉坦在《农业发展的国际分析》一书中，利用日本和美国农业技术演进的历史证实了这种理论。后者是施莫克勒－格里利切斯假说，它假定在其他情况不变时，对一种商品的新技术的可得性，是对该商品的市场需求的函数。发明一种新技术的相对利益，取决于适于该技术的商品的价格与市场规模。因此，最优化要求一个科研机构将资源更多地分配到开发适用于具有较高价格或较大市场的商品的新技术。

土地流转市场的形成和规范化，农户规模的适度增长必将增加农业投入品的市场需求，从而诱导相应的技术创新，实现农业动态效率提升。

农户规模的适度增长，以及城市扩张导致农村剩余劳动力的减少，使中国农村劳动力与资本的比价将上升，进而促使农户逐步采用资本密集型农业生产技术，提高中国农户对农业机械的需求，从而诱导适合中国农业规模的机械技术的创新。

农户规模的扩张也将增加农户对良种、化肥和农药等生物技术新产品的需求。在土地流转之前，农户规模太小，以致新的生物技术产品对其边际收益增长甚微。在信息收集、讨价还价等交易成本一定条件下，小农户不愿意发掘新品种和新技术，存在集体"搭便车"现象。而随着农户规模的扩张，其从新品种和新技术中的边际收益增加了，在交易成本一定的条件下必将提高农户对新品种和新技术的发掘兴趣，从而有利于解决小农户时代存在的集体"搭便车"问题，促进生物技术在农业中的应用和推广。

无论机械技术的采用，还是生物技术的采用，最终都将改变中国农业的生产方式，实现中国农业的现代化，提升中国农业效率和国际竞争力。

2. 土地流转有利于农业制度的创新

农业新技术的采用不仅受到市场规模和要素资源禀赋的影响，还受到其他因素的影响。舒尔茨认为，发展中国家农民在农业技术采用决策中考虑风险因素。[①] 费德和加斯特等分别研究了缺乏信贷、不适合的农场规模和互补性投入的供给不稳定对农户技术采用的影响。[②] 林毅夫利用中国的数据，检验了农户受教育水平对新技术采用的影响，发现一个农户的受教育水平与采用杂交种子的概率和采用密度具有正的统计上的显著效应。[③]

随着土地流转导致的农户规模的适度增长，将诱导农业保险公司、信贷机构以及互补性产品提供机构等的出现，这种农业制度上的创新又将进一步降低农户采用新技术的成本和风险，从而实现制度创新和技术创新的互动，提升中国农业的动态效率。

因此，随着党的十七届三中全会《决定》的实施，农村土地流转的加速和规范化，必将带来中国农业的静态和动态效率提升，实现中国农业现代化和新农村建设的宏伟目标。

4.2 农户规模、需求诱致力量与农业技术创新体系

速水佑次郎和弗农·拉坦在《农业发展的国际分析》一书

---

① 舒尔茨：《改造传统农业》，商务印书馆，1987。
② Feder Gershon. Farm Size, Risk Aversion and the Adoption of New Technology under Uncertainty. Oxford Economic Paper, 1980, Vol. 32; Just Richard and David Zilberman. Stochastic Structure, Farm Size and Technology Adoption in Developing Agriculture. Oxford Economic Paper, 1983, Vol. 35.
③ 林毅夫：《制度、技术与中国农业发展》，上海人民出版社、上海三联书店，1994。

中，提出了诱致性技术创新理论。该理论认为，技术创新不是独立于其他发展过程而起作用的一个外生变量，而是发展过程所内生的。速水佑次郎和弗农·拉坦重点从技术创新的需求角度看待技术创新，这样，技术创新就不是偶然的科学发现或发明，而是科学技术工作者对技术市场需求的必然反应。这一理论一经提出，立即引起很大的反响，出现了一大批关于诱致性技术创新和制度创新的文献。这些文献基本上遵循了速水佑次郎和弗农·拉坦的思路，把技术创新看作是对要素市场稀缺的反映，认为技术创新就是用丰裕的要素替代稀缺的要素。这个思路从客观的需求诱致性因素出发研究技术创新，着重研究技术创新路径的选择，而忽视了单项技术的采用问题。因此，它无法解释如下问题：在存在符合要素稀缺条件的技术创新时，农民为什么不愿意采用它？

发展中国家农民不愿意采用生物技术革命的新成果，而愿意用产量低的老品种，这是发展中国家农业中的一个奇怪现象。许多发展经济学家和社会学家从农民非理性的观点出发来解释这一现象。美国经济学家西奥多·舒尔茨[1]则从理性人的观点出发，提出了一个全新的解释。他认为，发展中国家农民的决策是在考虑了风险因素之后做出的合乎理性的决定。新品种是高产量和高风险并存，它的期望收益因风险大而大大降低；老品种的产量虽然较低，但老品种的风险小，所以期望收益较高。当老品种的期望净收益大于新品种的期望净收益时，人们更愿意采用老品种，而放弃新品种。舒尔茨是从农户的主观需求诱致性因素出发研究

---

[1] 西奥多·舒尔茨:《改造传统农业》，商务印书馆，1987，第29~41页。

技术的采用问题，但他忽视了技术创新的路径选择问题，而且他着重从风险因素出发研究技术的采用问题，忽视了影响技术采用的其他重要因素。

国际农业技术创新主要发生在发达国家，广大发展中国家难以有重大的技术突破。理论界过去主要是从技术创新的供给角度进行研究与解释。但是，技术创新分布的不均衡不仅仅是技术创新的供给问题，同时也受到技术创新需求的影响。因此，我们重点研究农户经营规模对农业技术创新的需求，及其对农业技术供给的影响，证明农户经营规模是影响农业技术创新和农业全要素生产率提高的关键因素之一。

4.2.1 农户规模与农业技术创新：理论模型

技术创新的关键是技术供给，但技术供给不是科学家在实验室里进行科学发明或发现的过程，而是科学家根据技术市场的需求变动不断创新以满足市场需求的过程。因此，技术创新的供给主体和需求主体都是理性的经济人，他们都追求自身利益最大化。①

技术供给和其他商品的供给一样，取决于各种技术创新给供给主体带来的预期净收益，技术创新的供给主体将选择能够带来最大预期净收益的那种技术创新。如果用 $R_s^e(x_i)$ 表示第 i 种技术创新给供给主体带来的预期收益，用 $C_s^e(x_i)$ 表示第 i 种技术创新给供给主体带来的预期成本，则对于供给主体来说，其决策

---

① 当然，我们并不否认存在外生的技术创新，只是由于能力有限，仅考虑需求诱致下的技术创新，而不考虑偶然的、外生的科学发现和发明。

问题如下：

$$\max_{x_i}[R_s^e(x_i) - C_s^e(x_i)] \quad (4-1)$$

由于技术创新给供给主体带来的预期成本相对确定，所以决定技术创新的关键因素是技术创新给供给主体带来的预期收益。技术创新给供给主体带来的预期收益是技术市场上对该项技术需求的函数，技术创新的市场需求越广泛，其预期收益越高；市场需求越窄，则预期收益越低。因此，如果用 $D(x_i)$ 表示技术市场对第 i 种技术创新的市场需求，则有：

$$R_s^e(x_i) = R_s^e[D(x_i)],且\frac{dR_s^e}{dD} > 0 \quad (4-2)$$

技术创新的需求由技术创新市场上的需求者决定。作为一个理性的经济人，技术创新的需求主体同样要比较各种技术带来的预期净收益，选择能带来最大预期净收益的那种技术。如果用 $R_d^e(x_i)$ 表示第 i 种技术给需求主体带来的预期收益，用 $C_d^e(x_i)$ 表示第 i 种技术给技术需求主体带来的预期成本，则对于需求者的决策问题如下：

$$\max_{x_i}[R_d^e(x_i) - C_d^e(x_i)] \quad (4-3)$$

因此，对技术的需求是由技术的净收益决定的，技术带来的净收益越大，对技术的需求越高。

由以上分析可知，技术需求主体的预期收益和预期成本决定了主观需求诱致力量的大小，后者通过技术市场影响技术创新者的预期收益，最终影响技术创新的供给。因此，分析决定和影响技术需求主体预期收益和预期成本的因素对技术创新理论有重要意义。

构成农业技术创新需求主体的主要是单个农户和集体农场、合伙农场等农业企业。在广大发展中国家，农业企业很少，技术需求主体主要是农户。因此，本书以农户为例，分析技术需求主体的预期收益和预期成本。

1. 农户预期收益分析

熊彼特在研究创新与市场结构的关系时断言，一定程度的垄断是有利于技术创新的，或者说，大企业技术创新的动力更大。① 因此，技术给农户带来的预期收益虽然受多种因素影响，但是，其中最重要的因素是农户的经营规模。② 这里，我们用人均耕地的拥有量来代替农户的经营规模，人均拥有耕地量越多，农户经营规模越大；人均拥有耕地量越少，农户经营规模越小。技术给农户带来的预期收益等于土地上的农产品数量乘以单位产品售价。在完全竞争的市场上，产品价格是一定的，因此，农户的预期收益完全取决于土地上的农产品数量。农产品数量由单位面积的产量和土地的面积决定，在单产不变的情况下，农户预期收益由土地面积决定，土地面积越大，农户的预期收益越高；土地面积越小，农户的预期收益越低。根据要素的边际生产力递减规律，农户的预期收益一般经历先递增后递减的过程。也就是说，一开始，随着农民人均耕地量的增加，劳动者生产能力逐渐得到发挥，边际产量增加；当边际产量达到极限后，随着农民人

---

① 熊彼特：《资本主义、社会主义与民主》，商务印书馆，2004，第151~177页。
② 夏恩君、顾焕章：《构建我国农业技术创新的动力机制》，《农业经济问题》1995年第11期；陆迁、霍学喜：《农业技术创新的需求分析》，《西北农业大学学报》1997年第5期。

均耕地继续增加，劳动者的生产能力达到了极限，边际产量递减。因此，总产量先递增，达到最大值后，随着边际产量为负，总产量开始递减，详见图 4-1。

在图 4-1（a）中，横轴 Q_l 表示农户经营规模（用人均耕地表示），纵轴表示总收益 TR。总收益曲线是一条先递增的曲线，如图 4-1 中的 TR_1。在图 4-1（b）中，横轴表示经营规模 Q_l，纵轴表示平均收益 AR 或边际收益 MR，边际收益和平均收益都是倒 U 形曲线。

当然，影响农户预期收益的因素除人均拥有耕地量外，还包括其他因素。当其他因素发生变化时，农户的预期收益将发生变化，在图 4-1 中表现为整条曲线的向上或向下移动。①风险因素。当风险降低时，农户的预期收益将增加，在图 4-1 中表现为总收益曲线由 TR_1 向上移动至 TR_2；当风险增大时，农户的预期收益将降低，在图 4-1 中表现为总收益曲线向下移动。②专业化因素。当专业化程度提高时，生产成本降低，农户总收益上

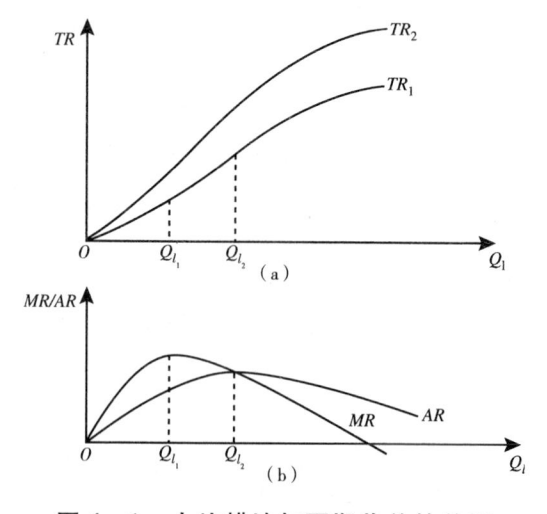

图 4-1　人均耕地与预期收益的关系

升，在图 4-1 中表现为总收益曲线向上移动；当专业化程度降低时，农户总收益减少，在图 4-1 中表现为总收益曲线向下移动。

2. 农户预期成本分析

一项农业技术能否被采用，不仅受该农业技术带给农户的预期收益影响，还受该农业技术带给农户的预期成本的影响。农户的预期成本包括不变成本和可变成本，专用性投资属于不变成本。这里的专用性投资是指只能在某种技术中采用，离开了这种技术环境就无法发挥作用或仅能发挥很小作用的投资。例如，如何耕作某良种就是一种专用性知识，一旦不再种植这种作物，这种专用性知识就无法发挥它的作用。对这种专用性知识的投资就是一种专用性投资，它属于这项农业技术的沉没成本之一。由于不变成本不随着经营规模的变化而变化，经营规模越大，单位面积分摊的不变成本就越小；经营规模越小，单位面积分摊的不变成本就越大。因此，农户的预期平均成本随农户的经营规模先递减，随着规模的不断扩大，农户经营的可变成本上升，平均成本开始递增。农户经营的预期边际成本随农户经营规模的扩大也是先递减，然后递增，预期总成本也满足先以递减速率递增，然后以递增速率递增的规律，详见图 4-2。

图 4-2（a）中，横轴表示农户经营规模，纵轴表示总成本，总成本曲线是一条递增的曲线，如图 4-2 中的 TC。图 4-2（b）中，横轴是农户经营规模，纵轴是平均成本和边际成本，二者都是 U 形曲线，如图 4-2 中的 AC 和 MC。

当然，影响农户预期成本的还有其他因素，这些因素通过移动农户的预期成本曲线来影响预期成本。①非农就业机会。在其

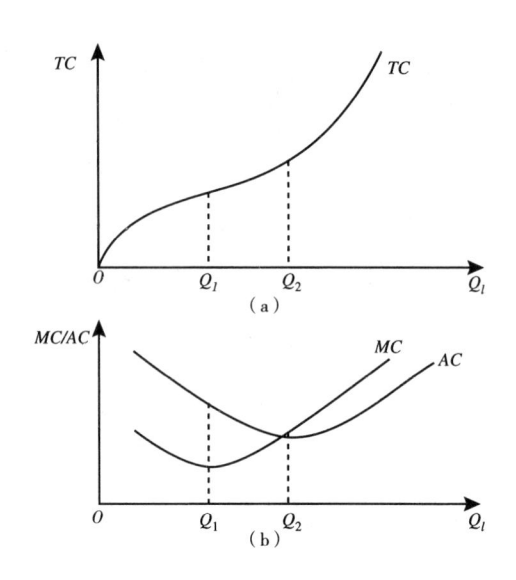

图 4-2 人均耕地与预期成本的关系

他条件不变的情况下,非农就业机会的增加,使经营农业的机会成本提高,增加了农户的预期成本;非农就业机会的降低,使农业经营的机会成本降低,减少了农户的预期成本。这在图 4-2 中表现为总成本曲线的上下移动,当非农就业机会增加时向上移动,减少时向下移动。②市场利率的高低和农业贷款的可得性。在其他条件不变的情况下,市场利率越低,农户贷款的可得性越高,农户的预期成本越低,表现为农户的总成本曲线向下移动;反之,当市场利率上升,农户贷款的可得性降低时,农户的预期成本上升,表现为农户的总成本曲线向上移动。

3. 技术采用中农户的最小有效规模和最大有效规模

技术给农户带来的预期收益和预期成本由农户经营规模决定。对于某一特定技术,只有当农户经营规模达到一定时,农户才能获得预期净收益。技术给农户带来的预期收益等于预期成本时的农户经营规模,就是技术采用中农户的最小和最大有效规模。农户预期总收益是先递增后递减的，预期成本是先递减后递增的，因此，农户预期收益曲线和预期成本曲线有两个交点，较小的那个经营规模是最小有效规模，较大的那个规模是最大有效规模。最小有效规模和最大有效规模之间的经营规模就是技术采用中的有效区域，如图4-3所示。

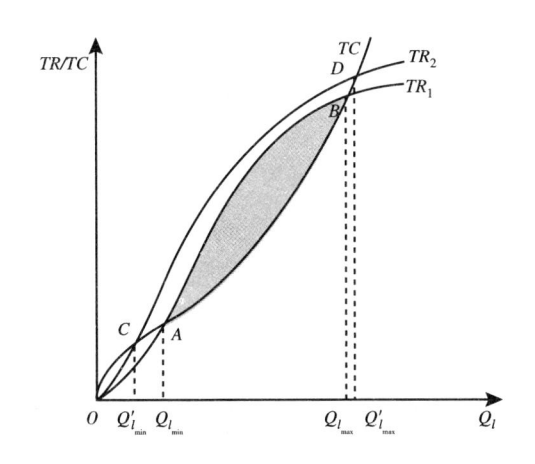

图4-3 技术采用中的最小和最大有效规模及有效经营区域

在图4-3中，横轴表示农户经营规模，纵轴表示农户预期总收益或预期总成本。农户预期总收益曲线 TR_1 和农户预期总成本曲线 TC 相交于 A、B 两点，A 点对应的农户经营规模 $Q_{l_{min}}$ 是最小有效规模，B 点对应的农户经营规模 $Q_{l_{max}}$ 是最大有效规模，二者之间的区域就是农户经营的有效区域（图4-3中的阴影部分）。由于农户预期总收益和总成本还受到其他因素的影响，所以当其他因素发生变化时，农户的最小有效规模、最大有效规模及有效区域会发生变化。当风险降低时，农户的预期总收益曲线就由 TR_1 向上移动至 TR_2，与预期总成本曲线 TC 分别相交于 C、D 点，相应的最小有效规模降至 $Q'_{l_{min}}$，最大

有效规模增至 Q'_{max}，有效区域为二者之间。当然，其他因素的变化，如非农就业机会增加、市场利率降低和农业贷款的可得性等，都会导致最小有效规模和最大有效规模的变化。由此分析可知，当农户的经营规模难以扩大时，可以通过其他的政策手段来缩小最小有效规模，增强技术市场的诱致性力量，诱导农业技术创新。

农户对技术的选择不是由技术带来的绝对收益决定的，而是由技术带来的相对收益决定的。在其他条件不变的情况下，理性的农户将根据现有的经营规模，选择能带来最大预期净收益的技术。因此，有可能存在符合要素资源禀赋的技术，但由于农户经营规模的限制，农户不得不放弃它。

4.2.2　农户规模对农业技术创新影响的经验证据

农户规模对农业技术创新的影响，可以通过国内外私人农业科研机构在我国的投资方向来间接地得到证实。我国农业户均土地规模很小，对农业技术的需求诱致性力量很弱。如果国内外私人农业科研机构在我国农业领域的投资规模小，且主要投资于规模约束小的领域的话，那么，农户规模影响农业技术创新的结论就得到了间接证明。根据黄季焜等人[①]的研究，不成熟的农业企业以及薄弱的知识产权保护体系，使我国农业研究中私人投资所占的份额非常小。据他们的估计，在最近几年的农业科研投资中，私人投资的比重仅有 1.7% 左右。同时，国内外私人公司从

---

① 黄季焜、胡瑞法、Rozelle Scott：《中国农业科研投资：挑战与展望》，中国财政经济出版社，2003，第 100~101 页。

事的农业科研主要集中在作物育种上,如蔬菜、水果或花卉等受规模约束较小的育种,详见表4-1和表4-2。

表4-1　1998年国外公司在农业部门中的私人科研投资

部门	研究活动	科研预算(千美元)
种　子	外国杂交品种的引进试验。一些公司有育种项目,主要为玉米、向日葵、高粱、油菜籽、棉花、蔬菜等	1500(9家合资公司)
杀虫剂	化学农药的药效和对环境的影响试验。目前主要有除草剂,但也研究杀虫剂和除菌剂等	5000(9家合资公司)
农业机械	小型水稻收割机以及小型拖拉机和收割机的改进研究	数目较少(3家合资公司)
化　肥	化肥的平衡应用(在30个省进行试验和示范),由钾磷研究所资助	300
家　禽	高瘦肉品种的培育	2000(1家合资公司)
饲　料	减少饲料的生产成本	1000(1家合资公司)
食品工业	马铃薯、大麦、燕麦等产品的加工研究	1000(4家合资公司)

资料来源:黄季焜、胡瑞法、Rozelle Scott:《中国农业科研投资:挑战与展望》,中国财政经济出版社,2003,第100~101页。

表4-2　1999年国内非公有研究机构的私人农业科研投资

机构或公司	研究范围	经费投入(百万元)
莱州农业科学院(山东)	杂交玉米、小麦、蔬菜、花卉	4.50
金水园艺公司(黑龙江)	蔬菜、花卉、水果	0.42
丹东草莓发展中心	草莓	0.25
金烟-幼苗技术中心(北京)	蔬菜、花卉、树木	0.35
红太阳种业集团(江苏)	棉花	0.29
得来农业发展有限公司(广东)	育种	0.39
丰禾幼苗有限公司(甘肃)	蔬菜、花卉、树木	0.24
寿县温林园艺公司	园艺	0.30

续表

机构或公司	研究范围	经费投入（百万元）
合肥丰乐种业有限公司	蔬菜、花卉	4.80
隆平农业高科技有限公司	杂交水稻和技术咨询	5.10
海成种业有限公司	杂交玉米和蔬菜	1.80
辽宁东亚种子公司	蔬菜	0.23
黑龙江地京公司	杂交玉米、水稻和蔬菜	2.00
兰州农业新技术发展有限公司	灌溉技术	0.22
共14家公司		20.89

资料来源：黄季焜、胡瑞法、Rozelle Scott：《中国农业科研投资：挑战与展望》，中国财政经济出版社，2003，第100~101页。

4.2.3 农户规模约束下的中国农业技术创新体系

农业技术创新体系为我国的农业经济和经济发展做出过重大贡献，杂交水稻的创新和推广就是一个最好的例证。但是，随着经济体制改革的推进，我国原有的与计划经济相适应的农业技术创新体系暴露出越来越多的问题，如农业技术创新的总量和结构的不均衡，表现为在总量上的大量无效供给和真正具有市场价值的供给稀缺并存；在产品结构上，重点集中于粮油棉等大宗农产品，而经济作物上的创新很少等。对此，理论界提出了很多好的建议和设想，但这些建议和设想由于缺乏理论支撑而没有说服力。根据农户规模与农业技术创新关系的研究，中国农业技术创新的主要问题在于：在农户经营规模约束下，农业技术创新诱致性力量不足，同时，分布不均衡。因此，要求改革现有农业技术创新体制，建立公私并存、竞争合作的农业技术创新体系。只有这样，才能提高中国农业技术创新的能力，推动中国农业全要素生产率增长，缩小中国城乡居民收入差距。

1. 农业技术创新诱致性力量不足

我国的基本国情是人多地少，农业经营规模小，因此，农业技术创新的需求诱致性力量严重不足。改革开放以来，中国农村实行家庭联产承包责任制，集体土地承包权在村集体农民中基本实行平均分配，农业实行家庭经营。在农村，土地既是中国农民的基本生产资料，又是农民的基本保障。因此，虽然改革开放后，中国经济结构迅速发生转变，无论是从产出还是从就业角度看，第一产业所占比重都迅速降低。但是，由于城乡分割的户籍制度仍然存在并发挥作用，中国许多农民从职业上看虽然不是农民，但从身份上看仍然是一个农民。因此，在中国就存在一个特殊的群体——农民工，一批在城市打工的农民。这些农民一年中的绝大多数时间在城市工作、生活，但是，户籍制度的约束使他们难以成为城市合法公民。农村劳动力转移的这种特殊形式——农民工，虽然不从事农民工作，但仍然拥有土地承包权。

因此，虽然改革开放以来中国经济结构在迅速转变，但是，中国农民家庭经营规模几乎没有改变。虽然城乡劳动力市场引导劳动力资源发生重新配置，但是，中国农村土地的保障性质和城乡户籍制度的存在，导致中国农村稀缺的土地资源难以在农民之间发生重新配置。由于土地难以在少数农户之间适度集中，农民家庭经营规模难以扩大。而根据农业诱致性技术创新理论，农户规模的大小直接决定了技术市场的技术创新行为，从而影响中国农业发展过程中的全要素生产率增长。这是中国农业在 21 世纪以来农业全要素生产率增长缓慢的重要原因。

总之，中国农村土地制度限制了土地资源与劳动力资源的重新配置，导致中国农业技术创新力量不足，限制了农业的技术创新及利用。

2. 农业技术创新诱致性力量分布不均衡

改革开放以来，沿海地区非农经济不断发展，大量的农民从农村迁移到城市，加速了农村地区土地资源的重新配置，使土地适度集中。同时，沿海地区利用自己的区位优势和政策优势，种植适销对路的经济作物，相对于大宗农产品，经济作物的最小有效规模较小。随着东部沿海地区土地的适度集中和农业经济结构的调整，东部沿海地区技术需求的主观诱致性力量越来越大。反观中西部地区，虽然人均耕地拥有量超过东部沿海地区，但非农产业发展较慢，农业经济结构仍以大宗农产品为主，所以技术需求的主观诱致性力量仍然不足。可以说，我国农业技术需求的主观诱致性力量呈不均衡分布特征，东强西弱的基本格局已经形成，如表1－5所示。表1－5中，1978～2011年，如果按照东、中、西3个区域看，3个区域的农业全要素生产率都实现了正增长，其中东部地区增长最快，年均增长5.1%，中部地区次之，年均增长3.6%，西部地区表现最差，年均增长2.7%。为此，中国东部地区技术创新的诱致性力量强，而中西部地区弱，中国农业技术需求的诱致性力量分布是不均衡的。

3. 公私并存、竞争合作的农业技术创新体系

农业技术主观需求诱致性力量分布的不均衡，决定了我国应该建立适合不同地区区情的农业技术创新体系。对于东部地区，市场对技术创新的主观诱致性力量比较强，且东部地区的农业结构主要以经济作物为主，农业技术创新的受益主体是经营农业的农户，因此，可以建立以私营公司为主、公私合作的农业技术创新体系。在广大的中西部地区，农业技术创新的主观需求诱致性力量较弱,依靠市场机制创新技术将难以满足农业经济和中西部地区经济发展的需要。同时,中西部地区主要以大宗农产品为主,如商品粮基地、棉基地和油料基地集中在中西部地区,这些农产品关系国家的经济安全和社会稳定,具有重要的经济意义和政治意义。中西部地区的人均耕地虽然较少,单个农户的规模有限,但如果把中西部的乡村看作一个整体,其规模还是很大的。因此,一项农业技术创新虽然给单个农户带来的收益有限,但给整个国家带来的收益很大,农业技术创新外部积极溢出明显。对于中西部地区而言,农业技术创新具有很强的公共产品性质,因此,必须建立以公共研究机构为主、私营公司为辅的公私相互竞争与合作的农业技术创新体系。

因此,在中国,政府应该集中科研力量在一些关系国家经济安全和社会稳定的大宗农产品的技术创新上,如粮食、棉花、食用油料等产品,而私营公司的研究重点则在经济效益好的经济作物上。通过这种技术创新上的分工,可以形成公私之间的有效合作,促进中国农业技术进步,提高农业全要素生产率。

4.3 结论

十七届三中全会以来大力推动的农地流转,有力地推动了中国农业的发展,带来了农业生产的静态效率和动态效率的提升,其中前者主要表现在土地、物资资本和人力资本等要素的配置效率上,而后者主要体现在技术创新和制度创新的创新效率上。

农地流转的动态效率提升可能更值得期待。通过农地流转市场，农地向种粮大户、农民合作社、家庭农场、企业农场等农业经营主体集中，能够显著增强农业技术创新市场上的需求诱致性力量，诱发适合中国农业的创新。同样，农户规模的扩大有利于规模敏感的农业技术的推广，如农业机械。由此可见，农户规模扩大对农业机械化推广有显著效应。

但是，农地流转受到非农就业机会和城市化发展水平的影响，因此，中国东部经济发达地区将首先加速流转，农户规模扩大将有力诱导农业技术公司提供有效供给；而中西部地区将因为需求诱致力量弱而面临技术供给不足危险。为此，中国应该建构一种公私并存、竞争合作的农业技术创新体系，东部经济发达地区的农业技术供给将主要通过农业技术市场提供，而中西部相对落后地区的农业技术供给将主要通过公共农业科研机构来提供。

5 农业的价值目标转变与可持续农业发展

技术创新是服务于农业发展的目标的。诱致性技术创新理论强调了经济激励（要素禀赋节约和市场规模）对农业技术创新方向和速率的决定性作用，为我们理解技术创新过程提供重要洞见。但是，诱致性技术创新仅仅从农业的经济价值角度看待农业技术创新和农业发展，忽视了农业经济价值与生态环境价值和生活价值之间的内在矛盾，导致农业产出增长与生态环境恶化共生，以致影响人类生存与生活。因此，我们应该从农业的综合价值视角指导农业研发资源的分配，使一国或地区农业走上可持续发展道路。

5.1 农业价值目标的演变

日本农业哲学家和农业经济学家祖田修根据日本农业发展过程，把农业和农学的价值目标概括为三个阶段：生产的农学

（经济价值）、生的农学（生态环境价值和生活价值）和空间的农学（综合价值）。① 根据他的研究，我们把农业的价值目标演变为农业的经济价值、农业的生态环境价值和生活价值、农业的综合价值三个阶段来论述。

5.1.1 农业的经济价值

发展经济学系统阐述了农业的经济价值，把其概括为农业对经济发展的"四大贡献"，即产品贡献、市场贡献、要素贡献和外汇贡献。

张培刚首次系统地论述了农业在经济发展过程中的作用和工农城乡关系。在第一本系统研究农业国的工业化问题的专著《农业与工业化》中，他明确指出，"在任何经济社会中，农业和工业之间总保持一种密切的相互依存关系，虽然在经济演进的过程中，其方式屡经变易……农业除作为供应粮食及原料的泉源外，还可以作为工业添补劳动力的泉源。这方面的情形更为复杂，因为它可以引起乡村劳动力和城市劳动力的竞争，即使劳动力从这一部门转移到另一部门存在各种限制甚至有摩擦时也一样。最后，农村家庭对于城市制造工业，不仅是消费用工业品的买者，也是化学肥料及农场机器的买者"。②

---

① 祖田修：《农学原论》，中国人民大学出版社，2003。
② 张培刚：《农业与工业化·农业国工业化问题初探》，华中科技大学出版社，2002，第 21 页。此书原为张先生于 1945 年哈佛大学毕业时的博士论文，荣获该校 1946 ~ 1947 年度最佳论文奖和"威尔士奖金"，并作为美国哈佛大学出版的"哈佛经济丛书"第 85 卷于 1949 年出版，具有很大国际影响力。1951 年该书被译成西班牙文，在墨西哥出版，1969 年英文版在美国再版。

张培刚从"整个经济制度的相互依存关系"①角度研究工农城乡关系,不仅注重农业对工业化的重要作用或贡献,把农业发展看作工业化的前提条件,而且更把农业作为工业化的对象。先生指出,"研究工业化对农业的影响,就是研究在工业中所发生的基要性的即具有战略重要性的生产技术变迁,对于农业生产部门的影响如何"。②因此,只有农业也实现了工业化,一国才真正实现了工业化,成为一个工业化国家。没有农业的工业化或者现代化,就不可能成为一个真正的工业化国家。农业不仅是工业化的手段,提供食粮、原料、劳动力、市场和资金(包括外汇),而且是工业化的目的,运用现代要素改造传统农业既是工业化和现代化的前提条件,又是发展本身或工业化的目的。总之,农业和工业之间是相互依存的关系。

但是,张培刚强调工农相互依存、共同发展的真知灼见长期被发展经济学界所忽视。二元经济理论的代表阿瑟·刘易斯,虽然有关于农业重要性的零星论述,但其二元经济模型完全忽视了传统农业改造的重要性和必要性,把维持生计的传统农业部门仅仅看作是现代资本主义部门的附庸,完全忽视了维持生计的传统农业部门和现代资本主义部门的相互依存关系。在阿瑟·刘易斯的二元经济模型中,"维持生计"部门收入决定了"资本主义"部门的工资水平。"维持生计"部门劳动生产率的提高将会提高"资本主义"部门的工资水平,从而阻碍"资本主义"部门的扩

---

① 张培刚:《农业与工业化·农业国工业化问题初探》,华中科技大学出版社,2002,第21~22页。
② 张培刚:《农业与工业化·农业国工业化问题初探》,华中科技大学出版社,2002,第110页。

张。因此，阿瑟·刘易斯指出，"如果我们假定维持生计部门生产了更多的粮食，那么，我们就可能在摆脱不利贸易条件的'女妖'的同时，又遇上了由于维持生计部门生产率更高所引起的实际工资上升的'魔鬼'"。① 因为"维持生计"部门劳动生产率的提高将导致"资本主义"部门工资水平的上升，从而降低"资本主义"部门的资本积累，而资本积累直接决定了一国或地区的经济发展水平。因此，按照阿瑟·刘易斯教授的二元经济模型，对维持生计的传统农业部门的剥夺就是"资本主义"部门扩张的必备条件。

费景汉和拉尼斯修正了阿瑟·刘易斯的二元经济理论，认为农业不仅提供剩余劳动力，还提供剩余农产品。农业总产出减去农民消费的余数为农业总剩余。其提供给工业部门作为消费品。他们认为，如果没有农业剩余，农业劳动力流向工业部门是不可能的。农业剩余对工业部门的扩张和农业劳动力的流动具有决定性的意义。农业剩余影响工业部门的工资水平，农业剩余减少会导致工业部门工资上涨，并进而影响工业部门的扩张速度和农业劳动力的流动速度。农业剩余是实现经济发展的关键，因此，他们提出了实现经济发展需要工业和农业的平衡增长的观点。一方面，农业生产率必须足够高，农村劳动力才能流出；另一方面，工业部门能够迅速地扩张其资本存量或促进技术进步，为农村劳动生产力提高导致的剩余劳动力创造就业机会。如果这个过程中的任何一方面不成功，则经济结构转变的转折点将难以来到。②

---

① 阿瑟·刘易斯编《二元经济论》，北京经济学院出版社，1989，第31页。
② 费景汉、拉尼斯：《劳力剩余经济的发展》，华夏出版社，1989。

因此，在费景汉和拉尼斯修正的二元经济模型中就包含农业现代化、传统农业改造的重要意义。农业不仅是经济发展的附属部门，农业本身的现代化转型还是整个经济转型的一部分或前提条件。这种对城乡关系的修正表明城乡之间的利益关系不仅仅是冲突和矛盾的，同时二者也是相互依存的利益统一体。

对农业在经济发展中的重要作用的研究，自阿瑟·刘易斯以来，已经取得了很大的进步。1961年，库兹涅茨发表了《经济增长与农业的贡献》一书，把农业部门对经济增长和发展所具有的贡献分为四种，即产品贡献、要素贡献、市场贡献及国内农业出口农产品而获得收入的贡献。[1] 在此基础上，1984年，印度经济学家加塔克和英格森特在他们合著的《农业与经济发展》一书中把农业的贡献概括为所谓的"四大贡献"。他们完全继承了库兹涅茨的观点，并把最后一项改为外汇贡献。[2] 从此，农业对经济发展的"四大贡献"成为经济学的经典表述。

伴随经济的发展，工业和城市的迅速扩张，农业一方面要满足非农居民不断增长的对高附加值农产品的需求，另一方面要满足非农产业扩张对劳动力和土地等生产要素的需求。为了满足这些需求，农业部门不仅要提高劳动生产率，还要提升土地生产率，而农业机械技术和生物技术的发展是实现这些目标的基本手段。劳动生产率和土地生产率提高的过程就是实现农业工业化的过程。以日本农业为例，在1951～1990年的40年时间里，每10

---

[1] 转引自张培刚《农业国工业化理论概述》，载张培刚《农业与工业化·农业国工业化问题初探》，华中科技大学出版社，2002，第3页。实际上，张培刚先生早在20世纪40年代就已经对农业的这几大贡献做出了完整的概括。

[2] 加塔克、英格森特：《农业与经济发展》，华夏出版社，1987。

公亩耕地所需的平均劳动时间由 200 小时减少到 43.5 小时，减少约 78%。但是，同时每公亩的产量由 330 公斤增加至 509 公斤，是原来的 1.5 倍。①

5.1.2　农业的生态环境价值和生活价值

对农业的经济价值目标的过度强调与追求，对农业的生态环境价值和生活价值的忽视，导致农业的外部经济被抑制，而外部不经济越来越明显。为此，发展经济学在农业对经济发展的四大贡献的基础上，增加了环境贡献，从而形成五贡献说。按照祖田修的观点，农业的环境贡献主要表现在如下三个方面：第一，水的储存净化和国土的保全，主要指森林和水田对水的储存和净化，防止了水土流失；第二，大气的净化，主要是农业可以吸收大气中的二氧化碳而释放氧气；第三，国民的保健休养，主要是指农村自然生态环境为国民的各种保健和休养、传统文化教育等提供场所等社会文化功能。②

传统农业是融入自然生态系统，在与其共生的过程中获取食物和各种生活资料。"瓦罗在《论农业》中曾经这样描述过古罗马人在收成前的仪式：'在你带来小麦、大麦、豆物、萝卜等果实之前，奉献上未割过的猪的祭品和一头母猪。在你奉献母猪之前，你应该事先用神香、葡萄酒向哲纳斯（Janus）、丘比特（Jupiter）和朱诺（Juno）做祷告。'"③ 传统农业时代，人类对

---

①　祖田修：《农学原论》，中国人民大学出版社，2003，第 44~45 页。
②　祖田修：《农学原论》，中国人民大学出版社，2003，第 126~127 页。
③　转引自叶敬忠、王为径《规训农业：反思现代农业技术》，《中国农村观察》2013 年第 2 期。

自然的敬畏与尊重,实现了人与自然的和谐共处。

现代农业建基于西方科学知识体系,其核心不是与自然共生融合,而是改造自然。现代农业的支持者认为,由于传统农民的愚昧无知,传统农业及其经营方式是低效的。① 为此,我们必须大力将现代科学技术、新投入、新资源等带入传统农业,提升其效率和效益,从而推动农业的工业化进程。而农业的工业化是以机械化、化学化、标准化以及经营上的专业化、单作化和连作化为主线推行的。这种农业的工业化的确减轻了农民的体力劳累程度,增加了农产品的有效供给,为工业和城市扩张准备了大量廉价劳动力。但是,农业的工业化也暴露出许多弊端,这使农业的外部不经济越来越明显。农业的工业化必然带来石油能源、化肥、农药、除草剂等的大量使用,从而污染土壤、水和空气,加速了野生动植物的灭绝,导致自然生态系统破坏。

农业经营的专业化和单作化在提升经营效率和效益的同时,破坏了生态系统物种之间的相互联系,导致农产品易遭遇严重的病虫害,为此不得不大规模喷洒农药,而农药又进一步破坏了已有的生态环境,进入害虫—农药—害虫—再农药的恶性循环。而过量喷洒农药,不仅损害农民自身健康,更污染了农产品,威胁到消费者的健康。20世纪50年代,中国开始使用杀虫剂、杀菌

---

① 现代农业支持者对传统农业的土技术、土知识一无所知,从而他们无法调和理性农民假设与他们的非理性行为之间的矛盾。舒尔茨巧妙地解决了这一问题,他既肯定了传统农民知识的价值,又肯定了超越传统农民知识的必要性。在《改造传统农业》一书中,舒尔茨认为,传统农民同我们一样,是个精明的经济人,但是,由于赢利机会、资源、人力资本等的缺乏,传统农业下的农民难以发展。舒尔茨:《改造传统农业》,商务印书馆,1999;马格林:《农民、种子商和科学家:农业体系与知识体系》,载许宝强、汪晖选编《发展的幻象》,中央编译出版社,2001,第245~339页。

剂和除草剂，20 世纪 70 年代以来得到了广泛推广。与 50 年代相比，到 2005 年中国农药交易量同比增长了 30 倍，农药的累积用量已经达到 400 多万吨，农药施用面积已经达 2.8×10^8 公顷以上，使用量位居世界第一。2009 年，中国农药使用量已经达 170 万吨，其中除草剂用量约 70 万吨。① "根据 Huang et al. 的研究，当最优农药施用量在每公顷 0.4~4.2 公斤时，中国棉农的实际农药施用量仍然达到了每公顷 11.8 公斤，是最优农药施用量的数倍。……过量施用农药的后果非常严重，每年有 400~500 个中国棉农死于农药中毒。"② 农药的大量使用，更严重地污染了我们的土壤、空气和水。张斌和尧水红抽检广东和山东的典型化集约农区，在 180 种混合标样中发现有 151 种农药符合检出标准。其中，广东周边农区土壤、水和大气中农药检出数量分别是 134 种、120 种和 144 种，检出率为 100% 的数量在土壤、水和大气样品总数中所占的比例分别为 67%、87% 和 71%；山东潍坊市某蔬菜基地土壤、水和大气中农药检出数量分别是 133 种、119 种和 147 种，检出率为 100% 的数量在土壤、水和大气样品总数中所占的比例分别为 83%、77% 和 40%。这反映了中国农业集约化地区目前农药残留的普遍性和严重性。③

农业的连作化严重削弱了土壤肥力，为了增加产量，农民不得不增加化肥的施用量，而化肥的使用使地力进一步下滑，从而

---

① 张斌、尧水红：《环境中的农药：中国典型集约化农区土壤、水体和大气农药残留状况调查》，www.greenpeace.cn。
② 米建伟、黄季焜、陈瑞剑等：《风险规避与中国棉农的农药施用行为》，《中国农村经济》2012 年第 7 期，第 61 页。
③ 张斌、尧水红：《环境中的农药：中国典型集约化农区土壤、水体和大气农药残留状况调查》，www.greenpeace.cn。

进入土壤肥力下降—化肥—土壤肥力下降—化肥的恶性循环,造成农业生产的连作障碍。"使我最担心的是,我们没有采取适当的措施来保护土壤。杂交玉米可以说是人类迄今发明的最厉害的采矿机器。它能迅速提取土壤的养分,提高粮食产量。……你们知道,我爷爷哈斯来到此地,用四头公牛和一张犁开垦了80公

表5-1 农业和农村面临的各种问题*

经济问题	生态环境问题	生活问题
人口膨胀与饥荒	能源的节约和开发	生活方式的转变
粮食增产	资源枯竭	饮食状况
肉食化和饲料需求	森林破坏	大城市的集中和城乡关系
低价和稳定的供应	过度耕作和放牧	城市对近郊农村的无序扩张
效率的提高	沙漠化	购物和休闲空间的保障
自给率的下降	盐碱化	地域社会的空心化
流通的合理化	土壤的侵蚀、污染和退化	家族制度的变化
低投入型农业	连作障碍	废旧物资的循环利用
专业与兼业的调整	化肥农药的过量使用	自然与农业教育
贸易纠纷	环境荷尔蒙	婚嫁问题
粮食安全	过氧化物	老龄化与少生、不生
南北问题	水的污染和短缺	污水处理
经济活动与环境	大气污染	女性的地位
鸟兽侵害问题	温室效应	传统礼仪行事的消亡
后继无人问题	气候异常	传统陋习的残存
农地的占用和短缺	基因重组食品	公共交通设施的废除
单产提高的界限	环境恢复	医疗设施的短缺
粮食的"武器化"	生物物种的减少	长距离上学问题
渔业纠纷	资源的循环利用	消防团活动的困难
弃耕与撂荒现象	食品的安全生产和加工	外国劳动者的就农障碍
	环保性开发	

　　*今天中国在高速增长过程中农业和农村遇到的问题与当年日本的相似度极高,为此,此处直接利用了祖田修教授的论述。祖田修:《农学原论》,中国人民大学出版社,2003,第51页。

顷处女地。如果他有拖拉机和农业机械装备和杂交玉米，他可以将每公顷的玉米产量提高到 120 担。今天（20 世纪 40 年代中期），玉米的每公顷产量平均约为 60 担。"① 1978~2012 年，中国粮食总产量由 30476.5 万吨增加到 58958.0 万吨，增长了 0.93 倍，而同期化肥总施用量由 884 万吨增加至 5838.8 万吨，增加了 5.6 倍。以东北黑土地为例，土壤退化状况堪忧，黑土已由 20 世纪 50 年代的平均 60~70 厘米，下降到目前的平均 20~30 厘米，而且还在以每年 0.3~1 厘米的速度流失。如今，有些黑土区域已丧失了农业生产能力。②

5.1.3 农业综合价值的实现

改革开放以来，中国经济迅速融入世界经济体系之中。③ 2001 年，中国加入世界贸易组织。中国农业因资源禀赋劣势而面临严峻的形势。随着中国融入世界经济，基于要素禀赋决定的比较优势，中国一跃而为"世界工厂"。中国潮水般的商品输出也引来了欧美国家对中国的贸易限制，中国成为遭受"双反"调查最多的国家。其中中、美之间的贸易不平衡最引人注目，为此美国要求中国放开农产品市场和高端服务市场。在"世界工厂"般工业部门和欧美发达国家农业的双重挤压下，中国农业

---

① 转引自马格林《农民、种子商和科学家：农业体系与知识体系》，载许宝强、汪晖选编《发展的幻象》，中央编译出版社，2001，第 263~264 页。
② 《不堪重负的黑土地：资源流失 粮食安全留隐患》，http://finance.people.com.cn/n/2013/0825/c1004-22685159.html。
③ 中国的改革开放与经济的全球化进程基本同步。正如哈维所言，1978 年中国开始改革开放，1979 年英国撒切尔夫人开始上台执政，1981 年美国里根上台执政，相继开始了市场化进程，自此全球化加速。哈维：《新自由主义简史》，上海译文出版社，2010。

举步维艰。农业在国内生产总值之中的比重持续降低，2012年降到10.1%，农业吸收就业人口持续降低，2012年降到33.6%。更为严重的是，中国粮食自给率持续降低，影响粮食安全。按照国务院发展研究中心副主任韩俊的研究，中国粮食自给率低于90%。韩俊指出，近年来谷物进口可以用激增来表述，2012年进口的谷物是7700多万吨，相当于1550亿斤。如果按一个人一年吃800斤粮食计算，相当于2012年进口的粮食养活了1.9亿中国人。其中，大豆进口可以用飙升来概括。1996年以前，中国是出口大豆的。1996年，中国开始进口100万吨大豆，到2012年，中国进口大豆是5806万吨，相当于将全世界可以出口的大豆的60%都买来了，我国大豆的自给率只有20%。[①]中国粮食自给率降低的同时，粮食总产量实现了连年增产。因此，中国粮食自给率的降低是供求共同作用的结果，特别是收入增长之后由食物消费结构转变引起粮食需求增长所致。同时，国内外粮食的价格差导致进口粮食猛增。

因此，中国农业面临多重挑战：第一，满足国民收入水平提高后对高质量、高附加值、安全的农产品的需求。2014年中共中央、国务院颁发一号文件指出："把饭碗牢牢端在自己手上，是治国理政必须长期坚持的基本方针。综合考虑国内资源环境条件、粮食供求格局和国际贸易环境变化，实施以我为主、立足国内、确保产能、适度进口、科技支撑的国家粮食安全战略。……

[①] 2013年中国粮食自给率情况研究分析，http://www.chinairn.com/news/20130208/163743780.html。当然，对中国粮食自给情况存在争议。姜长云认为，尽管我国粮食自给率连年下降，但是仍然维持在95%以上，2012年为97.7%。姜长云：《如何看待中国粮食自给率》，http://jjckb.xinhuanet.com/2013-02/01/content_433080.htm。

在重视粮食数量的同时,更加注重品质和质量安全;在保障当期供给的同时,更加注重农业可持续发展。"因此,中国农业的首要目标就是确保中国的粮食安全,进而满足经济发展后农产品消费结构转变的需要。第二,农业发展与生态环境改善同步,确保可持续发展的实现。改革开放以来农业的工业化进程,尽管推动了中国农业的发展,但是严重地污染了土壤、水和空气,带来表5-1所列的诸多问题。因此,可持续发展的现代农业是我们的必然选择。2014年中共中央、国务院一号文件已经明确指出了这一点,"努力走出一条生产技术先进、经营规模适度、市场竞争力强、生态环境可持续的中国特色新型农业现代化道路"。总之,中国农业未来的发展,必须同时实现农业的多元价值,即实现农业的经济价值、生态环境价值和生活价值三者的有机统一。然而,在目前的社会经济条件下,其多元价值目标之间经常出现对立与背离关系。

首先,如前所述,过度追求经济价值目标,忽视了农业的生态环境价值和生活价值目标,导致农业发展破坏了生态环境,危及农民生活。其次,在重视生态环境价值的时候,又容易轻视农业劳动生产率和土地生产率的增进,忽视现代农业技术把农民从繁重的体力劳动中解脱出来的作用。最后,在重视农业的生活价值的同时,往往也容易忽视农业的经济价值。随着现代生产要素进入传统农业部门,传统农业被改造,乡村生活的宁静、缓慢节奏、与自然的和谐共处也逐步被快节奏、喧嚣的现代生活所取代,这激发了许多人的乡愁。但是,完全忽视经济需要的乡愁是缺乏乡村生活存在的物质基础的。因此,必须通过农业技术创新和制度创新,充分协调农业的多元价值目标,以实现农业的综合价值，最终实现社会福利的最大化。

实际上，随着高速增长阶段的结束，世界各国都经历了这种从过度关注经济价值到综合价值的实现的转变。这种转变是人们需求结构转变的结果。按照马斯洛的需求层次理论，人的需求包括生理需求、安全需求、社交需求、尊重需求和自我实现需求五种，人们首先追求低层次需求的满足，然后追求更高层次需求的满足。为此，随着落后国家对发达国家的迅速追赶，经济高速增长，人民收入水平迅速提升，低层次的生理需求也迅速得到满足，人们将追求更高层次的安全需求、社交需求等，从而推动人们从单纯的对经济价值的关注转向对经济价值、生态环境价值和生活价值等多元综合价值的关注。用价格理论的话语来说，随着经济发展、人均收入水平的提高，人们愿意为更好的生态环境支付更高的价格。这也与环境的库兹涅茨倒 U 曲线所揭示的经验规律是一致的。

5.2 可持续农业发展模式

经济社会的发展，推动农业的价值目标由经济价值向生态环境和生活价值转变，并最终推动农业的综合价值的实现。而农业的制度创新与技术创新是推动同时兼顾农业经济价值目标和生态环境与生活价值目标的可持续农业发展模式的关键。2014 年中共中央、国务院一号文件《关于全面深化农村改革　加快推进农业现代化若干意见》指出，要把改革作为根本动力，推动农业转变发展方式，努力走出一条生产技术先进、经营规模适度、市场竞争力强、生态环境可持续的中国特色新型农业现代化道路。文件特别强调了"建立农业可持续发展长效机制",明确提出了"促进生态友好型农业发展"。

5.2.1 可持续农业的发展及国外主要模式

20世纪世界农业取得了奇迹般的发展,发达国家纷纷实现了农业现代化,发展中国家"绿色革命"取得了重要进展。20世纪70年代以来,发达国家农产品增加甚至过剩,同时现代农业带来的环境问题引起了人们的关注,于是在西方学术界兴起了"有机农业""生物农业"等自然农业思潮[①]。但是自然农业生产方式的低效率严重影响了它的推广。为此,20世纪80年代又兴起了可持续农业的思想。

可持续农业(Sustainable Agriculture)最初由美国发起。1985年,美国加州议会通过"持续农业研究教育法",1987年世界环境与发展委员会提出"2000年转向持续农业的全球政策",1988年联合国粮农组织制定了"持续农业生产:对国际农业研究的要求"的文件。

1988年,发展中国家农业持续性委员会给"持续"的定义是,"一种能够增进人类需要而不破坏甚至改善自然资源的农业系统的能力"。1989年美国农学会、作物学会和土壤学会讨论后认为,可持续农业是指,"在一个长时期内有利于改善农业所依存的环境与资源,提供人类对食品与纤维的基本需要,经济可行

---

① 1962年,美国海洋生物学家蕾切尔·卡森出版了引发随后整个环境保护运动的名著《寂静的春天》,在书中,她首次阐述了农药对人类环境的危害。蕾切尔·卡森:《寂静的春天》,上海译文出版社,2008。

并提高农民以及整个社会生活的一种做法"。1991年，联合国粮农组织在荷兰召开的农业与环境会议上，对可持续农业做出了比较全面的解释：（1）要积极增加粮食生产；（2）要促进农村综合发展，增加农民收入，消除农村贫困状况；（3）合理利用保护与改善自然资源，保护生态环境。中国著名农学专家刘巽浩认为，"可持续农业必须强调生产持续性、经济持续性与生态持续性三者的统一。只讲生产与经济而不顾资源与环境，是一种短期行为而将受到历史的惩罚。只讲生态而放松生产与经济的发展，则人类难以获得进步，治理环境也将成为一句空话"。① 由此可见，对可持续农业的认知是从窄到宽，从强调资源环境保护到资源环境保护与生产的经济性的统一。

由于各国国情和资源禀赋不同，农业发展面临的问题不同，因此各国形成了不同模式的可持续农业。②（1）以生态环境保护为主要目标的持续农业。该模式以美国为代表，先后存在低投入持续农业和高效率持续农业两种主要构想。其中，前者是建立一种能够保护环境的农业生产体系，而后者在强调农业生态原则的同时，力求通过农业科技的进步提高生产效率，合理使用化学品，以保护生态环境。（2）以合理利用资源和保护环境为重点的持续农业。一些人多地少的发达国家针对农业现代化过程中的生态环境问题而提出的持续农业发展模式。最典型的就是日本的环境保全型农业。（3）以农户为中心的环保型持续农业。该模

---

① 刘巽浩：《论21世纪中国农业可持续发展——有关理论与实践的讨论》，《自然资源学报》1995年第3期，第216~224页。
② 刘彦随、吴传钧：《国外可持续农业发展的典型模式与途径》，《南京师范大学学报》（自然科学版）2001年第2期，第119~124页。

式以法国为代表，强调通过现有农业技术的改进，实现环境保护的目标，特别注重产品质量及资源环境的保护与管理。另外，法国政府特别重视农户在解决环境与资源问题方面的独特作用，主张通过培训和教育农民，提高他们开发适用技术和科学经营的能力。(4) 以促进农业综合发展为目标的持续农业。该模式以德国为代表，包括四方面主要内容：综合农业与生态系统的平衡、综合农业与土壤保护、综合农业与水源保护、综合农业与经济。(5) 以减轻资源环境承载压力为前提的持续农业。该模式以印度为代表，要求生态、经济、社会与文化等各个领域都必须同环境保护结合起来，走以减轻资源环境压力为前提的成本低、能源效率高和生态环境优良的持续农业发展道路。

5.2.2 中国可持续农业的发展模式

20世纪80年代兴起的可持续农业思潮于20世纪90年代初即得到了中国政府的热烈响应，而与可持续农业理念相通的生态农业则早在20世纪80年代就已经得到了广泛的探索与发展。由于中国人多地少、区域差异显著、生态环境问题多样化、农业处于转型过程中等原因，中国可持续农业的发展模式必然是多样化的。国内外学者对中国可持续农业的研究，大致可以分成四种模式。

1. 生态农业模式

1981年，"中国生态农业"正式提出，经过30多年的发展，已经成为中国可持续农业的典型模式。[①] 中国生态农业是按照生

---

① 杨正礼：《当代中国生态农业发展中几个重大科学问题的讨论》，《中国生态农业学报》2004年第3期，第1~4页；刘彦随、吴传钧：《国外可持续农业发展的典型模式与途径》，《南京师范大学学报》（自然科学版）2001年第2期，第119~124页。

态学原理进行组织、开发和管理的农业。① 桑基鱼塘、稻田养殖等生态农业模式已经存在了上千年。现代生态农业以资源的持续利用和生态环境的保护为前提，充分利用传统农业技术精华和现代农业技术，根据生物与环境相协调适应、物种优化组合、能量物质高效率运转、输入输出平衡等原理，运用系统工程方法，通过合理利用和增殖农业自然资源，重视提高太阳能的利用率和生物能的转换效率，充分发挥资源潜力和物种多样性优势，建立良性物质循环体系，实现环境保护、技术先进、经济可行且能为社会所接受的统一。根据刘彦随和吴传钧的研究，目前我国生态农业有九种具体模式：充分利用空间资源和土地资源的农林牧立体结构模式；南方水稻田生物物种（动、植物）共生模式；种养结合的基塘系统物质循环模式；物质、能量多层次分级循环再生利用模式；多样性、有序性增加抗灾能力模式；多系统、多种群结合提高整体效应模式；多功能、多部门联合的产业型模式；以庭院为主的院落立体经营（包括家庭沼气）模式；山地综合开发的农林牧复合模式。② 目前，全国约有150个生态农业示范县，示范县、乡、村共计约2000个。自1982年以来，中国已有7个生态农业示范点被联合国环境规划署授予"全球500佳"，成为全世界农业可持续发展的典范。③

2. 集约农业

中国这样的人多地少的国家，农业的集约化经营是必由之

---

① 《中国21世纪议程优先项目计划（调整、补充部分）》，http://www.acca21.org.cn/ppc21c2 - 1.html。
② 刘彦随、吴传钧：《国外可持续农业发展的典型模式与途径》，《南京师范大学学报》（自然科学版）2001年第2期，第119~124页。
③ 《中国21世纪议程优先项目计划（调整、补充部分）》，http://www.acca21.org.cn/ppc21c2 - 1.html。

路。集约农业是指把一定数量的劳动力和生产资料集中投入较少的土地上，采用集约经营方式进行生产的农业。

在人口持续增长、人均收入持续增加推动农产品需求总量增加以及需求结构转变的压力下，中国成为世界上复种指数最高的国家之一，形成了复杂的间作套种制度。21世纪以来，土地承包经营权的流转加速了土地的适度规模经营，农民收入增加提高了农业机械化程度及其物化集约投入，这极大地提高了农业的劳动生产率、土地生产率和农民收入水平。在长期的实践中，我国已总结并广泛采用了一些集约农业技术，为集约农作、持续高产和改善农业生态环境质量提供了重要保障。这些模式包括：（1）常规式可持续高产农业技术。主要有高产复熟间作套种技术、规模化集约式饲养技术、高效水产养殖技术和高产农业新品种开发技术等。（2）高效节约型农业技术。主要有节水灌溉工程技术、精密平衡施肥节肥技术、节药与生物农药开发技术等。（3）土地整理与中低产田改造技术。主要包括土地整理与复垦技术、坡改田或新造地培肥技术、水土保持技术及小流域综合治理技术等。（4）资源多级循环与再生利用技术。主要包括农林复合、基塘系统等发展生态农业的系列适用技术。（5）生物工程技术。它是促进农业可持续发展最具推广价值的技术，包括转基因病虫害防治技术、生物育种技术等。[①]

3. 集约持续农业模式

面对人多地少、人均耕地更少的国情，中国发展可持续农

[①] 刘彦随、吴传钧：《国外可持续农业发展的典型模式与途径》，《南京师范大学学报》（自然科学版）2001年第2期，第119~124页。

业受到限制，为此，20世纪80年代中期卢良恕、刘巽浩、袁从炜等农学专家就提出了在中国实行"集约持续农业"（又称精久农业）的设想。顾名思义，集约持续农业就是要实现集约与持续的有机统一。按照刘巽浩的研究，集约持续农业具有三大特点：（1）集约农作，即高度集约地多维（空间和时间）利用每一块土地，努力提高年单产。（2）高效增收，即将提高经济效益、增进农民收入放在重要位置。（3）持久发展，即实现自然生态与人工生态相结合，提高农业综合持续生产能力。同时，这三者是相辅相成的。"集约农作，高产高效必须建立在土地综合生产能力的持久性基础之上，而持久发展又离不开增产增收。"[①]

4. 高技术农业

现代农业的重要标志之一就是高新技术在农业生产领域的运用。高技术农业是指以生物技术、信息技术和新材料为支撑，以现代高新技术为核心的产业化农业。从国际农业技术发展的趋势看，农业高新技术的代表主要包括两个大类：一是以培育转基因的作物和食物为主要目的的生物技术；二是以发展精确农业为主的信息技术。[②]

农业是国民经济之基，而农业的发展对于中国这样的人多地少的国家而言具有更重要的战略意义。为此，国家科技攻关和"863"计划都把生物技术作为重点，推动了中国农业技术的进

---

① 刘巽浩：《论21世纪中国农业可持续发展——有关理论与实践的讨论》，《自然资源学报》1995年第3期，第216~224页。
② 《农业高新技术：二十一世纪中国农业的发展战略》，http://www.libnet.sh.cn/nanhui/nkdh/nwxxhc/xx-5.htm。

步。其集中体现在三个方面：（1）农业生物技术及其产业化，包括重要农艺性状基因的克隆和基因研究、生物技术育种、动物克隆及转基因动物技术等。（2）农业信息技术及其产业化，包括农业信息网络体系集成技术、农业智能决策技术、农业系统数字模拟技术、农业遥感信息采集分析技术等。（3）农业新材料、新设施及其产业化，包括设施农业技术、节水灌溉新材料及设施、环境友好缓释、控释肥料技术、新型生物可降解地膜及生态膜技术等。① 中国科学院利用其生物技术、传感器、电子信息等多学科优势开发出的"智慧农业——农业物联网技术"，打破了国外精准农业在 3S 技术、传感器技术、智能控制技术等高技术领域的垄断与封锁，推动了中国农业的进步。② 山东济宁国家级农业高新技术示范区利用高技术农业推动经济发展、农民致富。目前，园区拥有现代化智能温室 3 万平方米、日光温室 20 万平方米、大型花卉交易市场 6000 平方米，并指导济宁市及周边地区发展日光温室 10000 多个，引进国内外优良品种 800 余个、农业高新技术 200 多项，与 20 多个知名高校院所、30 多名国内外专家建立了合作关系，带动蔬菜、果树、花卉、绿化种苗等基地建设近 100 万亩，发展标准化养殖基地 10 万余户，各类农业科研、推广设施投资达到 1 亿多元，累计增加农民经济收益 25 亿元。③

---

① 郭志伟：《我国农业高新技术现状及可持续发展对策》，《中国农业科技导报》2003 年第 6 期，第 7~9 页。
② 《专家解读"智慧农业——农业物联网技术"》，http：//news. sciencenet. cn/htmlnews/2013/11/285242. shtm。
③ 《济宁农高区建设现代农业"硅谷"》，http：//digitalpaper. stdaily. com/http_www. kjrb. com/kjrb/html/2013 - 10/28/content_ 230330. htm? div = -1。

5.3 可持续农业发展的技术创新和制度创新

5.3.1 可持续农业发展的关键：技术创新

农业的可持续发展，土壤是关键。因为土壤是农业生产最不可或缺的生产要素，只有土壤健康，才能保证农产品的健康与安全。中国农业现代化进程中化肥、农药、除草剂等现代投入品的使用，使土壤被严重污染。同时，农业经营的单作化和连作化推动了化肥的大量使用，导致土壤有机质的大量流失，土壤的"体质变弱"等问题严重。因此，推动中国农业的可持续发展，首先要大力创新各种土壤复壮技术。

1. 土壤复壮技术的开发[①]

土壤复壮技术是利用堆肥、绿肥等有机物质改善土壤性能的技术。目前，主要包括如下两种。

一是堆肥等有机物质的使用技术。堆肥就是利用自然界广泛分布的细菌、放线菌、真菌等微生物，人为地将促进生物降解的有机物向稳定的腐殖质生化转化的微生物过程。[②] 把测土配方施肥技术和堆肥技术相结合，不仅可以有效改善土壤性能，而且能够一定程度地替代化肥为土壤提供养分。由于中国地域辽阔，土壤性状多样化，因此，各地农业技术人员应该根据本地土壤特性

[①] 焦必方、孙彬彬：《日本环境保全型农业的发展现状及启示》，《中国人口·资源与环境》2009年第4期，第70~76页。

[②] 《堆肥技术》，http://wenku.baidu.com/view/d65946b8c77da26925c5b0a0.html。

创新堆肥配方，加速本地土壤的复壮进程。

二是绿肥作物使用技术。绿肥作物使用技术是以新鲜植物体就地翻压、异地施用或经沤、堆后主要作为肥料的栽培农作物。绿肥作物多为豆类，其在轮作中往往占有重要地位，多数可兼作饲草。[①] 例如，在中国南方的水稻种植区，常用的绿肥作物是紫云英。在水稻收购后的农田里种植紫云英，并在来年将其翻耕入土壤，可以改变土壤单一种植后的肥力下降情况，改善土壤性能，提升土壤肥力。

2. 土壤修复技术的开发[②]

土壤修复技术是使遭受污染的土壤恢复正常功能的技术措施。目前，主要包括以下三种。

一是固定化技术，即使用各种固定剂处理土壤中的污染物。其基本原理是污染物与固定剂之间通过吸附、离子交换以及沉淀以锁定土壤中的污染物。大力开发适合本地土壤修复的固定剂是固定化技术推广的关键。

二是渗透反应墙技术，是一种原位处理技术，即在浅层土壤与地下水之间构筑一个具有渗透性、含有反应材料的墙体，污染水体经过墙体时其中的污染物与墙内反应材料发生物理、化学反应而被净化除去。与固定化技术相同，开发合适的反应材料是推广此技术的关键。

三是微生物修复技术，即利用微生物（土著菌、外来菌、

---

① 《绿肥作物》，http：//baike.baidu.com/link? url = AVJ8WsqrAu49C_ NoT8AqrsFS 4TFxiRxiE6dHw1WSNd0G3DjIMOJUjYtJqPij_ LYf。
② 《土壤修复技术》，http：//www.gig.ac.cn/ydhz/yingyongjishu/200907/t20090729_ 2282619.html。

基因工程菌）对污染物的代谢作用来转化、降解污染物，主要用于土壤中有机污染物的降解。

3. 化肥减量技术的开发

化肥减量技术就是以减少和降低化肥使用量为目的的技术。目前，主要包括以下几种。

一是测土配方施肥技术。"测土配方施肥是以土壤测试和肥料田间试验为基础，根据作物需肥规律、土壤供肥性能和肥料效应，在合理施用有机肥料的基础上，提出氮、磷、钾及中、微量元素等肥料的施用品种、数量、施肥时期和施用方法。"[①] 根据土壤和种植作物的需求合理施肥，可减少化肥的滥用。据测算，通过测土配方施肥技术的综合应用，每年全国玉米、小麦和水稻主产区分别节约氮肥用量120万吨、98万吨、78万吨，同时可增产玉米、小麦和水稻390亿公斤、140亿公斤、250亿公斤。[②]

目前，配方肥推广主要有三种模式："中成药"模式，即由农业部门确定适合本区域的肥料配方并提供指导，肥料企业负责配方肥生产，经销网点负责销售；"中草药代煎"模式，即通过建立测土配方施肥供应服务网点，引导肥料经销网点装备智能化配肥设备，为农民提供现配现混服务，满足个性化需求；"私人医生"模式，主要针对种粮大户、家庭农场、农民合作社、农垦农场等规模化经营主体，提供科学施肥整体解决

---

① 中华人民共和国农业部：《测土配方施肥技术规范（2011年修订版）》，http://www.moa.gov.cn/zwllm/tzgg/tz/201109/t20110922_2293389.htm。
② 《化肥减量从哪里入手？》，http://feiliao.aweb.com.cn/20131014/614706.html。

方案。①

二是局部施肥技术。② 根据作物养分吸收机制，在作物宜吸收的根部以基肥、追肥等方式分段或集中施肥，提高肥料的利用率。

三是肥效调节型肥料的使用技术。通过提高肥料制作的技术含量，肥料养分能够缓慢释放，从而提高肥料利用率。20 世纪 80 年代，全国第二次土壤调查结果显示，我国土壤广泛缺乏微量营养元素。但是这一结果并没有引起人们的重视，以致现在情况更加严重。硫元素是植物生长所需的中量营养元素，而根据国际硫研究所和中国农业部数据，在近 20~30 年，中国土壤缺硫比例从 30% 扩大到了 43%。锌元素是植物细胞膜的必需成分，在近 20~30 年，中国土壤缺锌的比例从 51% 扩大到了 61%。镁是植物新陈代谢非常关键的因素，中国土壤中有 19% 缺镁，12% 潜在缺镁。③ 而这些中微量营养元素的施用，可以通过提高肥料利用率而提高作物产量和品质。因此，在农业施肥时，重要中微量元素应纳入使用范围。通过真正的平衡施肥，肥料的利用率可得以提高。

四是有机肥施用技术。也就是利用动物粪便、植物残枝败叶、沼气的副产物、菜籽油饼等作为肥料以替代化肥的技术。

五是综合管理水分和养分技术。减少化肥的关键环节之一是提高肥料利用率，而综合管理水、土壤和肥料是其关键。尽管水

---

① 《化肥减量从哪里入手？》，http：//feiliao.aweb.com.cn/20131014/614706.html。
② 焦必方、孙彬彬：《日本环境保全型农业的发展现状及启示》，《中国人口·资源与环境》2009 年第 4 期，第 70~76 页。
③ 《化肥减量从哪里入手？》，http：//feiliao.aweb.com.cn/20131014/614706.html。

资源严重短缺并分布不均衡,但是大水漫灌是我国农业灌溉的基本方式,而这造成了肥料的大量流失,尤其是尿素。为此,近年来我国开始采用水肥一体化模式和水溶肥技术。水肥一体化模式的基本形式是灌溉施肥,目前我国灌溉施肥面积只有3000万亩左右,特别是在一些有装备的井灌区,氮肥利用率可以高达60%。按"十二五"规划,国家投资2万亿用于重点建设农田水利,到2015年水肥一体化技术推广面积达到8000万亩。① 水溶性肥料是一种可以完全溶于水的多元复合肥料,它能迅速地溶解于水中,更容易被作物吸收,而且其吸收利用率相对较高,更为关键的是它可以应用于喷滴灌等设施农业,实现水肥一体化,达到省水、省肥、省工的效能。②

4. 化学农药减量技术的开发③

化学农药污染已经成为影响农产品食用安全、生物多样性和空气质量等的重要因素。化学农药减量技术是通过采用机械、动植物、昆虫新技术以减少农药使用量,达到减少化学农药污染的目的。

一是机械除草技术。通过开发除草机械,以降低除草剂的使用次数和使用量。

二是动物除草技术。例如在水田中放养鸭子、鲤鱼等动物,利用动物除草,降低除草剂的使用。

三是生物农药使用技术。生物农药是指利用生物活体或其代

---

① 《化肥减量从哪里入手?》,http://feiliao.aweb.com.cn/20131014/614706.html。
② 《水溶肥》,http://www.baike.com/wiki/%E6%B0%B4%E6%BA%B6%E8%82%A5。
③ 焦必方、孙彬彬:《日本环境保全型农业的发展现状及启示》,《中国人口·资源与环境》2009年第4期,第70~76页。

谢产物对害虫、病菌、杂草、线虫、鼠类等有害生物进行防治的一类农药制剂，或者是通过仿生合成具有特异作用的农药制剂。我国生物农药按照其成分和来源可分为微生物活体农药、微生物代谢产物农药、植物源农药、动物源农药四个部分。按照防治对象可分为杀虫剂、杀菌剂、除草剂、杀螨剂、杀鼠剂、植物生长调节剂等。我国生物农药行业自20世纪50代产生至今已有60年左右的发展历史，目前已拥有30余家生物农药研发方面的科研院所、高校、国家级和部级重点实验室，并且我国已成为世界上最大的井冈霉素、阿维菌素、赤霉素生产国。从综合产业化规模和研究深度上分析，井冈霉素、阿维菌素、赤霉素、苏云金杆菌（简称Bt）四个品种已成为我国生物农药产业中的拳头产品和领军品种。2012年全国生物化学农药及微生物农药制造业资产总计169亿元，同比增长7.0%，主营业务收入321亿元，增长43.4%，利润总额为28亿元，同比增长60.0%。[①]

四是对抗性植物使用技术。通过作物轮作方式，适当种植对土壤中线虫类害虫有抑制作用的植物，达到减少农药使用的目的。

五是覆盖栽培技术。利用无纺布、农膜覆盖植物，使作物与害虫隔离，从而达到减少杀虫剂使用的目的。而这一技术已经在蔬菜瓜果种植中被广泛使用。

六是物理防虫技术。常见的如利用害虫的趋光、趋色和趋性特征，设计出相应的设备以捕杀害虫，从而减少杀虫剂的使用。

---

① 《2014中国生物农药行业现状调研及生物农药企业经营情况分析报告》，http：//www.cir.cn/2013-12/ShengWuNongYaoShiChangYanJiu/。

例如，性激素诱捕器，利用性激素诱捕或阻止害虫交配繁殖；频振式杀虫灯，利用害虫的趋光性捕杀害虫；生态粘虫板，利用害虫的趋光性捕杀害虫。

5.3.2 可持续农业发展的保障：制度创新

"制度是一个社会规则或组织规则，这些规则有助于帮助人们在相互交往中各人都能够形成合理的预期，从而促进人们之间的和睦相处。"① 因此，正是好的制度的存在，人们才能形成对技术创新的预期收益的稳定预期，激励农业企业投资于技术研发，推动农业技术进步。为此，制度体系建设是发展可持续农业的基本保障。②

1. 加快推进可持续农业发展的立法工作

纵观各国可持续农业的发展进程，都非常重视可持续农业的

---

① 速水佑次郎、弗农·拉坦：《农业发展的国际分析》（修订扩充版），中国社会科学出版社，2000，第114页。
② 制度创新和技术创新的关系一直是经济学研究的重要问题。马克思指出，社会的物质生产力发展到一定阶段，便同它们一直在其中活动的现存生产关系或财产关系（这只是生产关系的法律用语）发生矛盾。于是这些关系便由生产力的发展形式变成生产力的桎梏。那时社会变革的时代就到来了。随着经济基础的变更，全部庞大的上层建筑也或慢或快地发生变革。在考察这些变革时，必须时刻把下面两者区别开来：一种是生产的经济条件方面所发生的物质的、可以用自然科学的精确性指明的变革，一种是人们借以意识到这个冲突并力求把它克服的那些法律的、政治的、宗教的、艺术的或哲学的，简言之，意识形态的形式。马克思：《〈政治经济学批判〉序言》，载《马克思恩格斯选集》（第二卷），人民出版社，1972，第81～85页。速水佑次郎和拉坦指出，"由技术变革引起的经济关系的不均衡是导致制度变革的主要源泉"。速水佑次郎、弗农·拉坦：《农业发展的国际分析》（修订扩充版），中国社会科学出版社，2000，第113页。但是，很多经济学家认为，制度变革决定了技术变革。诺斯和托马斯指出，我们列出的原因（创新、规模经济、教育、资本积累等）并不是经济增长的原因，他们乃是增长。增长的原因在于有效率的经济组织在制度上做出安排，以使个人的经济努力成为私人收益率接近于社会收益率的活动。诺斯、托马斯：《西方世界的兴起》，华夏出版社，1999，第7页。

立法工作，用法来规范和推动可持续农业的发展是各国的通行做法。可持续农业发源于美国，1985 年加利福尼亚州议会通过的《可持续农业研究教育法》是首部相关立法，推动了可持续农业在美国以及世界的兴起。1999 年，日本以防止农业导致的环境破坏与污染，增进农业自然循环机能为目的，制定或修改了后来被称为"农业环境三法"的《关于采用具有高持续性农业生产方式的法律》、《家畜排泄物法》和《肥料管理法（修订）》。而且，日本还把发展环境友好型的可持续农业贯穿于骨干农业生产者的培训中，农业技术士考试中就有专门的农业环境方面考题。①

退耕还林工程是中国迄今规模最大的生态工程，相关立法工作是推动该项工作取得成效的根本保证。人多地少的国情推动中国农民垦荒造田，使大量坡地、沙化地被耕种，造成了严重的水土流失和风沙危害，严重地影响了人民生产和生活。为此，自 1999 年开始，中共中央、国务院决定在四川、陕西、甘肃三省开展退耕还林试点工作，2002 年国务院西部开发办公室召开退耕还林电视电话工作会议，决定全面启动退耕还林工程。2000 年，国务院就颁布了《国务院关于进一步做好退耕还林还草试点工作的若干意见》，2002 年又颁布《国务院关于进一步完善退耕还林政策措施的若干意见》，特别是年底颁布实施的《退耕还林条例》，成为指导退耕还林工作的基本法律规范。截至 2012 年，退耕还林工程共完成造林任务 4.41 亿亩，其中退耕地造林

---

① 焦必方、孙彬彬：《日本环境保全型农业的发展现状及启示》，《中国人口·资源与环境》2009 年第 4 期，第 70~76 页。

1.39亿亩，宜林、荒山荒地造林和封山育林3.02亿亩。工程实施以来，中央财政已投入各项资金3262亿元，惠及3200多万农户，户均已获得7000多元补助，工程区森林覆盖率平均提高3个多百分点。①

2012年年底，全国人大常委会通过了新修订的《中华人民共和国农业法》（以下简称《农业法》），对可持续农业的发展做出了明确规定，将成为可持续农业发展的根本法律依据。《农业法》明确了农业发展的指导方针，"国家坚持科教兴农和农业可持续发展的方针"。针对耕地质量提升，《农业法》指出，"农民和农业生产经营组织应当保养耕地，合理使用化肥、农药、农用薄膜，增加使用有机肥料，采用先进技术，保护和提高地力，防止农用地的污染、破坏和地力衰退。县级以上人民政府农业行政主管部门应当采取措施，支持农民和农业生产经营组织加强耕地质量建设，并对耕地质量进行定期监测"。针对农药使用问题，《农业法》指出，"各级农业行政主管部门应当引导农民和农业生产经营组织采取生物措施或者使用高效低毒低残留农药、兽药，防治动植物病、虫、杂草、鼠害"。对于动物养殖过程中的污染防范问题，《农业法》指出，"从事畜禽等动物规模养殖的单位和个人应当对粪便、废水及其他废弃物进行无害化处理或者综合利用，从事水产养殖的单位和个人应当合理投饵、施肥、使用药物，防止造成环境污染和生态破坏"。另外，《农业法》还对退耕还林还草、过度捕捞、基因种子等农业可持续发展的相关

---

① 《退耕还林今年再启》，http://tghl.forestry.gov.cn/portal/tghl/s/3815/content-652471.html。

问题做出了明确规定。

但是,《农业法》作为中国农业发展的根本大法,更多的是从宏观层面规划和规范中国农业的未来发展,如果没有相应的实施细则颁布的话,它的指导思想将难以贯彻落实。因此,积极加强可持续农业各方面的法律实施规定或细则的制定工作,将成为中国可持续农业发展的关键。2013 年 10 月国务院通过的《畜禽规模养殖污染防治条例》就是发展可持续农业的一个很好的立法范例。

2. 加快农产品认证和标志体系的构建

消费者在市场上对可持续农业的农产品或服务的选择,是可持续农业持续发展的根本保证。可持续农业的农产品或服务的认证和标志制度,大大降低了消费者的信息成本,从而推动其销售。日本在发展环境保全型农业时,为了提高社会的认同度,就非常重视农产品的表示制度,具体包括有机农产品认定制度、特别栽培农产品的表示制度和生态农户认证等[①]。美国和欧盟等发达国家或地区也非常重视有机农产品的认证工作,通过认证推动有机农业等可持续农业的发展。

20 世纪末,我国农产品供求格局发生根本性转变,同时,收入上升后人们对农产品质量和安全的关注大大提高。为了满足人们对安全优质农产品的需求,2001 年,农业部启动"无公害食品行动计划",形成了无公害农产品、绿色农产品和有机农产品三种基本认证形式。无公害农产品是指使用安全的投入品,按

---

① 焦必方、孙彬彬:《日本环境保全型农业的发展现状及启示》,《中国人口·资源与环境》2009 年第 4 期,第 70~76 页。

照规定的技术规范生产，产地环境、产品质量符合国家强制性标准并使用特有标志的安全农产品。无公害农产品认证是政府行为，采取逐级行政推动方式，认证不收费。根据《无公害农产品管理办法》，无公害农产品由产地认定和产品认证两个环节组成。产地认定由省级农业行政主管部门组织实施，产品认证由农业部农产品质量安全中心组织实施。绿色农产品认证是于1990年由农业部发起的，1992年农业部成立中国绿色食品发展中心，1993年农业部发布了《绿色食品标志管理办法》。绿色农产品是遵循可持续发展原则、按照特定生产方式生产、经专门机构认定、许可使用绿色食品标志的无污染的农产品。绿色食品认证以保护农业生态环境、增进消费者健康为基本理念，不以营利为目的，收取一定费用以保障事业发展，采取政府推动与市场拉动相结合的发展机制。有机农产品是指根据有机农业原则和有机农产品生产方式及标准生产、加工出来的，并通过有机食品认证机构认证的农产品。

除积极开展可持续农业的农产品认证之外，2007年12月农业部还颁布实施了《农产品地理标志管理办法》，即实施农产品地理标志认证制度。农产品地理标志是指标示农产品来源于特定地域，产品品质和相关特征主要取决于自然生态环境和历史人文因素，并以地域名称冠名的特有农产品标志。农业部负责全国农产品地理标志登记保护工作。农产品地理标志登记管理是一项服务于广大农产品生产者的公益行为，主要依托政府推动，登记不收取费用。

纵观中国可持续农业的认证体系，更多的是在产品层次上，忽视了服务层次的认证。这主要是因为在地理标志和产品标志之间还缺乏农户层次的认证标志,因此,有关部门应该积极推动如有机农户、绿色农户等的认证制度建设。

5.4 结论

农业技术创新以实现农业发展目标为导向。一国或地区经济发展初期,农业构成其资本积累的最重要源泉,因此,增加农业产出、提高农业生产效率成为技术创新的首要任务。这推动了农业工业化进程的加速,农业机械技术和生物技术迅速普及。但是农业的工业化对生产环境、生态环境的破坏,推动了人们对农业的生态环境价值和生活价值的认同。为了同时兼顾农业的经济价值和农业的生态环境价值与生活价值,今天农业发展追求的是三者综合价值的统一。

可持续农业发展模式是我们实现农业综合价值目标的基本选择。目前,我国可持续农业发展模式主要有生态农业、集约农业、集约持续农业和高技术农业四种主要形式。中国农业的可持续发展,关键依靠技术创新,特别是土壤复壮和修复技术创新、化肥减量技术创新、农药减量技术创新等。同时,可持续农业的立法和可持续农业农产品的认证和标志体系等制度建设是其得以实现的有力保障。

农业公共研究机构和农业技术推广体系在中国农业发展过程中的重要作用已经成为农学界的共识。[1] 兼顾农业经济价值和生

---

[1] 黄季焜等:《制度变迁和可持续发展:30年中国农业与农村》,格致出版社、上海人民出版社,2008,第86~119页。

态生活价值的农业技术创新因其外部积极溢出效应，而必须依靠农业公共研究机构这一有效供给主体。同时，可持续农业技术的推广必须依托国家农业技术推广体系。因此，中国政府必须继续加大对农业公共研究机构和农业技术推广体系的投入，以推进中国农业的可持续发展。

6 资本控制、农业技术创新与微观经营方式

农业技术创新路径由技术需求方和技术供给方共同决定。作为农业技术的重要供给方，农业技术公司的技术开发行为要满足资本控制农业经营，把农业转变为资本剩余价值（或利润）来源的目的。为此，农业技术主要沿着机械化和标准化路径演化。技术创新有效地增强了公司化农场相对于家庭农场的竞争优势，导致家庭农场在农业生产中的地位降低。

6.1 马克思主义技术创新理论

6.1.1 诱致性技术创新理论批判

西方主流经济学的技术创新理论认为，技术变革是对经济发展过程中要素资源禀赋和需求变化的一种动态反映，摒弃了技术变革是外生于经济发展过程的理念，这种技术创新理论被称为诱

致性技术创新理论。

诱致性技术创新理论是在经典厂商理论的框架下发展起来的,它试图把利润最大化的厂商的创新活动纳入主流经济理论之中,这一研究理论存在两个传统:一个传统是希克斯传统,由速水佑次郎、弗农·拉坦和宾斯旺格等发展。该传统强调要素稀缺程度变化引发的要素相对价格的改变诱导厂商投资于节约稀缺要素的技术研发。① 该假说的核心如下:如果没有市场扭曲,要素相对价格将反映要素相对稀缺性的水平与变化,而厂商会被诱使去寻找能节约日益稀缺的要素的技术。因此,从社会的角度看,研究机构在决定其技术创新方向时,应该将要素稀缺性考虑进去。速水佑次郎和弗农·拉坦利用日本和美国农业技术演进的历史证实了这种理论。② 另一个传统是施莫克勒-格里利切斯假说,它侧重于研究产品需求对技术创新速度的影响。它假定在其他情况不变时,对一种商品的新技术的可得性,是对该商品的市场需求的函数。发明一种新技术的相对利益,取决于适于该技术的商品的价格与市场规模。因此,最优化要求一个科研机构将资源更多地分配到开发适用于具有较高价格或较大市场的商品的新技术。③

希克斯的理论受到索尔特(Salter)等人的批判,因为这一理论不是建立在创新厂商的最优行为基础上的。索尔特的逻辑可

---

① Hicks J. R.. *The theory of wages*. London: MacMillan, 1932, pp. 124 – 125.
② 速水佑次郎、弗农·拉坦:《农业发展的国际分析(修订扩充版)》,中国社会科学出版社,2000,第 216 页。
③ Griliches Zvi. Hybrid Corn: an Exploration in the Economics of Technological Change. *Econometrica*, 1957, Vol. 25 (4), pp. 501 – 522; Schmookler Jacob. *Invention and Economic Growth*. Cambridge, MA: Harvard University Press, 1966, p. 208.

以概括如下：在一个竞争性市场上，厂商追求产出一定条件下成本的最小化，或者成本一定条件下的产出最大化，而且每种生产要素都按照其边际产出获取报酬。对于厂商而言，均衡时每单位生产要素带来的边际产出都是相等的，即所有要素对厂商而言都同样昂贵。因此，竞争性市场的厂商没有追求节约一种特殊生产要素的技术的积极性。[1] 由于诱致性技术创新理论本质上是新古典价格理论在技术创新过程中的运用，因此，索尔特等人运用新古典批评新古典的方式犹如隔靴搔痒，难以触及诱致性技术创新理论的根本问题。

诱致性技术创新理论认为，技术创新的路径是以效率为导向的，技术创新是提升要素生产率的一种工具，这里的效率是一种普世价值，因而是中性的，或者说是独立于社会不同阶层或阶级利益的。因而，福特的大规模生产体制是一种阶级或阶层中性的诱致性技术创新，新大陆熟练工人的短缺推高了熟练工人的工资，这就诱导了节约熟练工人的流水线的产生。同理，新大陆人少地多的自然环境导致的劳动力相对价格的上升推动了节约劳动力的农业机械技术的创新，从而提升了农业劳动生产率。虽然，诱致性技术创新理论也看到了技术创新带来的分配效应，例如阿塞莫格鲁（Acemoglu）认为，"二战"以来，教育的飞速发展，特别是高等教育，推动了技能型劳动力价格的降低，导致与技能型劳动力互补的技术创新的大量涌现，这进一步推动了对技能型劳动力的需求，二者相互作用，推动了技术创新的技能偏向。而

---

[1] Salter W. E. G., *Productivity and Technical Change*. New York: Cambridge University Press, 1960, pp. 43 – 44.

技能偏向的技术创新导致技能型劳动力和非熟练劳动力之间的收入差距拉大。① 但是这种收入分配差距拉大是提升效率，进而提高产出水平必须付出的代价。在此，再次秉承了新古典经济学的基本理念，两个变量不能同时达到最优状态。

诱致性技术创新理论的技术创新的阶级或阶层中性理念的根源在于忽视了对技术创新主体的分析。在马克思和恩格斯看来，资本主义社会技术创新的主体是资产阶级，技术创新不过是一种工具，是资产阶级最大限度占有无产阶级创造的剩余价值的一种工具，尽管它客观上确实推动了生产力的巨大进步和人类社会的发展。因此，技术创新并不是中性的，而是有偏的。由于资产阶级控制了创新过程，因此，技术创新成为资产阶级剥夺工人阶级权力、控制工人阶级的一种工具。因而，在马克思和恩格斯这里，正是资产阶级主导的技术创新导致了收入差距拉大这一结果，因此，资本主义下收入差距的扩大是资产阶级剥夺和控制工人阶级的结果，并不是什么不以人的意志为转移的客观规律。诱致性技术创新理论正是由于忽视了（客观或主观上）对技术创新主体的研究，而把资产阶级的效率概念当作普世的效率概念，从而得出分配状况的恶化、环境的衰退和资源的耗竭等是经济增长或发展必须付出的代价的推论。因此，诱致性技术创新的最大问题在于其标榜以效率为导向，但是其效率是资产阶级的效率，而对工人阶级和社会其他阶层而言可能是非效率。

---

① Acemoglu Daron. Why Do New Technologies Complement Skills? Directed Technical Change and Wage Inequality. *Quarterly Journal of Economics*, 1998, Vol. 113 (4), pp. 1055 – 1090; Acemoglu Daron. Directed Technical Change. *Review of Economic Studies*, 2002, Vol. 69 (4), pp. 781 – 810.

6.1.2 技术创新是资本控制劳动的工具

马克思在研究资本主义生产方式以及和它相适应的生产关系和交换关系过程中，① 揭示了资本主义社会的基本规律：剩余价值规律。为了实现攫取尽可能多的剩余价值目标，资本必须控制剩余价值的生产过程和实现过程，而技术创新是资本实现这一控制的基本工具。根据马克思的分析，在资本主义的历史的和分析的范围内，技术产生着社会关系，但它也是由资本所代表的社会关系所产生。②

1. 技术创新、专门知识与劳动过程中的控制

资本主义劳动过程有两个特点：一是工人在资本家的监督下劳动，他的劳动属于资本家；二是产品是资本家的所有物，而不是直接生产者工人的所有物。③ 由于资本家是工人劳动产品的所有者，因此，资本家攫取剩余价值的多少就取决于资本家对工人劳动过程的控制程度，资本家对劳动过程监督得越好，超过工人必要劳动时间的剩余劳动时间就越长，从而资本家无偿占有的剩余价值就越多。但是，工人也很清楚这一点，他们不愿意轻易丧失对劳动过程的控制权力，因此，在资本主义发展过程中就存在工人与资本家之间关于劳动过程控制权的斗争。在资本主义发展的过程中，工人利用自己对劳动过程的专门知识来获取对其的控制权，而资本家则通过去技能化的技术创新使劳动过程简单化、清晰化，从而剥夺了工人专门知识获得的控制权。

---

① 哈里·布雷弗曼：《劳动与垄断资本》，商务印书馆，1979，第 8 页。
② 哈里·布雷弗曼：《劳动与垄断资本》，商务印书馆，1979，第 8 页。
③ 马克思：《资本论》（第一卷），人民出版社，2004，第 216 页。

在资本主义发展的工场手工业时期，工场手工业的特有性质成为资本对劳动控制的障碍。这一时期熟练工人在劳动过程中占有压倒性优势地位，非熟练工人的数量极其有限，熟练工人利用其关于劳动过程的专门知识控制了劳动过程，导致资本攫取剩余价值的进程受阻。因为手工业的熟练仍然是工场手工业的基础，同时在工场手工业中执行职能的总机构没有任何不依赖工人本身的客观骨骼，所以资本不得不经常同工人的不服从行为作斗争。……因此，在整个工场手工业时期，都可听到关于工人缺乏纪律的怨言。[①] 尤尔在《工厂哲学》中说，人类天性的弱点如此之大，以致工人越熟练，就越任性，越难驾驭，因此，工人不驯服的脾气给总机构造成巨大的损害。[②] 即使如此，直到机器大工业时代以前，工人的专门知识使资本无法完全支配工人的劳动时间。

但是，工场手工业的发展推动了需求的扩张，需求的扩张又推动了分工的扩展。而资本主义生产的特征是迂回生产，这导致专门生产劳动工具的工场从其他工场中分离出来，其中特别是生产当时已经采用的复杂机械装置的工场。随着机器的不断创新和涌现，工人利用专门知识控制劳动过程的技术基础不再存在。资本通过技术创新剥夺了工人因劳动过程中的专门知识而获取的控制权。马克思指出，工场手工业分工的这一产物，又生产出机器。机器使手工业的活动不再成为社会生产的支配原则。因此，一方面，工人终生固定从事某种局部职能的技术基础被消除了。

---

① 《马克思恩格斯全集》第四十四卷，人民出版社，2001，第 425~426 页。
② 《马克思恩格斯全集》第四十四卷，人民出版社，2001，第 425 页。

另一方面，这个原则加于资本统治身上的原则也消失了。①

一种常见的观点是，机器的出现把工人从繁重的体力劳动中解脱出来。马克思明确指出，减轻工人的辛劳不是资本主义使用机器的目的，机器使用的根本目的在于攫取更多剩余价值，包括三个主要途径：资本通过机器加强对劳动过程的控制，突破工作日的一切道德和自然界限，增强劳动强度以提高劳动生产率。

泰因·布鲁兰（Bruland）首先把19世纪英国纺织业的三大重要技术革新与当时的劳资冲突联系起来考察。在非自动精纺机时代，技术娴熟、报酬很高的纺织工尽管只占棉纺织工人队伍的10%左右，但是他们是整个棉纺织业的绝对核心，因为需要他们来"伺候"非自动的精纺机。为此，他们要求具有工厂的半管理性的权力，并制定工作条件，获取高薪。棉纺织厂的老板们想创造一种自动精纺机来夺取对工厂的完全控制权。在自己位于英格兰海德地方的工厂因为工人罢工三个月而关门之后，理查德·罗伯茨首先成功地完成了这一技术创新。虽然自动精纺机的出现没有立即导致纺织工的失业，但是它的存在削弱了纺织工在工厂的权力，压低了他们的工资，并使他们不敢动不动就以罢工来威胁。②

技术革新，机器的出现，不仅剥夺了技能型工人因为专门技能这种知识而获得的对劳动过程的部分控制权，而且扩大了剥削的范围，不仅成年工人受资本剥削，妇女和儿童也成为资本剥削的对象。马克思正确地指出，就机器使肌肉力成为多余的东西来

---

① 《马克思恩格斯全集》第四十四卷，人民出版社，2001，第426页。
② Bruland Tine. Industrial Conflict as a Source of Technical Innovation: Three Cases. *Economy and Society*, 1982, Vol. 11 (2), pp. 91 – 121.

说，机器成了一种使用没有肌肉力或身体发育不成熟而四肢比较灵活的工人的手段。因此，资本主义使用机器的第一个口号是妇女劳动和儿童劳动。这样一来，这种代替劳动和工人的有力手段，就立即转化为这样一种手段，它使工人家庭全体成员不分男女都受资本的直接统治，从而使雇佣工人人数增加。① 随着妇女和儿童因机器创新而进入资本剥削的范围，成年工人的工资下降，产业后备军增加，在与资本家的抗争中他们处于更加不利的地位。

技术创新，机器的出现，为绝对剩余价值的生产提供了必要性和可能性。机器的价值是通过工人的具体劳动转移到新产品中去，称为"机器的磨损"。而这种磨损包括有形磨损和无形磨损两种。无形磨损的存在要求资本家尽可能地提高机器的利用率，因为随着机器生产技术的提高，机器变得越来越便宜，更可怕的是新机器带来的"创造性破坏"过程。为此，机器的资本主义应用，一方面创造了无限度地延长工作日的新的强大动机；② 另一方面，机器的出现，使产业后备军的规模空前扩大，劳动不得不听命于资本强加于自身的规律。由此产生了现代工业史上一种值得注意的现象，即机器消灭了工作日的一切道德界限和自然界限。由此产生了经济学上的悖论，即缩短劳动时间的最有力手段，竟变为把工人及其家属的全部生活时间转化为受资本支配的增殖资本价值的劳动时间的最可靠的手段。③

但是，无限度地延长工人的工作日长度遭到了整个社会的反

---

① 马克思：《资本论》（第一卷），人民出版社，2004，第453~454页。
② 马克思：《资本论》（第一卷），人民出版社，2004，第469页。
③ 马克思：《资本论》（第一卷），人民出版社，2004，第469页。

对，从而产生了受限制的正常工作日的法律制度。为此，资本不得不通过在一定工作日内提高劳动强度的方法榨取剩余价值。这是通过两种方法达到的：一种是提高机器的速度，另一种是扩大同一个工人看管的机器数量，即扩大他的劳动范围。① 而这要求机器做出改进，蒸汽机的改进提高了活塞每分钟的冲击次数，……传动机构的改进减少了磨擦力，使各种大小轮轴的直径和重量减到越来越小的最低限度，——这正是现代机器显著超过旧式机器的地方。最后，工作机的改进，在提高速度和扩大效能的同时，缩小了机器的体积（如现代蒸汽织机），或者在增大机体的同时，扩大了它所使用的工具的规模和数量（如纺纱机），或者对零件稍加改进而增加了这些工具的活动性。② 而美国生产体制，即大规模流水线的创新把这一点提高到了极致，资本家不仅控制了流水线的速度，还使流水线上的任何工人与机器的零部件一样实现可互换。1956年，美国《纽约时报》曾经这样描述过美国自动化车间的工作情况：福特汽车工厂最后几根传送带上所装配的发动机，每12秒钟就会掉落一个，在这样快的速度下，工人就只好用胳膊肘和肩膀交叉着动作，来完成这一严格规定的工作，这就活像在《摩登时代》电影中卓别林所演过的那个著名角色一样。③

2. 技术创新、资本的扩张与剩余价值的实现

永无止境的剩余价值追求要求资本不断积累和扩大再生产，因而剩余价值的实现成为大问题。马克思在商品的交换过程中如

---

① 马克思：《资本论》（第一卷），人民出版社，2004，第474页。
② 马克思：《资本论》（第一卷），人民出版社，2004，第474~475页。
③ 转引自徐禾主编《政治经济学概论》，人民出版社，1973，第127页。

是说：商品价值从商品体跳到金体上，像我在别处说过的，是商品的惊险的跳跃。这个跳跃如果不成功，摔坏的不是商品，但一定是商品的占有者。① 因此，剩余价值的实现要求资本不断扩张，② 这种扩张包括两个层面③：一是地理空间上扩张，即把非资本主义生产方式控制的国家和地区带入资本主义体系之中。不断扩大产品销路的需要，驱使资产阶级奔走于全球各地。它必须到处落户，到处创业，到处建立联系。④ 二是社会空间上扩张，即把人类社会生活中原先不属于资本控制的领域纳入资本控制之下。资产阶级抹去了一切向来受人尊敬和令人敬畏的职业的神圣光环。它把医生、律师、教士、诗人和学者变成了它出钱招雇的雇佣劳动者。⑤ 它使这些职业所控制的领域变成了剩余价值的源泉。

资本逻辑要求资本不断扩张，而技术创新恰恰是资本无限扩张的工具和源泉。资产阶级，由于一切生产工具的迅速改进，交通的极其便利，把一切民族甚至最野蛮的民族都卷入文明中来了。⑥ 但是，开始非资本主义世界并不是心甘情愿地接受资本世

---

① 马克思：《资本论》（第一卷），人民出版社，2004，第127页。
② 马克思和恩格斯的理论本质上是全球化的理论。
③ 在《资本主义经济学批评史》中，道格拉斯·多德把这两种扩张分别称为经济扩张与地理扩张，同时又指出前者为垂直扩张，后者为水平扩张。在《全球资本主义论——跨国世界中的生产、阶级与国家》中，威廉·罗宾逊把这两种扩张分别称为广度扩张与深度扩张。在此，之所以称为地理空间扩张和社会空间扩张，是因为资本扩张本质上是在空间上展开，只不过一是地理上，一是社会上。道格拉斯·多德：《资本主义经济学批评史》，江苏人民出版社，2008，第6~7页；威廉·罗宾逊：《全球资本主义论——跨国世界中的生产、阶级与国家》，社会科学文献出版社，2009，第8~9页。
④ 《马克思恩格斯选集》（第一卷），人民出版社，2012，第404页。
⑤ 《马克思恩格斯选集》（第一卷），人民出版社，2012，第403页。
⑥ 《马克思恩格斯选集》（第一卷），人民出版社，2012，第404页。

界的统治的,仅有低廉的商品价格并不足以摧毁非资本主义世界的城墙的,尽管马克思和恩格斯说:它的商品的低廉价格,是它用来摧毁一切万里长城、征服野蛮人最顽强的仇外心理的重炮。① 现代交通工具的创新把资本主义带到了非资本主义世界的面前,而现代武器装备的创新摧毁了一切非资本主义世界的顽强抵抗。自1840年以来,中国正是被所谓西方文明的坚船利炮一步一步地逼入资本主义体系之中的。在西方资本主义征服美洲,把美洲变成自己原材料基地和产品销售市场的过程之中,远洋航海技术和枪炮与钢刀等武器同样发挥了不可忽视的作用。② 在海外征服的同时,资本主义还通过现代交通工具的创新,特别是铁路,把整个的大陆连在一起,形成庞大的市场。同时,铁路产业本身拉动了其他相关产业的发展,创造了庞大的市场。一切都源于铁路吗?答案是肯定的,正如巨杉是由根部开始生长的一样。③

技术创新除了帮助资本在地理空间上扩张外,还推动资本在社会生活领域扩张,甚至把"温情脉脉"的家庭关系都带入资本的逻辑之中。④ 19世纪末20世纪初的第三次工业革命除了用更便宜、更灵活的电力取代蒸汽之外,还催生了电力和化学工业的大发展,为我们的生活带来了大量的电子产品和化学合成品。大量节约劳动时间的傻瓜电子产品除了把妇女从家庭中解放出来,使之成为被资本剥削的对象之外,还挤占了传统家庭聚会、

---

① 《马克思恩格斯选集》(第一卷),人民出版社,2012,第404页。
② 贾雷德·戴蒙德:《枪炮、病菌与钢铁:人类社会的命运》,上海世纪出版集团,2006,第50~59页。
③ 道格拉斯·多德:《资本主义经济学批评史》,江苏人民出版社,2008,第75页。
④ 《马克思恩格斯选集》(第一卷),人民出版社,1972,第254页。

培养感情的时间。随着半导体和电视等消费电子产品的出现,家庭不仅成为消费电子产品的市场,而且成为资本销售低级趣味的娱乐的市场。资本不仅提供整套产品,更重要的是销售其服务。没有需求,资本就创造需求,广告创意这种创新在其中扮演了重要作用。如果没有广告的"心灵管理",消费主义不可能诞生,电视的影响(和瑕疵)在"心灵管理"中发挥了至关重要的作用。①

但是资本主义生产方式在地理空间上的扩张终有极限,而且随着其扩张,其必然复制一极是财富的积累,另一极是贫困的积累的分配格局,因此,剩余价值的实现随着资本主义生产方式的扩张而越发难以解决。为了解决这一体系难题,消费信贷式的金融创新应运而生。通过消费信贷,资本向消费者提供了满足它所创造的欲望的购买力,一方面解决了剩余价值的实现问题,另一方面又创造了一种新的市场、新的剥削源泉。但是这种饮鸩止渴的解决之道终究会导致体系的危机,乃至崩溃,2007年的次贷危机就是最好的例证。

6.1.3 马克思主义技术创新理论的启示

持续演进的技术推动了资本主义生产方式的不断扩张。新古典经济学利用要素资源禀赋和需求的转变来解释这种技术革新,具有明显的效率导向。但是,新古典的效率概念是普世性的,从而是中性、无偏的,是没有社会阶级或阶层偏向的效率。新古典的诱致性技术创新理论正因没有能够透过事物的表象揭示资本推动技术创新的本质而成为庸俗的、辩护的理论。在马克思和恩格

---

① 道格拉斯·多德:《资本主义经济学批评史》,江苏人民出版社,2008,第240页。

斯的视野中，技术创新本质上不过是资本控制劳动的一种工具而已。资本试图通过技术变革控制剩余价值的生产过程和实现过程，以最大化无偿占有工人创造的剩余价值。资本主义持续演进的技术变革以提升效率和福利为标榜，行资本控制劳动之实。因此，马克思主义的技术创新理论本质上是非中性的实体理论。合理的工艺和机器的设计在用于特定的目的之前，特殊社会体系的价值及其统治阶级的利益已经融入其中了。①

马克思主义技术创新理论对我们的启示在于：第一，自主创新战略中"自主"的基本含义之一应该包含工人、农民等劳动人民主动参与创新的过程，使创新成为服务劳动人民的工具，而不是控制劳动人民的工具。如果技术变革是沿着资本对劳动的控制演化，技术体系是资本控制劳动的工具，那么，在全球化时代社会主义和谐社会能否成为可能？技术是否会成为社会主义和谐社会建设过程中的障碍？实际上，通过在技术引进、模仿、创新和应用中更多地引入民主机制，充分发挥社会主义民主的优越性完全可以解决这一问题。正如芬伯格所言：在任何社会关系是以现代技术为中介的情况下，都有可能引入更民主的控制和重新设计技术，使技术容纳更多的技能和主动性。② 实际上，改革开放前的中国就已经探讨了技术创新的民主参与问题，也就是著名的"鞍钢宪法"。1960 年 3 月，毛泽东在中共中央批转《鞍山市委关于工业战线上的技术革新和技术革命运动开展情况的报告》的批示中明确指出，我们应以苏联经济发展为鉴戒，对我国社会

---

① 安德鲁·芬伯格：《技术批判理论》，北京大学出版社，2005，第 16 页。
② 安德鲁·芬伯格：《技术批判理论》，北京大学出版社，2005，第 2 页。

主义企业的管理应该实行民主管理，实行干部参加劳动，工人参加管理，改革不合理的规章制度，工人群众、领导干部和技术员三结合，即"两参一改三结合"的制度。应该说，在新的时代要想摆脱资本主义制度下技术成为资本控制劳动的工具的命运，仍然应该坚持创新过程的工人、农民等劳动人民的自主参与。第二，技术，甚至是科学都具有阶级性。新古典经济学试图把经济学建设成为一门纯科学，反对马克思主义经济学的基本论断：政治经济学是一门科学性和阶级性相统一的科学。殊不知，即使是建构在物理这样的纯科学基础上的技术，也具有鲜明的阶级属性。根据马克思主义技术创新理论，技术就是资本控制劳动的一种工具而已，技术不是中性的，而是有偏的。而资产阶级恰恰通过中性技术、客观技术和美化技术等手段加强对劳动的剥夺，以获取更多的剩余价值。

6.2 资本控制下的农业技术创新路径：机械化和标准化

6.2.1 家庭农场还是公司化农场？

中国农村的制度变革开启了改革开放的进程，农业经营方式由以集体生产为核心的人民公社制度转向以家庭生产为核心的家庭联产承包责任制。由于有效解决了农业生产中的激励问题，家庭联产承包责任制推动了中国农业的发展。1978~1984年，中国农业总产出增长了42.23%，而人民公社体制向家庭联产承包责任制的转型贡献了其中的 46.89%。① 但是，随着制度变革效应的逐渐释放，技术效率逐渐趋近于生产前沿，人多地少的基本国情决定的中国小规模的生存型农业的低效率再次成为制约中国农业发展的主要障碍。以家庭为生产单位的经营方式受困于国情决定的规模约束，而以集体为生产单位的经营方式则受困于团队生产中的激励问题，中国农业就在这两难困境中艰难前行。

为了解决上述两难困境，中国农村、农民自发进行了多种形式的制度创新，以实现适度规模经营。家庭联产承包责任制实施不久，山东平度高戈庄为了解决家庭联产承包责任制造成的农地零碎化、不成规模问题，自发实施了"两田制"的制度创新。所谓"两田制"是把耕地分为口粮田和责任田。口粮田按家庭人口平均分配，农民只需负担农业税；责任田采用招标方式，能者经营，除承担农业税外，还需缴纳提留、乡统筹费等承包费。其中前者注重公平，后者注重效率。"两田制"的实施既提高了农业生产的效率和农民收入，又有利于国家农产品的征购，因此，在国家默许下，两田制逐步在全国推广。但是在两田制推广过程中，出现了强制收回农民承包地、增加农民负担等问题，为此，中共中央、国务院于 1997 年发专文明令禁止"两田制"。然而，近年来随着非农就业机会的增加，"两田制"在很多地方又在积极推广，如安徽农垦系统。② 1992 年，为了解决土地的家庭承包制与快速工业化之间的矛盾，广东南海市开始试点土地股

---

① 林毅夫：《制度、技术与中国农业发展》，上海三联书店、上海人民出版社，1994，第 93~95 页。
② 叶水茂、郭耀华、鲍广云：《安徽"两田制"为 13 万农垦人谋利益》，《安徽日报》2004 年 11 月 26 日。

份合作制，即以行政村或村民小组为单位，将集体财产及集体土地折成股份集中起来组建股份合作组织，然后由股份合作组织直接出租土地或修建厂房再出租，村里的农民出资入股，凭股权分享土地非农化的增值收益，① 土地股权本质上是承包权的延伸。南海的土地股份合作制既促进了农业的适度规模经营和农业结构调整，提升了农业生产率，又极大地促进了南海的工业化和城市化。其他探索还包括通过农地经营权的流转促使耕地向种田大户集中、兴办农民专业合作社、"公司+农户"等多种制度创新。

中共中央、国务院高度重视农村土地制度和农业适度规模经营问题，多次专文指导。党的十七届三中全会通过的《中共中央关于推进农村改革发展若干重大问题的决定》指出，调整农业土地政策，以使其适应发展农业适度规模经营的需要。建立健全土地承包经营权流转市场，允许农民以转包、出租、互换、转让、股份合作等形式流转土地承包经营权，发展多种形式的适度规模经营。2013年中共中央、国务院一号文件明确提出，努力提高农户集约经营水平。按照规模化、专业化、标准化发展要求，引导农户采用先进适用技术和现代生产要素，加快转变农业生产经营方式。创造良好的政策和法律环境，采取奖励补助等多种办法，扶持联户经营、专业大户、家庭农场。党的十八届三中全会通过了《中共中央关于全面深化改革若干重大问题的决定》（简称《决定》），该《决定》对农业经营体系做出了专门论述，指出"加快构建新型农业经营体系。坚持家庭经营在农业中的

---

① 北京大学中国经济研究中心课题组报告：《城市化、土地制度与宏观调控》，《经济观察报》2011年4月16日。

基础性地位，推进家庭经营、集体经营、合作经营、企业经营等共同发展的农业经营方式创新。……允许农民以承包经营权入股发展农业产业化经营。鼓励承包经营权在公开市场上向专业大户、家庭农场、农民合作社、农业企业流转，发展多种形式规模经营"。

常见的观点是，家庭农场是最适合农业的微观经营模式。正如林毅夫等所言：农业因具有内部规模经济不显著、劳动的监督和度量都极其困难的特点，而成为一个适宜家庭经营的产业。① 黄宗智也认为，当前关键性的第一步也许是在概念上的转移，从基本忽视小农经济而寄一切希望于城市化和大规模产业化农业，转向设想相当长时期的小农经济的延续及其逐步改善，明确承认半工半耕过密型农业制度亟须改革，转向具有适度规模、能够持续发展的小农家庭农场。②

但是，对于中国农业的微观经营模式是家庭农场的观点，理论界也存在质疑。何秀荣在分析了几种农业微观组织形式之后，明确指出，公司农场将是中国未来农业微观组织的一种重要形式，其中包括以企业为母体的租赁式公司农场和以农地股份制为基础的公司农场。公司农场将会成为中国未来农业微观组织重要形式的根本原因在于，这种组织形式能够以现代经济的方式现实有效地扩大农场规模，从而使其对国内产业竞争和国际农业竞争具有比其他农业微观组织形式强

---

① 林毅夫、蔡昉、李周：《中国的奇迹：发展战略与经济改革》，上海人民出版社、上海三联书店，1994，第123页。
② 黄宗智：《中国的隐性农业革命》，法律出版社，2010，第101~102页。

得多的经济抗力。①

同时，从美国的农业发展现实看，公司化农场正取代家庭农场成为农业经营方式的主体。正如休茨所言，在现今大规模的公司化农业时代，曾经是美国理想化身的家庭农场已经是明日黄花了。今天，大概仅有一半的农场主完全靠经营自己的农场来维持生计；其余大多数人必须靠其他工作来贴补他们的农场。另外，大公司从事大规模的农业生产的趋势越来越明显。虽然仅有2%的农场改组成了公司，但是这些合并成公司的农场耕种了美国全部土地的12%，并且占据了农作物总产值的22%。类似于加利福尼亚这样的州，公司农场管理着所有农场面积的1/4，并且销售了所有农作物产值的40%（包括加利福尼亚的甜玉米、蔬菜和甜瓜的60%）。甚至在堪萨斯这样的州，公司生产超过了1/3的农场产品。②

现在的问题是，如果说农业难以监督、规模经济不明显而适合家庭经营的话，如何解释美国农业的发展现实——农场规模越来越大，而且采取了公司化方式来经营。美国农业微观经营模式的变迁对中国农业微观经营方式的选择有何指导意义？

马克思主义技术创新理论能够令人满意地解释美国农业技术创新的机械偏向、标准化和农业经营方式的转变。美国农业机械技术创新及标准化的目的是资本出于控制农业劳动过程的需要。通过机械化和标准化，增强了资本控制的大型公司化农场相对于

---

① 何秀荣：《公司农场：中国农业微观组织的未来选择？》，《中国农村经济》2009年第11期，第15~16页。
② 沃尔特·亚当斯、詹姆斯·W. 布罗克主编《美国产业结构》（第十版），中国人民大学出版社，2003，第2页。

小型的家庭农场的竞争力,降低了公司化农场的监督成本,导致农业经营模式由家庭农场转向由资本控制的公司化农场。

6.2.2 资本通过技术创新控制农业经营

资本一直试图把其逻辑凌驾于农业领域之上,把农业变成其剩余价值的源泉。但是,农业利用其劳动过程与自然的紧密联系抵抗来自资本控制的压力,而资本则利用技术创新的力量逐步侵蚀农业与自然的联系,加强对农业劳动过程的控制。这两种力量的相互作用决定了农业的监督成本,也决定了农业微观经营方式的变迁。

1. 农业机械化:资本控制农业劳动过程的基本手段

资本利用农业机械创新控制农业生产的途径:一是利用农业机械创新提升大型公司化农场相对于小型家庭农场的竞争优势;二是替代劳动,节约监督成本。

农业机械化的典型代表是美国,而对美国农业走上机械化道路的经典解释来自速水佑次郎和弗农·拉坦的《农业发展的国际分析》。他们通过比较美国、日本不同的农业技术进步道路,得出结论:尽管存在着资源禀赋的巨大差异,美国和日本在1880~1980年都成功地实现了农业产量和生产率的持续增长。根据本章的分析,我们发现这两个国家取得成功的一个共同点是,它们都具有根据市场价格信号开发农业技术以提高相对丰富要素替代相对稀缺要素的能力。[1] 因此,在他们看来,农业机械

---

[1] 速水佑次郎、弗农·拉坦:《农业发展的国际分析》(修订扩充版),中国社会科学出版社,2000,第234页。

化纯粹是市场竞争配置稀缺资源的结果。美国之所以走上农业机械化道路，是因为美国人少地多的资源禀赋推动劳动力/土地的相对价格提高，从而促进人们发明机器来节约稀缺的劳动力。

但是，这种解释与美国农业机械创新的历史不符。以机械收割机为例，在19世纪50年代中期劳动力成本上涨之前，美国历史上最著名的麦考密克的机械收割机就已经出现。1831年麦考密克就已经创建了一个可用的收割机基本模型，他的机器让锯齿状的或带槽的刀刃类似锯物地运动。随后他开始改进机器，并于1834年获得了专利，7年之后开始生产此种机器。然而，1841～1855年机器只有少量售出。[1] 如果如诱致性技术创新理论所言，农业机械的创新是对要素市场上劳动力价格提高的反映，那么逻辑顺序首先应该是劳动力成本的上升，然后才出现节约劳动力的机械收割机。但是麦考密克机械收割机早在劳动力价格上涨之前就已经出现。

那么，为什么麦考密克收割机传播缓慢呢？美国经济史学家保罗·戴维认为，在19世纪50年代早期以前，只有小块土地的农民使用镰刀收割比购买一台收割机收割更加便宜。按照他的计算，收割机要求的农场最小有效规模是46.5公顷。只有超过此下限规模的农场主才认为购买收割机收割更加便宜。19世纪50年代中期之后，随着农场规模的扩大，劳动力成本的上升以及收割机价格的稳定，收割机的推广速度才加快。[2]

保罗·戴维的研究无意间揭示了农业机械化创新的根本推动力：农业机械化能够提升资本控制的大型公司化农场相对于小型

---

[1] 乔治·巴萨拉：《技术发展简史》，复旦大学出版社，2000，第164～167页。
[2] 乔治·巴萨拉：《技术发展简史》，复旦大学出版社，2000，第166页。

家庭农场的竞争力，因此，资本是农业机械创新背后最重要的推手。资本通过农业机械创新提升了大农场相对于小农场的竞争力，导致大型公司化农场对小农场的兼并。而随着农场规模的进一步扩大，又提高了使用更先进农业机械的经济性。由此形成了农场规模和农业机械之间的正向互动，导致美国农场规模越来越大，机械化程度越来越高。而从农场所有权结构来看，资本控制的公司化农场比重越来越高。"当技术创新通过用机器替代工人来减少农业生产成本的时候，可变成本降低了，但是利息、折旧、税收和其他固定成本更高了。如果最终平均总成本降低的话，更高的固定成本必须分摊在较大规模的产出中。"① 因此，随着美国农业机械技术创新的出现，农场规模越来越大，而数目越来越少（见表6-1）。

表6-1　1880~1990年美国农场的数目和规模以及农场的雇佣情况

年份	农场数目（千）	平均每个农场占地面积（英亩）	农场雇佣人数（千）	平均每个农场雇佣人数（个）
1880	4008	133.7	10100	2.52
1900	5740	146.6	12800	2.23
1920	6453	148.5	13400	2.08
1940	6104	174.5	11000	1.80
1960	5388	215.5	7100	1.32
1970	2730	389.5	4200	1.54
1990	2140	461	2891	1.35
1998	2191	435	2827	1.29

资料来源：沃尔特·亚当斯、詹姆斯·W. 布罗克主编《美国产业结构》（第十版），中国人民大学出版社，2003，第18页。其中最后一列系笔者根据表中第四列与第二列数据计算所得。

---

① 沃尔特·亚当斯、詹姆斯·W. 布罗克主编《美国产业结构》（第十版），中国人民大学出版社，2003，第18页。

但是，家庭农场同样可以利用合作方式降低农业机械的利用成本，这就是农业机械的另一作用，即对劳动力的替代，降低农业监督成本。之所以认为家庭农场是农业的最优经营方式，是因为家庭农场可以节约农业的监督成本。因此，解释美国农业经营方式转变的关键是技术创新是如何改变农业监督成本的。

农产品生产过程不仅包括一个劳动过程，更重要的是包含一个相对漫长的自然作用过程或者自然生长过程，这一特征使农业生产迥异于工业生产。首先，农业生产是以整个自然作为劳动对象，在一个非常广阔的空间展开，从而难以像工厂车间那样实现监督。其次，农业生产包含的相对漫长的自然作用过程使其难以有效地厘清责、权、利，即难以有效地找到无效生产的责任人，因为农业生产任何环节的责任人都可以把无效生产的责任推给自然，让自然为自己承担责任。农业生产的这种特殊性使农业生产既难以监督，又难以激励。而资本攫取剩余价值的能力却取决于资本对劳动过程的控制能力，即监督和激励能力。因此，农业一般被认为不适合资本的标准逻辑——清晰、透明、可控。家庭因为是一利益共同体而存在自我监督，从而被认为是最适合农业的经营方式。

农业机械创新的最大作用之一就是替代劳动，从而使公司化农场雇佣的农业工人越来越少，而人数越少就越容易监督，可以把监督成本极大地降低。从表6-1可以看出，美国每个农场的平均雇工人数呈降低趋势，1998年降低到了1.29个。农业生产过程中雇工越少，一方面，监督与激励越容易，因为生产过程之中的责、权、利更容易厘清；另一方面，大量的农业产业后备军的存在也是对在职农业工人的强大压力。同时，现代远程控制技术的出现，使监督者的控制范围大大增强。因此，正是农业机械化降低了农业监督的成本，使大型公司化农场的监督劣势不再明显，这是公司化农场逐步取代家庭农场的重要原因。

2. 农业的标准化：降低农民的专门知识

机械化虽然可以增强资本对农业的控制，但是，农民仍然可以利用农业与自然的紧密联系带来的专门知识来控制农业生产过程。因此，公司化农场通过农业的标准化剥夺农民的专门知识在农业生产过程中的重要性及其谈判权力，使农业生产过程可控和便于管理，从而才可能使农业成为资本剩余价值的来源。

农业生产本来就是简化自然的过程，但是，相对于现代农业而言，传统农业的简化程度要低得多，因为传统农业的目标是生存，而生存需要的是多样化。正如詹姆斯·斯科特所言：人类的目的是广泛的，他们并没有在一个物种中只选择一种作物，而是选择了许多不同种类，每一种之间都有很大的差别。因此我们才有用于煮粥、做面包、生产啤酒和喂牲畜的不同大麦；所以才有"用于咀嚼的甜高粱、做面包的白籽高粱、生产啤酒的深红色小粒高粱，以及用于建房和编筐的秸秆强壮、多纤维的高粱"。[1]正是生存的这种多样化需求，导致农民选择了大量不同的作物，即当地作物品种。当地作物品种是适应不同土壤条件、水分、温度、光照、病虫害、微观气候等而产生的具有不同遗传特性的种群。[2]任何栽培当地作物品种的农民都像有经验的实用植物

---

[1] 詹姆斯·斯科特：《国家的视角——那些试图改善人类状况的项目是如何失败的》（修订版），社会科学文献出版社，2011，第339页。
[2] 詹姆斯·斯科特：《国家的视角——那些试图改善人类状况的项目是如何失败的》（修订版），社会科学文献出版社，2011，第339页。

学家一样，他们的专门知识成为应对环境不确定带来的威胁的最重要武器。同样，这也成为传统农业抵制资本对农业控制的利剑。

现代的公司化农场应对农民专门知识的武器是农业的标准化。现代的、工业化的和科学的农业的特征是单一作物种植、机械化、杂交品种、使用化肥和农药、资本密集，这些都给农业带来了前所未有的标准化。① 现代的公司化农业秉承了亚当·斯密分工专业化带来效率的理念。② 而商业市场强大的竞争压力加快了公司化农场专业化的进程，从而导致农场作物的单一化。而为了提高土地生产率，要求农场采用适合密植的作物品种。密植反过来又促进了商业化化肥的大量使用，以及选择那种对化肥敏感的作物品种。相对于根据本地气候、水文等条件种植不同作物而言，学习种植单一作物容易得多。更重要的是，监督单一作物农场的难度比多样化作物农场容易得多，在此，农场工人的专门知识基本没用。

农业的标准化不仅表现在直接农业生产过程的标准化，而且还表现在农产品分拣、储存、运输与分销等整个广义生产过程的标准化。资本对劳动控制的经典控制方式就是专业化，即分而治之，这同样体现在公司化农场对农业工人的控制上。公司化农场把农产品直接生产过程与销售过程分开，相对于前者而言，后者更容易监督。

---

① 詹姆斯·斯科特：《国家的视角——那些试图改善人类状况的项目是如何失败的》（修订版），社会科学文献出版社，2011，第341页。
② 亚当·斯密：《国民财富的性质和原因的研究》（上卷），商务印书馆，1974，第8页。

农业的标准化对作物种子提出了新的要求：①适合密植，并对化肥敏感；②适合机械化作业；③适合销售。专业化农场和工业化的扩张推动了农产品的市场化，特别是连锁超市的发展及伴随而至的对运输、包装、品牌和展示等的标准化对农产品的规格、形状、颜色等提出了更高的要求，从而导致农场只能选择符合这些要求的作物品种，其他作物品种不得不被放弃。那么，如何获取这样的种子成了公司化农场成功的关键，而现代生物技术，特别是基因技术的发展为此提供了现实可能性。

农业机械化与杂交技术大概在同时发展起来，这就为培育适合机械化的作物品种提供了条件。从本质上看，资本通过农业机械创新实现对农业的控制，而农业机械化对作物品种提出了独特要求，这诱导了杂交等现代生物技术的发展。实际上，远在1920年适合机械化的玉米品种就已经出现。就在那一年，亨利·华莱士与收割设备厂联合栽培了他的新品种，该品种秆很粗壮，有很结实的柄把穗和秆连在一起。正是这种对特殊品性的作物种子的需求催生了"植物工程"这门学科，它的目的就是使自然界适合机械化生产。正如两位植物工程的支持者所言：机械并不是为了收割而造，事实上，作物必须被设计成能为机械所割。[①] 而那些与机械友好的作物品种在耕种过程中又增加了其他特征，这使它们更加容易被机械收割。在这些特性中最重要的包括有弹性、果实集中、作物大小和组织都相同、果实的形状和规

---

① 转引自詹姆斯·斯科特《国家的视角——那些试图改善人类状况的项目是如何失败的》（修订版），社会科学文献出版社，2011，第342页。

格也相似，植株较矮（特别是树生作物），而且果实容易从植株分离。①

一个非常好的例子就是番茄的故事。在农业领域，相对于大宗粮食作物而言，水果、蔬菜一直属于劳动密集型产品，难以适应机械化作业的需要。但是，在20世纪40年代和50年代，加州大学戴维斯分校的杰克·哈纳研究出了"超市番茄"。这种番茄植株低矮，成熟期一致，果实有着厚厚的皮、坚实的果肉，而且不开裂，在番茄还是绿的时候就要采摘以避免被机器刮伤，在运输途中用乙烯人工加工催熟。"超市番茄"个头大小一致，每四个一包，占据了美国超市货架数十年。但是，"超市番茄"的问题是必须在绿的时候就摘下，而且能够摆放在货架上的时间有限。LSL番茄解决了这一问题。内厄姆·凯达尔是以色列的一名植物栽培专家。20世纪70年代在美国普渡大学读研究生时，他的学术导师醉心于一种特殊的番茄突变形式。这种番茄似乎永远不会完全成熟，而产生这种效果的特殊基因叫作rin基因，rin代表"成熟抑制剂"的意思。20世纪80年代，内厄姆·凯达尔试着将这些突变体与其他能够结出质量坚实、颜色非常鲜艳的果实的番茄植株进行杂交。他得到了味道类似于番茄的又红又好的果实。更重要的是，对于以销售为目的的种植者而言，他们得到了可以在货架上摆几周不坏的番茄。而且LSL番茄的产量不错，在墨西哥特别受欢迎。因为在LSL番茄以前，墨西哥番茄产量低，每公顷仅仅3000箱，而且质量很差。但是引种LSL番茄之

---

① 詹姆斯·斯科特：《国家的视角——那些试图改善人类状况的项目是如何失败的》（修订版），社会科学文献出版社，2011，第342页。

后，产量一下猛增至每公顷8600~9000箱。而且味道比乙烯熏熟的番茄要好。①

番茄的故事讲述了资本是如何把农业变成剩余价值的源泉，而要做到这一点就必须实现机械化和标准化，技术创新恰恰是实现这一目的的最佳工具。

长期以来，农业都因其生产过程与自然的紧密联系而成为适合家庭经营的典范。但是，事实是美国家庭农场在不断衰落，而公司化农场逐步成为主流。这源于资本把农业打造成一项赚钱的生意的努力，而在这一过程中，技术创新成为资本控制农业的最重要工具。按照马克思主义技术创新理论，资本主义制度下技术创新的目的是控制劳动过程，以获取最大化剩余价值量。从这一理论视角出发就能够令人满意地解释美国农业技术创新的机械偏向、标准化和农业经营方式的转变。美国农业机械技术创新偏向的出现是资本出于控制农业劳动过程的需要，通过农业机械技术创新提升资本控制的大型公司化农场相对小型家庭农场的竞争优势，同时，伴随机器对劳动力的替代，单位农场所雇佣的劳动力越来越少，从而监督成本不断降低，这极大地降低了公司化农场的监督成本。农业标准化技术的应用，剥夺了农民的专门知识，有利于资本对农业的控制。然而标准化农业对作物种子提出了各种新的要求，而现代生物技术的发展恰恰为其提供了可能途径。正是农业技术的进步提升了资本对农业的控制，把农业变成剩余价值的源泉，从而导致农业经营方式从家庭农场向公司化农场的

---

① 丹尼尔·查尔斯:《收获之神——生物技术、财富和食物的未来》，上海世纪出版集团，2006，第137~162页。

转变。因此，在资本的运作之下，农业最佳经营方式逐步由家庭农场转变为公司化农场。

6.2.3 农业合作组织：利用现代农业技术创新与规避资本控制和剥削的微观基础

资本利用现代农业技术的创新提升了公司化农场的竞争力，而家庭农场可以通过农业合作组织的制度创新既充分利用现代农业技术创新的生产率优势，又能够有效规避资本的控制和剥削。

公司化农场的竞争力源于其规模效应，这种竞争力首先体现在广义农产品生产的整个流程中——从采购、生产、加工直到销售，具体表现为生产成本和交易成本的节约。生产成本的节约主要表现在三个方面：一是随着农场规模的扩张，农场可以使用更大规模的机器，而这种机器的效率更高；二是规模扩张意味着机器的平均固定成本更低，从而降低了平均总成本；三是规模扩张提高了机器的利用率，有利于规避其隐性磨损。交易成本就是利用市场机制的成本，具体包括事前的信息收集成本、事中的讨价还价与签约成本、事后的监督成本。农场规模扩张带来的交易成本节约主要表现在两个方面：其一，农场主的讨价还价能力的提升，无论是化肥、农药、种子等生产资料的采购，还是产品的销售、规模扩张都有利于讨价还价能力的提升；其二，无论是生产资料的卖主，还是农产品的买主，分别与一个个小农场主签订采购、运输、储藏、加工、销售等合约的交易成本都非常大，而与一个大农场主签约的交易成本明显低得多。

中国的国情和社会性质决定了我们的农场规模不可能有美

国、加拿大等国家的大，甚至也不可能达到欧洲的规模。① 但是全球化带来的激烈国际竞争要求我国小规模农业必须利用资本开发的现代农业技术创新，以提升生产率和竞争力，否则就在国际竞争中被淘汰。因此，小规模农场如何获取规模效应是中国农业发展面对的最大挑战。

制度创新是解决这一两难困境的根本途径。从中国农业发展的现实看，企业家看到整合小规模农场以获取生产成本和交易成本节约的获利空间，形成了"龙头企业+农户"的农业产业化模式。广东省温氏食品集团创建于 1983 年，以 8000 元资本起家，目前成为国内规模最大的种猪育种和肉猪生产企业。温氏集团利用计算机信息系统建立每个参与养殖农户的档案，按照规定日期和地点为他们提供鸡苗、饲料、药物和技术手册，并提供技术指导和服务。到上市时，公司向农户统一收购肉鸡，并对其加工、销售。2008 年上市肉鸡 6.9 亿只、肉猪 254 万头，集团销售收入达到 158 亿元，2013 年第五次荣膺农业产业化国家重点龙头企业。② 在"龙头企业+农户"模式中，为了节约交易成本，又形成了"龙头企业+基地+农户"或者"龙头企业+村集体+农户"等多种模式。

但是，龙头企业模式最大的问题是，除了直接生产环节外，参与养殖户难以获取整个生产流程的增值收益。为此，中国农村自发演进出了多种形式的农业合作组织，有的目的是合作购买所

---

① 2007 年，中国劳均播种面积才 1.167 英亩，户均不到 2.5 英亩。而美国 2007 年的农场平均 447 英亩，英国 18 世纪农业革命时农场平均达 125 英亩。参见黄宗智《中国的隐性农业革命》，法律出版社，2010，第 140～141 页。
② 黄宗智：《中国的隐性农业革命》，法律出版社，2010，第 148～149 页。

需物资，有的目的是合作加工和销售，有的目的是提高技术咨询和指导，也有的是试图把整个产—加—销一条龙纳入整个合作组织。四川省乐山市五通桥区的养鸡协会就包括5个生产和销售合作社、1家饲料公司、1个种鸡场和1家兽药销售企业。与广东温氏集团一样，合作社为会员提供种鸡、饲料和药（疫苗），也提供信息服务，并为会员提供鸡产品销售服务。然而与温氏集团不同的是，合作社为社员所有，而不属于公司所有，它为社员组织利益分配、信贷担保，并分担风险。[①] 尽管政府主要支持龙头企业，但是合作组织发展依然迅速。根据《中国农业产业化发展报告2008》，2000年，龙头企业带动型农业产业化共27276家，占农业产业化组织的41%；专业合作社9552家，占农业产业化组织的14%。经过5年发展，至2005年，龙头企业带动型农业产业化共61268家，占农业产业化组织的45%；专业合作社48473家，占农业产业化组织的36%。[②] 由此可见，尽管没有像龙头企业那样获得政府的大力扶持，中国农业合作组织仍然以超过龙头企业发展的速度发展。农村劳动力的转移、土地的流转、农户规模的扩张极大地节约了农业合作组织的组织成本，进一步推动了中国农业合作组织的发展。

总之，通过农业合作组织这一制度创新，中国小规模家庭农场也可以充分利用现代农业技术创新带来的生产率增长效应，提升农业竞争力，同时又能有效规避资本对农业、农民的控制和剥夺。特别是，防止外资利用中国政府放开土地承包经营权流转市

[①] 黄宗智：《中国的隐性农业革命》，法律出版社，2010，第150~151页。
[②] 转引自黄宗智《中国的隐性农业革命》，法律出版社，2010，第152页。

场之机，实现对中国农业的控制。① 即使如美国之大农场，农业合作社也在农业经济中发挥重要作用。1985年，农民合作社购销总额仍然占农场总购销额的25%以上。② 为此，中国政府应该大力扶持农业合作组织的发展，以建设有中国特色的社会主义新农村、新农业和新农民。2013年中共中央、国务院一号文件的第三部分"创新农业生产经营体制，稳步提高农民组织化程度"中，首先阐述"大力支持发展多种形式的新型农民合作组织"，然后阐述"培养壮大龙头企业"。"农民合作社是带动农户进入市场的基本主体，是发展农村集体经济的新型实体，是创新农村社会管理的有效载体。按照积极发展、逐步规范、强化扶持、提升素质的要求，加大力度、加快步伐发展农民合作社，切实提高引领带动能力和市场竞争能力。鼓励农民兴办专业合作和股份合作等多元化、多类型合作社。"

6.3 结论

通过系统地梳理马克思的技术创新思想，我们发现，在马克思看来，技术创新只不过是资本控制劳动的一种工具。利用马克

---

① 程漱兰教授在2011年的《人民论坛》上已经撰文"集体土地流转不是为资本打破'防火墙'"，明确指出在集体土地的流转过程中，农民土地财产流失情况严重。但是，她这里的土地财产流失主要指，"被资本和权力看中的，是赢利空间巨大的集体建设用地流转，或者农用地违法'流转'成非农建设用地"。实际上，资本，特别是外资，相中的不仅是这些，也包括纯粹农业经营用地。参见程漱兰《集体土地流转不是为资本打破"防火墙"》，中国人民大学书报资料中心《农业经济研究》2011年第7期"论点摘编"，第137页。

② 斯坦利·恩格尔曼、罗伯特·高尔曼主编《剑桥美国经济史》（第三卷），中国人民大学出版社，2008，第519页。

思技术创新思想，我们能够很好地解释欧美发达国家家庭农场的衰落和公司农场的兴起现象。资本一直试图把其逻辑凌驾于农业领域之上，但是，农业利用其生产过程与自然的紧密联系抵抗着资本的统治。为此，资本推动了农业技术创新的机械化和标准化，并通过其加强对农业劳动过程的控制，从而剥夺农业领域的剩余价值。

为了推动农村经济社会发展，国家在一定程度上鼓励资本进入农村，推动现代农业发展。十八届三中全会通过的《中共中央关于全面深化改革若干重大问题的决定》明确指出，"鼓励和引导工商资本到农村发展适合企业化经营的现代种养业，向农业输入现代生产要素和经营模式"。为此，随着资本进一步深入影响和控制农业，中国农业技术创新路径将沿着机械化和标准化方向发展。

但是，为有效规避资本对农业的控制和剥削，中国政府应该大力发展农业合作组织，以在小规模农业背景下实现现代农业技术创新的生产率增长效应。在《中共中央关于全面深化改革若干重大问题的决定》中，我们明确把合作经营作为我国农业经营方式的重要组成部分。"坚持家庭经营在农业中的基础性地位，推进家庭经营、集体经营、合作经营、企业经营等共同发展的农业经营方式创新。"

7 农业技术创新、动态"刘易斯转折点"和人口红利

21世纪以来,"民工荒"的出现和非熟练劳动力工资的增长,一批以获取廉价劳动力为目的的外资企业考虑撤出中国,致使人们讨论中国经济是否已经消灭"剩余劳动力",超越了"刘易斯转折点"(即"刘易斯拐点"),"人口红利"即将消失。① 即使以包含大量农民工群体在内的常住人口作为城市人口统计标准,2012年中国城市人口仍然略高于农村人口,达总人口的52.57%。而大多数国家在城市人口达到总人口的60%~70%才能跨越"刘易斯转折点"。② 从农业与非农产业劳动生产率比较看,2012年中国农业劳动生产率只有非农产业劳动生产率的22.2%,③ 而

---

① 卢锋根据已有研究文献和统计数据,构建了一个中国农民工于1979~2010年的工资序列,揭示了21世纪以来农民工工资加速增长的事实。卢锋:《中国农民工工资走势:1979~2010》,《中国社会科学》2012年第7期。
② 王诚:《劳动力供求"拐点"与中国二元经济转型》,《中国人口科学》2005年第6期,第2~10页。
③ 根据《中国统计年鉴(2013)》中数据计算得出。农业劳动生产率 = 第一产业GDP/第一产业就业人数;非农产业劳动生产率 = (GDP - 第一产业GDP)/(第二产业就业人数 + 第三产业就业人数)。国家统计局编《中国统计年鉴(2013)》,中国统计出版社、北京数通电子出版社,2013,http://www.stats.gov.cn/tjsj/ndsj/2013/indexch.htm。

"刘易斯转折点"时二者应趋于一致。中国在劳动力剩余背景下出现非熟练劳动力的工资上涨,更多的是生存工资水平的上涨和农村制度缺陷导致资源错配的结果。随着农地的加速流转和农业技术创新的利用,可以预期中国农业将释放大量劳动力。

7.1 关于中国是否迎来"刘易斯转折点"的争论

在对中国经济转型的研究中,部分研究者认为"刘易斯转折点"已经到来。蔡昉尝试通过解释人口转变与二元经济发展的一致关系,进而利用人口预测结果等经验材料,论证和检验人口红利逐渐消失和"刘易斯拐点"已经到来的判断。即依据两个过程具有共同的起点、相关和相似的阶段特征,甚至重合的变化过程,当到达人口转变的第三个阶段后,伴随着人口红利的逐渐消失,二元经济结构开始向一元经济过渡,逐步迎来"刘易斯拐点"。[①] Zhang Xiaobo 等依据甘肃省的长期实地调查,研究农忙和农闲时期工资的发展演化模式,得出了无论其他影响因素是否被控制,实际工资率总是不断

[①] 刘易斯本人曾经把转折点与生育率下降联系起来,但他并没有令人信服地阐释两者之间关联的逻辑。Lewis W. Arthur. Unlimited Labour: Further Notes. *Manchester School of Economic and Social Studies*, 1958, 26 (1), pp. 1–32;蔡昉:《人口转变、人口红利与刘易斯拐点》,《经济研究》2010 年第 4 期;Caldwell John C.. Toward a Restatement of Demographic Transition Theory, *Population and Development Review*, 1976 (2), pp. 321–366。

地向上攀升。贫困地区实际工资的加速上涨，甚至农闲时期也是如此，表明剩余劳动力的时代已经结束。这为"刘易斯转折点"的到来提供了证据。[1] 蔡昉等通过工资增长与工资趋同的经验证据，验证中国的工业部门已经出现"刘易斯转折点"，并得出结论：中国经济的可持续发展需要进一步升级完善劳动力市场体制，以适应城乡劳动力市场一体化的要求。[2]

但是，不少学者对此表示质疑。王诚将中国经济中出现伴随高达60%比例的农村人口的普通劳动力工资水平上升现象，称为"准刘易斯拐点"。他认为，尽管有多种因素促成这一现象，但中国经济中仍然存在一些潜在力量促使这一冲击尽快结束。经过政府、企业与新生代劳工之间的调试和努力，中国经济很可能会较好地度过"民工荒"冲击阶段，回到正常的二元经济转型轨道。[3] 王金营和顾瑶通过采用生产函数法，设计高、低两个未来经济增长速度方案，测算到未来劳动力的需求，比较已有的劳动力供给预测结果，预测我国未来劳动力供求的第一个"刘易斯拐点"将在2015~2020年前后出现，即"刘易斯拐点"还没有真正到来。[4] 余宇新和张平从资本收益与劳动力工资变动相互联系的视角出发，利用大样本企业微观数据对我国"刘易斯拐点"问题进行了探讨，得出的分析结果表明，

---

[1] Zhang Xiaobo, Yang Jin and Wang Shenglin. China has Reached the Lewis Turning Point. *China Economic Review*, 2011 (22), pp. 542–554.

[2] Cai Fang and Yang Du. Wage increases, wage convergence, and the Lewis turning point in China. *China Economic Review*, 2011 (22), pp. 601–610.

[3] 王诚：《劳动力供求"拐点"与中国二元经济转型》，《中国人口科学》2005年第6期，第2~10页。

[4] 王金营、顾瑶：《中国劳动力供求关系形势及未来变化趋势研究——兼对中国劳动市场刘易斯拐点的认识和判断》，《人口学刊》2011年第3期。

我国经济的"刘易斯拐点"到来的特征并不明显,而当前出现的某些所谓转折点特征,可能是诸多约束劳动力自由迁移的制度所带来的影响,因此认为"刘易斯拐点"已经到来的观点并不完全可靠。①张宗坪指出,通过"民工荒"的出现推论"刘易斯拐点在我国已经出现"的命题是个伪命题,"刘易斯拐点"的真正含义与我国劳动力市场的现状是相悖的。"民工荒"现象是一种市场经济现象,是劳动与资本权力博弈的结果,告诫我们要改变过分依赖"人口红利"的经济发展模式,维护劳动者的合法权益。②Ge Suqin等比较了以工资增长中"刘易斯拐点"为特色的古典主义和强调个人理性选择和市场平衡机制的新古典主义这两个不同理论对于分析中国劳动力市场发展的适用性,并基于多方面数据的经验研究得出不支持"刘易斯拐点"已经到来的观点。③Golley Jane和Xin Meng认为,尽管某些证据显示在2000~2009年城镇地区非技术工人的名义工资有所上升,但没有充分证据表明这是由于劳动力供应短缺造成的。中国农村仍然拥有大量未充分就业且收入非常低的工人。中国的人口流动面临独特的制度障碍和政策性障碍,因此众多农民工未能进入城市。因此,如果进一步消除所有体制障碍,农民工人数将会在2020年提高一倍以上。④Knight John等认为,已有的有关

---

① 余宇新、张平:《刘易斯模型框架下中国刘易斯拐点问题探讨——来自企业微观数据的实证研究》,《世界经济文汇》2011年第6期。
② 张宗坪:《"刘易斯拐点在我国已经出现"证伪——"民工荒"假象分析》,《山东经济》2008年第2期。
③ Ge Suqin and Dennis Tao Yang. Labor market developments in China: A neoclassical view. *China Economic Review*, 2011 (22), pp. 611 – 625.
④ Golley Jane and Xin Meng. Has China run out of surplus labour?. *China Economic Review*, 2011 (22), pp. 555 – 572.

"刘易斯拐点"是否已经到来或即将到来的文献结论仍须进一步讨论。他们通过采用 2002~2007 年由中国社会科学院提供的国内居民户数据分析并解释了劳动力转移工资趋势,估计影响劳动力转移的主要决定性因素,并预测潜在的可转移的剩余劳动力规模,得出结论:由于一些制度性因素,由劳动力短缺而导致的工资上涨现象与目前仍存在大量可利用的剩余劳动力现象将继续共同存在。① 邓垚和王健在分析了中国劳动力工资变化后,发现中国的工资涨得并不慢,并且基本保持匀速,因此中国并不存在"刘易斯拐点",而是一个"刘易斯周期"。在这一过程中,伴随农村剩余劳动力的持续下降,劳动力工资上涨是必然趋势。② 孙自铎认为,人口红利说夸大了其作用。我国在工业化、城市化完成之前,在今后一段时间内,在一定程度上要依靠资本投入促进经济增长的这一基本事实恐怕难以改变。今后一段时间内,城乡就业形势仍然十分严峻,即使从发挥劳动力的作用来说,今后也要更加重视劳动力质量的提高使之为推动经济增长做出贡献。③ 南亮进也对中国迎来"刘易斯转折点"表示怀疑。④

综上所述,目前,中国经济正迎来"刘易斯转折点"的争论还没有达成共识。但是,简单地从非熟练劳动力工资上涨和人

---

① Knight John, Quheng Deng and Shi Li. The puzzle of migrant labour shortage and rural labour surplus in China. *China Economic Review*, 2011 (22), pp. 585 – 600.
② 邓垚、王健:《劳动力供给与中国经济前景——基于刘易斯拐点研究》,《学术论坛》2012 年第 2 期。
③ 孙自铎:《中国进入"刘易斯拐点"了吗?——兼论经济增长人口红利说》,《经济学家》2008 年第 1 期。
④ 南亮进:《经济发展的转折点:日本经验》,社会科学文献出版社,2008,第 9~11 页。

口自然增长率下降就得出中国人口红利即将消失的结论是值得商榷的。①

7.2 动态"刘易斯转折点"

7.2.1 "刘易斯转折点"的内涵

"刘易斯转折点"是指劳动力的无限供给阶段向有限供给阶段过渡的特殊时点,也就是剩余劳动力被掏空的时刻。"尽管转折点在理论上被定义为一个时点,但是作为长期经济发展过程中的一个历史现象,我们很难用一个特定的时点或者一年来标记它,因为它有可能延续数年。"②

著名发展经济学家阿瑟·刘易斯于 1954 年和 1958 年相继发表了论文《劳动无限供给条件下的经济发展》和《无限的劳动力:进一步的说明》,从劳动力市场二元论的角度,探讨了经济发展的转变过程。具体来说,在劳动力的无限供给假设前提下,把整个经济按照"再生产性资本"划分为资本主义部门和维持生计部门,还将其二元经济发展模式分为两个阶段:劳动力的无限供给(剩余)阶段和劳动力的有限供给(短缺)阶

---

① 当然,如果强调人口红利消失的目的是推动中国发展方式的转型则值得重视。二元经济结构下的剩余劳动力是把双刃剑,它既可成为推动中国经济迈向一个新阶段的催化剂,也可能成为中国经济跨越中等收入陷阱的重要障碍。黄益平、蒋庭松:《刘易斯转折点对中国意味着什么——一般均衡分析》,2010 年 4 月 6 日召开的"刘易斯转折点对中国意味着什么?"国际研讨会会议论文,中国社会科学院人口与劳动经济研究所与北京大学中国经济研究中心共同组织。

② 南亮进:《经济发展的转折点:日本经验》,社会科学文献出版社,2008,第 64 页。

段。当资本主义部门以不变工资（生存工资）吸收完维持生存部门的剩余劳动力后，工人工资将出现急剧上升，进入一体化阶段，这个点就是所谓的"刘易斯转折点"。此后，维持生计部门（主要指农业部门）将完全商业化，实际工资由竞争性的市场力量决定。① 1972 年，阿瑟·刘易斯又发表了《对无限劳动力的反思》，对其二元经济模型进行了进一步说明和完善。在此文中，阿瑟·刘易斯提出两个转折点的观点。当劳动力由无限供给变为短缺，此时由于传统农业部门的压力，现代工业部门的工资开始上涨，即"刘易斯第一转折点"到来；随着农业劳动生产率的提高，农业剩余进一步增加，农村劳动力得到进一步释放，现代工业部门的迅速发展足以超过人口增长，该部门的工资最终会上升。当传统农业部门与现代工业部门的边际产品相等时，即两部门的工资水平大体相当时，意味着一个城乡一体化的劳动力市场已经形成，整个经济（包括劳动力的配置）完全商品化，经济发展将结束二元经济的劳动力剩余状态，开始转化为新古典学派所讨论的一元经济状态，"刘易斯第二转折点"开始到来。②

费景汉与拉尼斯发展了阿瑟·刘易斯的二元经济理论。他们认为，阿瑟·刘易斯的二元经济模型存在两个缺陷：一是忽视农业在工业生产中的重要性，二是忽视农业由于生产率的提高而出

---

① Lewis W. Arthur. Economic development with unlimited supplies of labour. *Manchester School of Economic and Social Studies*, 1954, 22（2）, pp. 139 – 191; Lewis W. Arthur. Unlimited Labour: Further Notes, *Manchester School of Economic and Social Studies*, 1958, 26（1）, pp. 1 – 32.

② Lewis W. Arthur. *Reflections on Unlimited Labor*, I. E. Dimarco（eds.）. International Economics and Development: Essays in Honor of Raul Prebisch. NewYork: Academic Press, 1972, pp. 75 – 96.

现剩余产品。为此，两人在考虑工农业两个部门平衡增长的基础上，对阿瑟·刘易斯的模型进行拓展，形成费景汉－拉尼斯意义上的发展三阶段模型。在第一阶段，边际生产力等于零的农业劳动力流出不影响农业总产出；随着工业部门的发展，劳动力的继续流出将影响农业部门的总产出，经济进入第二阶段；工业部门的继续发展将最终吸收完这部分的劳动力，在此之后，工人的工资不再是生存性的"制度工资"，而是由市场决定的市场工资，经济将完全市场化，发展中经济将转为现代经济。第一、第二阶段的转折点为"粮食短缺点"，第二、第三阶段的转折点称"商业化点"。[①]

"刘易斯转折点"的内涵实际上是很清晰的，即从劳动剩余阶段向短缺阶段的过渡时期。如图7-1所示，从 O 点向右表示农业部门的劳动投入，MP_S 和 AP_S 分别代表农业部门劳动的边际产出和平均产出。从 OO 点向左表示资本主义部门的劳动投入，MP_C 代表资本主义部门劳动的边际产出。$S-SS$ 代表生存水平的工资水平。MP_S 与生存水平的工资 $S-SS$ 线交于 T 点，从 T 点向左，劳动的边际产出大于生存水平的工资，而 T 点向右，劳动的边际产出低于生存水平工资，因此，T 点就是"刘易斯转折点"，在 T 点右边就是劳动的无限供给阶段或劳动剩余阶段，而 T 点左边就是劳动的有限供给阶段或劳动短缺阶段。MP_C 与生存工资交于 U 点，意味着 $OO-B$ 的剩余劳动力被资本主义部门受吸收，而 OB 的劳动力仍然依靠农业部门为生，其中 AB 部分的劳动力为剩余部分。

---

① 费景汉、拉尼斯：《劳动剩余经济的发展：理论与政策》，经济科学出版社，1992。

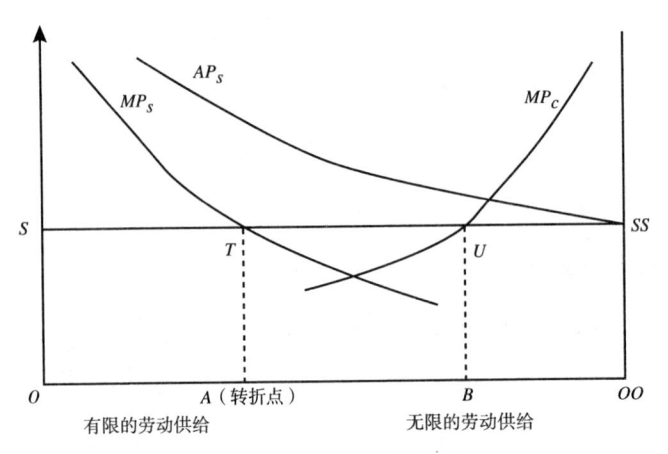

图 7-1 刘易斯转折点

7.2.2 劳动节约型技术创新与"刘易斯转折点"的动态化

1. 关于对中国到达"刘易斯转折点"的质疑

尽管"刘易斯转折点"的内涵是很清晰的,但是在确定各国达到转折点的时间时存在很多争论,[①] 这主要因为转折点的测度标准不同所引起的。剩余劳动力或隐性失业,是指其边际生产力低于生存水平的那部分劳动力。[②] 根据定义,在转折点以前,

---

① 例如对日本转折点的确定就存在不同看法。阿瑟·刘易斯在1958年的论文中预测日本将在不到十年时间内迎来转折点。而费景汉和拉尼斯却认为日本的转折点在1916~1919年。南亮进认为日本的转折点在1960年前后。Lewis W. Arthur. Unlimited Labour: Further Notes, *Manchester School of Economic and Social Studies*, 1958, 26 (1), pp. 1-32; Fei John C. H. and Gustav Rains. Innovation, Capital Accumulation and Economic Development. *American Economic Review*, 1963, 53 (3), pp. 283-313; 费景汉、拉尼斯:《劳动剩余经济的发展:理论与政策》,经济科学出版社,1992; 南亮进:《经济发展的转折点:日本经验》,社会科学文献出版社,2008。

② 包括纳克斯和乔根森在内的一些经济学家认为,剩余劳动力就是边际生产力为零的劳动力。但是,阿瑟·刘易斯在1954年即已明确指出,剩余劳动力的边际生产力不一定为零,它可正可负。Nurkse Ragnar. *Problems of Capital Formation in Underdeveloped Countries*, Oxford: Basil Blackwell, 1953; Jorgenson Dale W.. Testing *Alternative Theories of the Development of a Dual Economy*, Irma Adelman and Erik Thorbecke (eds). The Theory and Design of Economic Development, Baltimore: Johns Hopkins Press, 1966, pp. 45-60.

农业部门（非资本主义部门）的实际工资比该部门劳动的边际生产力高，而超过转折点之后二者就相等了。因此，测度转折点的基本标准应该是比较农业部门的实际工资和劳动的边际生产力。

21世纪以来，中国非熟练劳动力工资的持续上涨激起了关于中国已经达到"刘易斯转折点"的争论。但是，这种测度转折点的标准是值得商榷的。因为，非熟练劳动力的工资上涨可能是生存水平工资上涨的结果。[①] 20世纪90年代中期至21世纪初，中国市场化改革的急速推进导致与人们生活密切相关的许多领域市场化，人们必须通过市场来获取所需产品或服务。住房货币化改革导致人们必须高价购买商品化住房，房租急剧上升；教育市场化改革导致人们受教育的成本不断提高；医疗市场化改革导致人们看病成本不断上升；等等。这些公共领域的市场化改革极大地提高了人们生存工资水平，而21世纪初以来的非熟练劳动力的工资上涨更可能是对此的反映。

对中国已经达到"刘易斯转折点"的质疑还表现在农业对非农产业巨大的比较劳动生产率差异和农业劳动力总量上。在

---

① 马克思认为，工资的本质是劳动力价值或价格，而劳动力的价值决定中包含着历史的和道德的因素。"因此，和其他商品不同，劳动力的价值规定包含着一个历史的和道德的要素。"在比较工资的国民差异时，马克思又指出，"因此，在比较国民工资时，必须考虑到决定劳动力的价值量的变化的一切因素：自然的和历史地发展起来的首要生活必需品的价格范围，工人的教育费用，妇女劳动和儿童劳动的作用，劳动生产率，劳动的外延量和内涵量"。马克思：《资本论》（第一卷），人民出版社，2004，第119、644页。因此，在讨论中国剩余劳动力的生存工资时，我们也必须考虑"自然的和历史地发展起来的首要生活必需品"的范围的变化，因而生存工资应该是变化的。南亮进在研究日本经济发展过程中的转折点时也指出了这一点。"但是，实际上生存水平在历史上是上升的，因此根据实际工资的变动识别两个阶段和转折点是不可能的。"南亮进：《经济发展的转折点：日本经验》，社会科学文献出版社，2008，第68页。

"刘易斯转折点"时，城乡经济已经一体化，因而城乡劳动生产率应该趋于一致。图 7-2 描述了 1978~2012 年中国农业和非农产业的劳动生产率，21 世纪以来农业的劳动生产率持续上升，农业相对非农产业的比较劳动生产率也在持续上升。2001 年，农业劳动生产率仅为非农产业的 16.8%，2012 年上升至 22.2%。但是，农业和非农产业之间的劳动生产率差异仍然巨大。在现代部门和传统部门之间劳动生产率如此巨大情况下断言"刘易斯转折点"已经到来，无疑会引起争议。

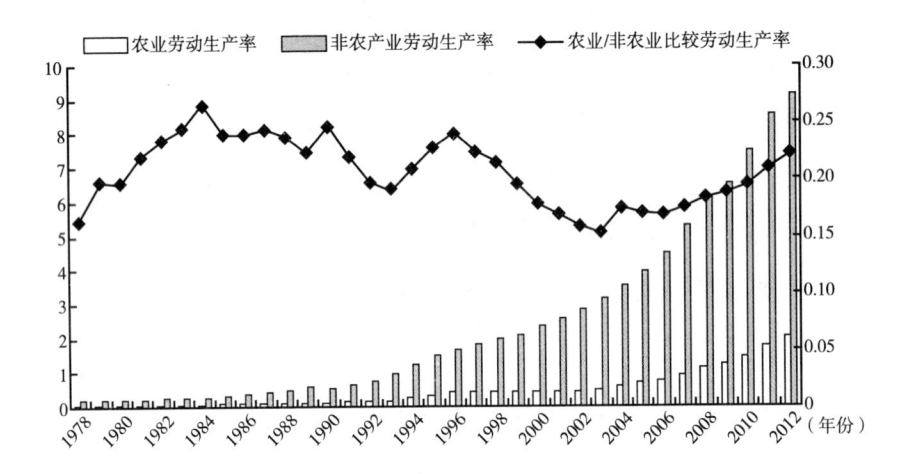

图 7-2 中国农业、非农产业劳动生产率及其比较（1978~2012 年）

资料来源：国家统计局编《中国统计年鉴（2013）》，中国统计出版社、北京数通电子出版社，2013，http://www.stats.gov.cn/tjsj/ndsj/2013/indexch.htm。

从中国第一产业劳动力总量和占比看（见图 7-3），我们难以得出已经到达"刘易斯转折点"的结论。20 世纪 90 年代初，中国农业就业总量达到顶峰，1991 年达 3.91 亿人，随后就业总量持续降低。而农业就业占总就业比重持续降低。即便如此，

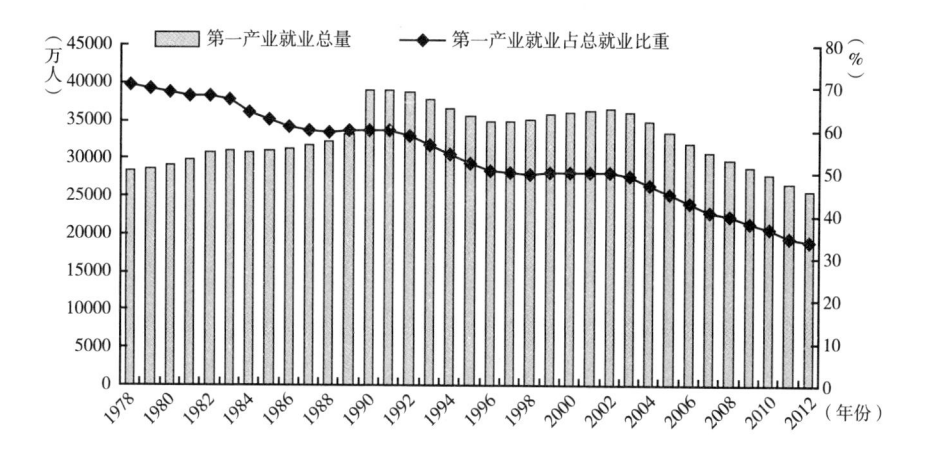

图7-3 中国第一产业就业总量和占总就业比重（1978~2012）

资料来源：国家统计局编《中国统计年鉴（2013）》，中国统计出版社、北京数通电子出版社，2013，http://www.stats.gov.cn/tjsj/ndsj/2013/indexch.htm。

2012年中国农业就业总量仍然高达2.58亿人，占总就业比重的33.6%。2012年，中国耕地总面积1.22亿公顷，合18.26亿亩（2008年数据）。按照劳均20亩计算，共计需要劳动力0.92亿人，如果再加上林牧渔从业者0.30亿人，共计需要劳动力1.22亿人，农村还存在剩余劳动力1.36亿人。[①] 按照南亮进的研究，日本大概在20世纪60年代前后通过"刘易斯转折点"，这一研究得到了日本学界的认可。而1960年，日本农林业就业量占总就业的比重为28.7%，比2012年中国农业就业占比低5个百分点。[②]

---

① 在此，劳均20亩标准和林牧渔业从业者0.30亿人采用了孙自铎的计算。孙自铎：《中国进入"刘易斯拐点"了吗？——兼论经济增长人口红利说》，《经济学家》2008年第1期，第117~119页。

② 日本数据来自日本统计局编 Historical Statistics of Japan，http://www.stat.go.jp/english/data/chouki/19.htm。南亮进：《经济发展的转折点：日本经验》，社会科学文献出版社，2008，第4页。

2. "刘易斯转折点"的动态化

更为关键的是,随着中国农地制度的变革,农业生产各要素的重组和农业技术创新的采用将进一步释放大量农村劳动力,从而延缓中国剩余劳动力发展阶段,为中国发展劳动密集型产业提供竞争优势。

劳动节约型的技术采用提高了农业劳动生产率,释放了大量农业劳动力,因此,"刘易斯转折点"取决于农业技术水平和技术采用的类型。这种随着技术水平和采用类型而变化的转折点就是动态"刘易斯转折点"。图7-4描述了"刘易斯转折点"的动态化过程,其中图7-4(a)描述的是现代部门对劳动力的需求和供给,而图7-4(b)描述的是传统部门生产函数。若传统部门初始生产函数为TPP_L^1,则L_S^1N的劳动力为剩余劳动力,现代

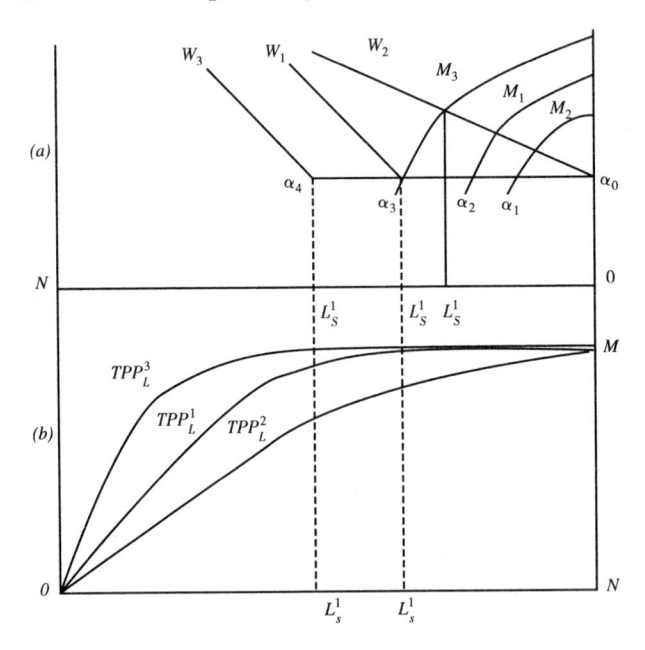

图7-4 劳动节约型技术的采用与动态"刘易斯转折点"

部门面对的劳动供给曲线为 $W_1\alpha_3\alpha_0$，L_S^1 点为转折点。若现在传统部门采用了劳动节约型新技术，推动生产函数移动至 TPP_L^3，则传统部门剩余劳动力为 $L_S^2 N$，现代部门面对的劳动供给曲线为 $W_3\alpha_4\alpha_0$，L_S^2 点为转折点。而且，现代部门对传统部门劳动力的吸收，推动了传统部门引入新的节约劳动力的农业技术，释放农业剩余劳动力。因此，经济发展过程中的"刘易斯转折点"本质上是动态的，随一国或地区的制度安排和技术水平而发生变化。[①]

3. 土地流转推迟"刘易斯转折点"的到来

农村土地集体所有，稳定农村土地承包关系是我国的一项基本国策。党的十八届三中全会通过的《中共中央关于全面深化改革若干重大问题的决定》明确指出，"坚持农村土地集体所有权，依法维护农民土地承包经营权，发展壮大集体经济"。但是，人多地少的国情决定了中国农户的超小规模经营，尽管这种经营的土地生产率很高，但是劳动生产率很低，成为制约农民致富的关键性因素。为此，随着非农产业的快速发展，非农就业机会的不断增加，中共中央出台了有关土地流转的指导思想，试图通过农民承包地在农户之间、农民与公司之间等重新组合配置，发展适度规模经营农业，提升农业效率。《中共中央关于全面深化改革若干问题的决定》对土地流转做了进一步指示，"稳定农村土地承包关系并保持长久不变，在坚持和完善最严格的耕地保护制度前提下，赋予农民对承包地占有、使用、收益、流转及承包经营权抵押、担保权能，允许农民以承包经

---

① 动态"刘易斯转折点"的观点更接近新古典派对经济发展的看法。乔根森发展了古典和新古典的发展理论。Jorgenson Dale W.. The Development of a Dual Economy. *Economic Journal*, 1961, 71 (June), pp. 309–334.

营权入股发展农业产业化经营。鼓励承包经营权在公开市场上向专业大户、家庭农场、农民合作社、农业企业流转，发展多种形式规模经营"。

土地流转推动中国农业规模化经营，而规模化经营有利于节约劳动的农业技术创新的采用。节约劳动的农业机械具有明显的规模偏向。对于农户而言，农业机械投入属于固定投入，其单位产出的机械投入成本与耕作规模成反比，也就是说，耕作规模越大，单位产出的成本越低，而耕作规模越小，单位产出的成本越高。因此，随着农地流转的加速，农业机械化进程将进一步加快，而农业的机械化将释放出大量劳动力。另外，许多农业生物技术也具有节约劳动的偏向，如除草剂、抗病虫害的种子等，而规模化的经营因为节约了农户交易成本而有利于这些新的生物技术创新的采用，从而也能释放大量劳动力。因此，土地流转的加速有利于农业节约劳动的新技术采用，从而释放大量农村劳动力，推迟"刘易斯转折点"的到来。

7.3 农民工加班意愿、劳动供给与人口红利

除了土地流转政策外，农民工加班也是增加劳动供给、延续人口红利的重要选择。农民工是现代化转型中的独特群体，他们对中国经济社会发展贡献巨大，但自身所获甚少。因此，农民工在中国是一个沉重的话题。目前学术界围绕着农民工的工资、劳动供给、职业流动和融入城市等问题展开了广泛讨论，而加班成为这些问题的注脚。加班工资是工资的一部分，加班本身就是劳

动供给时间的延长，也影响劳动力流动，单调的"工厂—宿舍"生活模式也加大了融入城市的难度。

7.3.1 自愿加班的农民工？

加班已成为中国劳动力市场的普遍现象，《中国劳动力动态调查：2013年报告》称有超过1/3的雇员在被调查时点的上个月加过班。中国农民工加班次数更频繁，2005年农民工平均工资只有780元/月，每日平均工作11小时。① 绝大多数农民工每天劳动在10~12小时，而且每周只休息一天。② 朱玲调查发现，农民工几乎没有休息日。③ 2009年11月，某工厂工人正常工作21.75天，平时加班60.50小时，平均每天加班2.78个小时（不包括周末加班），周末加班经常达75小时。④ 随着《劳动法》的颁布和血汗工厂曝光，超时加班的现状虽有缓解但仍较普遍存在。农民工的加班时间日均基本在5小时以内，平均时间为2.15小时，个别的加班时间在10小时以上。⑤ 刘林平等认为，加班成为恶化农民工精神和健康的核心因素之一。⑥ 程连升发现，超时加班不仅损害了农民工的健康，同时降低了就业弹性，压低了工资率。⑦

---

① 国务院研究室课题组：《中国农民工调研报告》，中国言实出版社，2006。
② 程连升：《超时加班与就业困难——1991~2005年中国经济就业弹性下降分析》，《中国经济史研究》2006年第4期。
③ 朱玲：《农村迁移工人的劳动时间和职业健康》，《中国社会科学》2009年第1期。
④ 谭立独：《加班是怎样"被自愿"的》，《工友》2010年第8期。
⑤ 数据来自2010年中山大学和南京大学等大学组成的课题组，针对外来务工人员的调查数据，以下简称课题组调查数据。
⑥ 刘林平、郑广怀、孙中伟：《劳动权益与精神健康——基于对长三角和珠三角外来工的问卷调查》，《社会学研究》2011年第4期。
⑦ 程连升：《超时加班与就业困难——1991~2005年中国经济就业弹性下降分析》，《中国经济史研究》2006年第4期。

从法律角度观察，超时加班使农民工权益受损；从维护自己的权益角度出发，农民工加班应是被动的、非自愿的。刘林平等调查发现，在顺德出现了工人堵马路要求加班的事件，希望多拿些工资。① 课题组调查数据显示，66%的农民工为自愿加班，企业强制加班的比例为33.52%，不加班罚款的比例为5.16%。由此可见，大多数农民工有事实上的加班选择权，他们可以减少加班时间或选择不加班。从而可以保障身心健康，工资率也会因劳动力供给相对减少而存在上升的可能，进而增加总收入。那么，超时加班是农民工群体陷入囚徒困境，还是因观念落后没能完成向现代工人的转型，这是一个亟待解释的问题。

农民工堵路强烈要求加班背后的逻辑是什么？刘林平等认为，农民工有着与现代工人不同的效益观——农民工对单位时间效率的不敏感，追求总工资而不是工资率。从历史上看，农耕生产春种秋收，一年只发一次工资（农民语），农业生产没有月工资和小时工资的概念，也无法核算。但工业、服务业等行业的薪酬制度毕竟与农业完全不同，例如计件工资制度，因此农民工的薪酬观不可能与农民完全相同②。即使文化不高，农民工计算出边际工资应不是难事。刘林平等的分析逻辑起点十分准确，但认为农民工的行为与边际工资无关，有待商榷。

加班问题与农民工效益观有重要理论寓意。当农村存在大量

---

① 刘林平、张春泥、陈小娟：《农民的效益观与农民工的行动逻辑——对农民工超时加班的意愿与目的分析》，《中国农村经济》2010 年第 9 期。
② 刘林平、张春泥、陈小娟：《农民的效益观与农民工的行动逻辑——对农民工超时加班的意愿与目的分析》，《中国农村经济》2010 年第 9 期。

剩余劳动力时,"支付维持生活的最低工资就可以获得无限的劳动供给"。① 若农村已无剩余劳动力,则工资开始上涨。如果农民工以总收入为目标,在自愿加班的前提下,工资率(单位时间内的工资)与劳动时间无关,劳动(时间)供给曲线将是一条水平直线。因此,即使农村已无剩余劳动力,通过加班同样可以增加劳动力供给,加班将是阿瑟·刘易斯二元经济结构的另一种形成机制。

7.3.2 农民工加班研究的理论基础

1. 农民研究的三大理论范式

农民工有类似农民的局限,因而研究方法承袭了农业经济理论,主要包括资本主义农业分析范式、小农分析范式和过密化理论三种范式。在小农生产中,农民的行为目标为小农行为模式,追求总收入的最大化,而在资本主义农业生产中,农民追求工资率。

(1) 资本主义现代工人论

亚当·斯密和马克思尽管存在分歧,但是他们对英国农业发展方向的看法是一致的,即由小农经济过渡到以雇佣为基础的资本主义农业经济。根据他们的观点,中国农业生产也将向资本主义生产方式转变,农民工(转型的农民)具有工人特征顺理成章,劳动时间将是工资率的函数。

(2) 当代小农经济理论

当代小农经济理论的两大主要学派以恰亚诺夫和西奥多·舒

---

① Lewis W. Arthur. Economic development with unlimited supplies of labour. *Manchester School of Economic and Social Studies*, 1954, 22 (2), pp. 139 – 191.

尔茨为代表，他们与亚当·斯密和马克思的区别在于，都承认现代市场经济下小农经济可能持续的事实。恰亚诺夫认为，小农经济以家庭为中心，作为一个完整的劳动核算单位，它在劳动辛苦程度和需求满足程度之间寻求均衡，不计算工资（也无法核算），达到家庭总收入最大化。由于农民的辛苦忍耐程度极高，且土地的总产出有限，农民为养活全部家庭成员，会把劳动时间增加到边际报酬远低于市场工资的水平，这是小农经济不同于资本主义企业的显著特征。① 西奥多·舒尔茨则认为，在现代市场经济下，理性小农的行为与现代工人没有明显的差异。他强调一个竞争的市场运行于小农经济中，所有想要和能够胜任工作的劳动力都得到了就业。②

（3）过密化理论

黄宗智认为，西奥多·舒尔茨犯了唯市场论的错误，否认小农生产中存在劳动报酬远低于市场工资（边际报酬甚至接近于零）的劳动力，即不存在所谓剩余劳动力。黄宗智也发现了恰亚诺夫的明显缺陷，把小农经济和资本主义市场经济看作是两个互不关联的经济体制。黄宗智综合了西奥多·舒尔茨和恰亚诺夫的理论提出了著名的过密化理论。黄宗智认为，长江三角洲农村经济的商品化不是按照西奥多·舒尔茨的逻辑，而是按照恰亚诺夫逻辑演化的。③ 赵冈指出，过密型生产模式的最基本条件是生产单位中的劳动力存量被固定，劳动力由可变要素转化成不可变

---

① 理论上，边际报酬可以为零。恰亚诺夫：《农民经济组织》，中央编译出版社，1986。
② 西奥多·舒尔茨：《改造传统农业》，商务印书馆，1987。
③ 黄宗智：《长江三角洲小农家庭与乡村发展》，中华书局，2000。

要素。在土地不足的农户中，父母无法排除或解雇任何子女，只能全留在家中供养。此时，父母只能驱使子女从事各种农耕或副业工作，直到劳动力的边际产量变为零为止。①

2. 低收入群体的劳动供给理论

向后弯曲的劳动供给曲线是经典劳动供给模型的杰作，但"低收入者或贫困者的劳动供给"也日益受到学者关注。许多研究都发现与经典理论相反，低工资水平下劳动供给曲线与工资率负相关，产生了各种不同的理论。

（1）非理性理论或懒惰论

Lewis 和 Berg 都认为，由于穷人的非理性导致劳动供给曲线向右下方倾斜，当工资率提高时，穷人减少劳动时间，享受闲暇。② Huang Yukon 认为，低收入的农民具有懒惰性。③ Lewis Qscar 甚至称之为"贫穷文化"。④ "非理性"在一个较大的群体（如农民）中长期存在令人怀疑，根据黄宗智的过密化理论，农民懒惰更说不通。这一理论更不适合中国人，除农民工存在超时自愿加班外，《中国劳动力动态调查：2013 年报告》表明中国人更是全民勤奋，而且中国海外移民更因"敬业"而与当地居民产生矛盾。⑤

---

① 赵冈：《过密型生产模式的提法错了吗》，《中国社会经济史研究》2004 年第 2 期。
② Lewis W. Arthur. Economic development with unlimited supplies of labour. *Manchester School of Economic and Social Studies*, 1954, 22 (2), pp. 139 – 191; Berg Elliot J.. Backward-sloping Labor Supply Functions in Dual Economies-The Africa Case, *Quarterly Journal of Economic*, 1961, 75 (3), pp. 468 – 492.
③ Huang Yukon. Backward Bending Supply Curves and Behavior of Subsistence Farmers, *Journal of Development Studies*, 1976, 12 (3), pp. 191 – 211.
④ Lewis Oscar. The Culture of Poverty, *Scientific American*, 1966, 215 (4), pp. 19 – 25.
⑤ 中山大学社会科学调查中心：《中国劳动力动态调查：2013 年报告》，社会科学文献出版社，2013。

(2) 消费机会和目标收入理论

Schultz 以及 Barzel 和 MeDonald 都认为，消费机会受到限制导致劳动供给曲线向右下方倾斜。① Altman 的研究分析了目标收入，他指出，当工资率减少时，为实现目标收入只能增加劳动时间。② 消费机会论强调了收入对消费的约束，如果想增加消费，设定较高的收入目标顺理成章，所以消费机会与目标收入理论具有一致性。考虑到低收入群体的现实条件，这两种理论更符合向右下方倾斜的劳动供给曲线。

(3) 替代弹性递增理论

Dunn L. F. 和 Sharif Mohammed 用替代弹性递增的效用函数阐释低工资时的劳动供给。该理论从分析收入效应和替代效应入手，指出，在收入低于生存水平条件下消费品对闲暇的替代弹性小于1，收入效应起主导作用，工资率与劳动供给呈负相关关系。③ 替代弹性理论回归到经典分析方法，指出了在约束条件下低收入者对消费和闲暇的理性安排，值得借鉴。

(4) 最低必需支出约束理论

国内关于农民工劳动供给的研究，大多关注农村剩余劳动力，加班和劳动时间供给问题研究不足。现有研究提出了"最

---

① Schultz T. W.. *Transformation Traditional Agriculture*, New Haven: Yale University Press, 1964; Barzel Yoram and R. J. Mcdonald. Assets, Subsistence and the Supply Curve of Labor. *American Economic Review*, 1973, 64 (4), pp. 621 – 663.

② Altman M.. A Behavioral model of Labor Supply: Casting Some Light into the Black Box of Income-leisure Choice, *Journal of Socio-Economics*, 2001, 33, pp. 199 – 219.

③ Dunn L. F.. An Empirical Indifference Function for Income and Leisure, *Review of Economics and Statistics*, 1978, 60 (4), pp. 533 – 540; Sharif Mohammed. Poverty and the Forward-falling Labor Supply Function: a Microeconomic Analysis, *World Development*, 1991, 19 (8), pp. 1073 – 1093.

低必需支出"概念①，认为，农民工劳动时间的供给受到最低必需支出的约束，当工资收入低于最低必需支出时，农民工将减少闲暇时间，增加劳动时间。夏怡然更指出，最低必需支出不是常量，是随工资率而变化。该论点用温州市的调查数据进行了检验。②

考虑到中国农民工具有传统农民的勤劳与韧性，即使在工资率不变的情况下，为了年末回乡或给家寄钱，最低必需支出可以压缩。基于此，最低必需支出将是一个较弱的约束，有必要重新考虑约束问题。

7.3.3 农民工加班逻辑与劳动力供给曲线

农民工的行为逻辑是工人和农民行为逻辑的混合物，③他们的具体行为和表现与工人、农民皆有所不同，农民工应有自己特有的行为目标和逻辑。

1. 农民工的加班逻辑

（1）在商品经济条件下，农民工的传统总收入目标异化为节余工资目标

农民工具有小农意识或行为特征，有以下三个方面的原因。一是历史传承，形成于农业生产的经历与意志。二是受制于生活和生产条件，小农经济无法核算工资率，并且劳动力很难向外转移。三是因农业生产落后而导致的生存压力。所以年龄较大的农

---

① 郭继强：《中国城市次级劳动力市场中民工劳动供给分析——兼论向右下方倾斜的劳动供给曲线》，《中国社会科学》2005年第5期。
② 夏怡然：《低工资水平下城市农民工的劳动供给模型》，《中国人口科学》2010年第3期。
③ 刘林平、张春泥、陈小娟：《农民的效益观与农民工的行动逻辑——对农民工超时加班的意愿与目的分析》，《中国农村经济》2010年第9期。

民工从事过农业生产，更有养家的重担，他们会创造条件增加总收入。只要身体健康，农民工便会选择加班。如果签订劳动合同或参加技能培训，能保障和提高总收入，他们的加班意愿会更强。

在现代经济条件下，受体能所限，也受城市生活和文化的影响，农民工将更偏好闲暇，不可能将劳动时间无限延伸，使边际收入远低于市场工资率。即使农民工愿意加班，工厂也可能不配合，因为有血汗工厂之嫌。由于计划生育和农村经济发展，历史上的人口生存压力已经大幅下降，但新的生存压力已凸显，如为子女教育或成家，或自己的健康及养老储蓄，部分有抱负的农民工也得通过储蓄积累融入城市的资金。如果工资率较低，目标难以完成，那么加班、节衣缩食、住工地或宿舍，维持简单生活才能完成足够的节余。农民工的更合理目标是每月或每年完成一定的储蓄，即工资与生活费用的差额：节余工资。如果工资率较高，节余工资目标易于完成，农民工可以减少加班时间并提高生活质量。需要强调的是，农民工所追求的节余工资是农民工设定的目标或理想，与实际节余工资通常不一致。为区别起见，前者称为期望节余工资。农民工实现节余工资的方式有三种：提高工资率、加班和节衣缩食。

农民的总收入目标与农民工的期望节余工资有根本不同。在农业家庭生产中，基本农产品能够自给自足。在期望节余工资的预算线下，在城市谋生的农民工生活水平可能低于农民。郭继强认为，若按照所在城市的生活水准来衡量，农民工把自己在城市的生活费用压缩至极限。[①] 同时，把节余工资理解成储蓄也不能体

---

① 郭继强：《中国城市次级劳动力市场中民工劳动供给分析——兼论向右下方倾斜的劳动供给曲线》，《中国社会科学》2005年第5期。

现农民工在城市的辛劳和节俭。根据以上分析，我们给出假定1。

假定1：在商品经济条件下，农民工以期望节余工资为目标。

假定1a：年龄大和身体健康的农民工加班意愿更强。

假定1b：签订劳动合同和参加培训的农民工加班意愿更高。

（2）生活负担与加班意愿

如果生活负担或压力较小，农民工没有必要选择较高的期望工资节余。毕竟在工资长期较低的前提下，[①] 劳动时间太长是一件苦差事，何况农民工大多从事重体力劳动。农民工常见的压力有结婚或子女结婚，有助于减压的因素包括养老保险、工伤保险、新农村医疗保险等。由于各城市制定了与收入或财产相关的户籍政策，想获得户口的农民工短期压力更大，同理，拥有户口的农民工可能压力较小。朋友或同乡介绍是常见的求职方式，朋友多或老乡多的农民工机会更多，压力可能小。

加班和节衣缩食是为了积累财富，但是如果耕地或宅基地能成为有效的财富，[②] 农民工的加班意愿将降低。所以土地较多的农民工，通过工资积累财富的目标或动机可能下降。综上所述，提出假定2。

假定2：如果农民工的生活负担或压力较小，加班意愿下降，反之加班意愿增强。

（3）社会文化与加班意愿

中国的社会主义制度属性决定了马克思政治经济学的地位。

---

① 卢锋：《中国农民工工资走势：1997～2010》，《中国社会科学》2012年第1期。
② 土地价值或价格较高，并且具有一定的流动性，即可市场交易，是有效财富的两个基本条件。

剩余价值学说使部分农民工认为，企业利润来自工人的剩余劳动，产生被剥削感。劳动时间越长，被剥削越重。剥削意识降低农民工的加班意愿，降低劳动力供给。如果农民工的受教育程度较高，闲暇时间将更有价值，人生追求和生活更富多样化，加班意愿可能将下降。同理，农民工的社会心理，如公平意识、身份认知等都会影响他们的加班意愿。

假定3：农民工的受教育程度、文化和社会心理影响加班意愿。

假定3a：受教育程度较高的农民工加班意愿低。

假定3b：社会不公、被剥削意识强和社会认知度下降会降低农民工的加班意愿。

2. 农民工的劳动供给模型

在理性前提下，我们尝试建立效用最大化的劳动供给模型，假定农民工的效用是闲暇和商品消费的函数。如果农民工以期望节余工资为目标，必需支出的约束并不合适。在通常的条件下农民工的必需支出只占工资收入的小部分，约束不强。改革开放以来，粮食价格的涨幅要远低于蔬菜和其他商品。农民工住宿舍，吃食堂，可以把生活费用降低到最低。调查组数据显示，2010年农民工月生活费用的5%分位数为50元，10%分位数为65元，25%分位数为100元，分别占月工资的4.06%、5.25%和5.88%。另外，农民工为实现期望节余工资，可以把自己在城市的生活费用压缩至极限，[1] 朱玲称之为"自我压榨"[2]。换言之，

---

[1] 郭继强：《中国城市次级劳动力市场中民工劳动供给分析——兼论向右下方倾斜的劳动供给曲线》，《中国社会科学》2005年第5期。

[2] 朱玲：《农村迁移工人的劳动时间和职业健康》，《中国社会科学》2009年第1期。

农民工的必需支出具有一定的弹性,[①] 随着期望节余工资与工资率而变化。因此,当工资率较低时,农民工的消费和闲暇将受到期望节余工资的严格约束。

(1) 条件极值的劳动供给曲线模型

$$\max U(C,T) \quad (7-1)$$

$$C + wT < M + wT_0 \quad (7-2)$$

s. t.

$$wL - C > S_0 \quad (7-3)$$

其中,U、C、T、L、M 和 S_0 分别为效用、消费、闲暇、劳动时间、非劳动收入和期望节余工资。对微观个体农民工而言,不妨设期望节余工资为常数。w 为工资率,$L = T_0 - T$,T_0 表示农民工拥有的可支配时间总量。

在没有约束式 (7-3) 时,劳动供给曲线为经典模型,即曲线 ABD 部分,见图 7-5。约束式 (7-3) 刻画了农民工在低工资时,闲暇和消费支出的配置。在低工资条件下,农民工为积累节余工资,只能选择加班和减少必需支出,其行为将满足约束式 (7-3)。引入节余工资约束后,劳动时间供给曲线为 $ABDE$。其中,DE 部分可写成:$L = (S_0 + C)/w$,为向右下方倾斜的曲线[②]。

(2) 收入效应转化为节余工资效应

在假定 1 下,农民工以节余工资为目标。当工资率上升时

[①] 夏怡然:《低工资水平下城市农民工的劳动供给模型》,《中国人口科学》2010 年第 3 期。
[②] 本书的劳动供给模型是关于农民工劳动时间的供给模型,劳动时间供给简称为劳动供给。

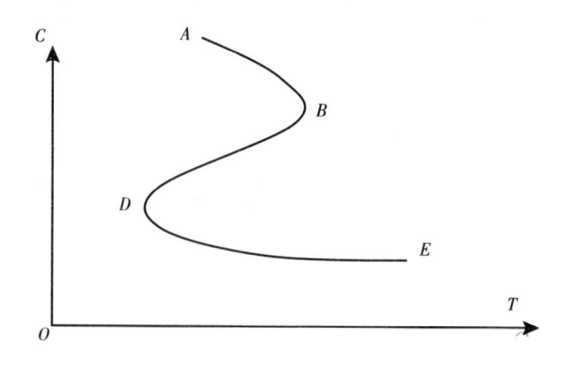

图 7-5 农民工的劳动供给曲线

目标更易达成，他们的加班动机将随之下降，也可以理解为经典劳动供给理论的收入效应。在期望节余工资约束下，经典条件下的收入提高演化为节余工资上升，收入效应演化为节余工资效应；节余工资效应减少劳动供给时间，而替代效应增加劳动供给时间。在供给曲线的 DE 段（见图 7-5），节余工资效应大于替代效应，所以劳动供给时间减少，曲线向右下方倾斜。随着工资率的上升，节余工资效应递减。在劳动供给曲线的 BD 段，节余工资效应小于替代效应，劳动供给时间将增加。

(3) 劳动供给曲线的平移

在假定 2 下，如果农民工的生存压力下降，加班意愿降低，劳动时间将减少，劳动供给曲线将向左移动。降低农民工负担的因素包括获得户口，土地因自由流转而增值，工厂中拥有较多同乡或成立农民工团体。同理，当假定 3 成立时，接受更高的教育，社会不公加剧、被剥削意识上升和社会认知度下降会减少农民工的劳动供给时间，使劳动供给曲线向左移动。

7.3.4 农民工加班逻辑的实证分析

1. 样本数据

虽然劳动密集型产业出现了从沿海地区向中西部转移的趋势,但沿海地区仍是农民工的主要就业地。① 本书的实证分析使用长三角和珠三角的农民工调查数据,数据来源于中山大学、南京大学、上海大学和浙江工商大学课题组 2010 年 7~8 月对珠三角和长三角农民工的调查。课题组共调查了 19 个城市,其中珠三角城市 9 个,长三角城市 10 个。② 最终获得有效问卷 5044 份,其中长三角样本 3003 个,女性 2914 人,占 57.71%。

2. 主要变量及描述统计

(1) 二元选择因变量——加班意愿

在课题组的数据中,加班意愿的尺度为是否自愿加班,自愿加班为 1,非自愿加班为 0。在总样本中,自愿加班为 1314 人,非自愿为 659 人,分别占总样本的 26.5% 和 13.1%。自愿加班的农民工有如下特征,平均每小时工资高,节余工资少,加班时间少,受教育程度低,培训的比例高,女性略多于男性(见表 7-1)。

(2) 解释变量——工资率、期望节余工资、耕地面积、年龄、受教育程度和朋友数量

以小时工资作为工资率的代理变量。以理想工资、实际月工

---

① 中国行业咨询网:从农民工的就业地区来看,2012 年在东部地区务工的农民工比上年增长 2.7%,占农民工总量的 64.7%,同比下降 0.7%;中部增长 6.0%,占农民工总量的 17.9%,同比上升 0.3%;西部增长 6.2%,占农民工总量的 17.1%,比上年提高 0.4 个百分点。http://www.china-consulting.cn/news/20130530。

② 珠三角城市包括广州、深圳、珠海、佛山、肇庆、东莞、惠州、中山和江门地区,长三角城市有上海、南京、苏州、无锡、常州、南通、杭州、宁波、嘉兴、绍兴。

表7-1 自愿加班农民工的特征

	小时工资	年龄	节余工资	加班时间	受教育年限	接受培训的占比(%)	男性占比(%)
自愿加班	7.999	35.61	820.59	1.653	8.482	60	34.02
非自愿加班	7.488	28.80	950.54	2.830	10.18	25.04	57.06

资与月生活费用的差额分别作为期望节余工资和实际节余工资的代理变量。

根据表7-2,小时工资平均为7.82元,中位数更低,为7.21元;实际节余工资的中位数比平均数低,只有800元,也就是说大多数农民工每年大约储蓄1万元;由于农民工的理想工资差距巨大,部分农民工的期望节余工资为负值,占比为0.12%,期望节余工资超过1万元的农民工不到1%;农民工加班时间的差异较为明显,最长加班时间为12小时,中位数为2小时。有30.16%的农民工已经没有耕地,由于土地不能转让(2010年以前),无地农民工应是征地拆迁所致。耕地面积的差异很大,拥有10亩及以上的农民工占总样本的11.21%,这部分农民工的耕地面积占全部样本农民工土地面积的46.28%,土地已经相

表7-2 非虚拟解释变量的描述统计

变量	单位	平均值	中位数	标准差	峰度	偏度	最大值	最小值
小时工资	元/小时	7.82	7.21	3.61	63.44	5.163	75	0.96
节余工资	元/月	906.41	800	581.02	193.54	9.362	15000	0
年龄	岁	29.01	23	9.55	2.29	0.821	64	17
教育	年	9.75	9	2.29	2.793	0.143	18	6
期望节余	元/月	1938.92	1700	2505	878.746	25.57	97999	-1000
加班时间	小时/天	2.0477	2	1.6436	4.2899	0.6148	12	0
耕地面积	亩	4.4543	2	6.6520	32.215	3.5289	99	0
朋友数量	人	4.5136	3	9.2596	1655.0	33.111	500	0

对集中。农民工背井离乡，朋友却少，朋友数量的中位数为3人，而且"贫富不均"，标准差达9.3人。

农民工年龄的中位数为23岁，以21岁和22岁为主体占总样本的44.72%；35~45岁的民工占27.63%，是另一个主体。两个主体群体年龄相差19岁，父子群体的概率最大，这可能是阶层固化的表现。17岁的非成年人只占0.22%，50岁以上占1.19%。事实上50岁以上的农民工已经不适合繁重的体力劳动，提前"退休"或回乡务农的可能性将增加。

农民工的受教育程度，以受教育年限度量。样本中农民工的受教育程度分为小学及以下、初中、高中、技校、中专、大专、自考本科七种。各种学历的年限设定为：小学及以下6年，初中9年，高中、中专及技校12年，大专15年，自考本科18年。其中小学及以下占总样本的24.5%，初中学历占比最高为47.85%。在较高级的学历中，高中学历占17.53%，技校学历占10.97%，最低为自考本科，占0.24%。

(3) 二元虚拟解释变量

二元虚拟变量包括工商保险、新型农村合作医疗（简称新农合）、健康状况、是否签订工作合同（简称签订合同）、幸福感（心情代替）、婚姻、剥削意识，拥有户口、获得户口的意愿（简称想户口）、社会公平、身份认同（社会认知的代理变量）、同乡工友（来自同一乡镇的工友超过30%）等。变量的含义和统计见表7-3。

农民工拥有工伤保险的比例只有31.8%，考虑到民工从事体力劳动，很多农民工还进行户外高空作业，他们的安全保障欠佳。加入"新农合"的农民工刚超过一半，还有待于提高。未

表 7-3　二元虚拟解释变量的统计描述

变量	身体健康		参加培训		签订合同		已婚		拥有户口	
	是	否	是	否	是	否	是	否	有	没有
观测数	3196	1853	2096	2953	1728	3321	2505	2543	817	4232
比例	63.3	36.7	41.5	58.5	34.2	65.8	49.6	50.4	16.2	83.8

变量	想户口		工伤保险		新农合		同乡工友		剥削	
	是	否	有	没有	有	没有	是	否	有	没有
观测数	972	4077	1606	3443	2618	2431	1583	3460	1891	3158
比例	19.2	80.8	31.8	68.2	51.9	48.2	31.4	68.6	37.5	62.6

变量	社会公平		身份认同		性别		价值体现		心情	
	公平	否	认同	否	男	女	是	否	好	不好
观测数	2298	2590	1943	3106	2171	2914	3054	1995	1390	365
比例	47.0	53.0	38.5	61.5	42.3	57.7	60.5	39.5	27.6	72.4

注：比例为占总样本的比例。身体健康变量，是为 1，否为 0，其他变量的值依例分别为 1 和 0。

婚民工略高于已婚民工，打工群体年轻化。农民工签订劳动合同的比例只有 34.2%，即使签订了合同，农民工的权利也可能得不到保障。农民工可能通过其他渠道来保障自己的权益，如通过朋友、老乡等社会关系介绍工作，降低风险。所以在同一工厂，工友来自同一乡镇达 30%~50% 的农民工占比高达 31.4%。他们抱团取暖，也可能更易引起冲突和突发聚集事件。

有 36.7% 的农民工认为自己健康不佳，很少体检，他们只有明显的疾病症状才认为自己生病，有病而不知的农民工数量较多。认为社会不公平的农民工占 53%，意识到自己受到剥削的占 37.5%。由于门槛太高，拥有户口的比例为 16.2%。基于此，多数农民工选择放弃，尽管户口很"诱人"，但想户口的农民工比例不到 20%。有 61.5% 的农民工不认同自己的外来打工者身份,意味着民工群体存在社会变革诉求或对社会不满,新型城镇化众望所归。

(4) 控制变量

为准确估计解释变量对加班意愿的影响,应尽可能控制农民工个体特征和社会的影响。选择农民工的性别控制人口特征;选择工厂是否有电脑室,住处是否有衣柜控制生活习惯和条件;选择工资是否体现了自己的价值和心情来控制心理和社会文化;选择农民工对食堂的满意度控制工作条件;模型加入地区变量,控制城市特征;使用企业性质(是否为国有企业)控制企业特征。

女性农民工比男性多5.2%,男女基本平衡。有电脑室的工厂占16.9%,比例不高;有衣柜的农民工占30.5%,心情不佳的民工占比高达72%。只有39.5%的农民工认为工资体现自己劳动价值,表明大多数人有提高工资的迫切要求。

3. 加班的 Logit 模型

由于因变量为虚拟变量,自愿加班为1,非自愿加班为0,适用二元选择模型。二元选择模型有三种,分别为线性概率模型、Probit 模型和 Logit 模型。线性概率模型的预测值经常出现大于1或小于0等不现实情况,而 Probit 模型虽然与 Logit 模型一样克服了线性概率模型的欠缺,但累积分布函数没有明确的表达式。所以 Logit 模型更适用,其次为 Probit 模型。

设 Y 为因变量(向量),X 为解释向量,β 为参数向量,则 Logit 模型的累积函数为:

$$P(Y=1\mid X) = F(X,\beta) = 1/(1+e^{-\beta X}) \quad (7-4)$$

令 $p = P(Y=1\mid X)$,则 $1-p = P(Y=0\mid X)$,Logit 模型可化为:

$$\ln[p/(1-p)] = X\beta \qquad (7-5)$$

4. 模型估计方法

为获得稳健的估计结果，在估计 Logit 模型的同时，也估计 Probit 模型。如果两种模型的结论相似，那么结论的可信性将更高，同理，对两种模型分别选择异方差稳健（HAC）标准误和分层自相关标准误。

（1）异常值处理

Logit 模型使用最大似然法估计，样本的个别异常值会降低参数和方差的估计精度。在各变量中，期望节余工资和实际节余工资方差较大，且有较大的相关性，期望工资较高的农民工实际节余工资也较大，只需把个别期望工资较大的样本删除即可。

（2）异方差稳健估计

截面数据模型都存在不同程度的异方差，加权估计由于不能准确估计标准差而效果较差。在大样本条件下，怀特的异方差稳健估计是不错的选择。作者应用加权法尝试估计了 Probit 模型，由于不能把握异方差的类型而效果很差。①

（3）分层自相关估计

由于样本分布在不同的 19 个城市，各城市产业结构等各不相同，所以相同城市的加班特征可能相关，所以模型报告给出了分层自相关方法（简称分层估计）估计的标准误。

5. 估计结果

模型估计结果如表 7-4 所示。无论是 Logit 模型还是 Probit

---

① 使用既能体现异方差又能处理分层自相关的估计方法在理论上效果更佳。事实上，重要显著的变量即使估计精度较低也能轻易找到拒绝零假设的证据。复杂的估计方法不但软件难以实现，而且未必稳健。所以模型列出了普通方法的估计结果，主要变量的估计结果差异很小。

模型，大部分变量都高度显著，模型的 R^2 也较高，超过 0.3，而且预测率将近 80%。① 农民工加班逻辑的假定也基本得到了证实。

表 7-4 的模型估计结果表明，小时工资越高的农民工加班意愿越强，即农民工有选择劳动替代闲暇的意愿，可理解为替代效应。加班时间越长，加班意愿越低，农民工加班的意志随加班时间递减，符合边际替代率递减规律。

期望节余工资越高的农民工加班意愿越强，实际节余工资越高加班意愿越低。期望节余工资高的农民工给自己设定了较高的目标，加班是主观行为。当实际节余工资接近完成时，由于付出了较高代价，农民工的加班意愿自然下降。实际节余工资和期望节余工资的参数符号分别为负和正，为假定 1 提供了证据。

健康、年龄和参加技能培训的参数符号为正，且在统计上都显著，年龄越大、越健康、参加过技能培训的农民工加班意愿越强，为农民工的传统小农特征提供了证据。

模型中体现农民工生活压力变量的参数符号与预期一致，且在统计上比较显著，表明假定 2 成立。农民工的生活负担或压力较低，加班意愿下降，压力型农民工的加班意愿更强。

土地面积变量不显著，没能有效减轻农民工的生存压力。这说明农民的土地还没有成为有效的资本和财富，土地流转制度改革有待于深化。拥有户口变量只在分层自相关模型中显著，结论尚不明确。结婚者加班意愿较强，为子女或自己养老积累资金都

---

① 二元选择模型的总离差分解式不成立，模型 R^2 值小于 OLS 模型。Logit 模型和 Probit 模型的估计方法不同，参数估计值的大小没有可比性，我们更关注的是参数符号和显著性。

表7-4 自愿加班影响因素模型

变量	Logit 模型			概率模型	
	普通估计	HAC 估计	分层估计	HAC 估计	分层估计
小时工资	0.106(0.041)***	(0.383)***	(0.032)***	0.065(0.022)***	(0.179)***
加班时间	-0.296(0.057)***	(0.063)***	(0.069)***	-0.171(0.036)***	(0.036)***
年龄	0.035(0.013)***	(0.039)***	(0.012)***	0.021(0.00)***	(0.007)***
健康	0.285(0.154)**	(0.162)*	(0.170)*	0.166(0.095)*	(0.099)*
技能培训	0.855(0.151)***	(0.174)***	(0.209)***	0.493(0.100)***	(0.115)***
签订合同	0.364(0.178)**	(0.181)**	(0.174)**	0.218(0.107)**	(0.101)**
实际节余	-0.029(0.014)**	(0.013)**	(0.015)**	-0.018(0.007)**	(0.009)**
期望节余	0.017(0.008)**	(0.009)**	(0.009)**	0.010(0.005)*	(0.005)*
已婚	0.720(0.354)**	(0.395)*	(0.302)*	0.223(0.135)*	(0.184)*
拥有户口	0.403(0.184)	(0.256)	(0.208)**	0.250(0.150)	(0.121)**
想户口	0.240(0.241)	(0.191)	(0.240)	0.134(0.110)	(0.161)
工伤保险	-0.337(0.167)**	(0.175)**	(0.236)	-0.206(0.101)**	(0.137)
新农合	0.006(0.162)	(0.169)	(0.156)	0.010(0.099)	(0.094)
同乡工友	-0.567(0.380)	(0.372)	(0.272)**	-0.342(0.225)	(0.016)**
耕地面积	0.017(0.015)	(0.015)	(0.021)	0.009(0.008)	(0.012)
朋友数量	0.007(0.006)	(0.004)*	(0.006)	0.004(0.002)**	(0.004)
受教育程度	-0.075(0.036)**	(0.0370)**	(0.036)**	-0.044(0.221)**	(0.021)**
社会公平	0.360(0.179)	(0.186)**	(0.187)**	0.209(0.109)**	(0.112)*
剥削	-0.840(0.1647)**	(0.176)***	(0.16)***	-0.519(0.100)***	(0.093)***
身份认同	0.241(0.155)	(0.161)	(0.08)***	0.153(0.094)*	(0.046)***
性别	-0.207(0.164)	(0.169)	(0.161)	-0.116(0.099)	(0.093)
体现价值	0.326(0.185)*	(0.161)*	(0.220)	0.200(0.113)*	(0.134)
心情	0.222(0.016)	(0.165)	(0.179)	0.119(0.096)	(0.106)
常数项	-0.936(1.014)	(1.063)	(1.123)	-0.608(0.621)	(0.645)
	LR 值 520.40	Wald 值 352		Wald 值 671.9	
$Pse-R^2$	0.304			0.310	
预测率	77.99			77.6	
样本	1433				

注：节余工资、期望节余工资和小时工资的单位为百元人民币。模型括号内数值为标准误，*、** 和 *** 分别表示变量在1%、5%和10%的水平下显著。因普通估计、HAC估计和分层估计参数估计值相同，部分模型省略了参数估计值。表7-5、表7-6与表7-4类似。

增加了农民工的负担。与工伤保险变量显著降低加班意愿不同,"新农合"只在部分模型中显著。朋友数量和同乡工友,分别在稳健估计和分层自相关估计中显著。农民工朋友多少,朋友如何,是农民工个人之间的差异,而同乡工友却有地域之别,分层估计更可信。这意味着老乡和朋友多能够减轻他们的生活压力,降低他们的加班意愿。

模型中反映社会文化等变量的参数符号与预期一致,且在统计上显著,假定3成立。模型表明,受教育程度较高的农民工加班意愿低,被剥削意识强的农民工加班意愿也低,假定3和假定3a得到证实。身份认同变量不显著,没有证据表明社会认知度与加班意愿有关;社会不公显著降低加班意愿,假定3b部分证实。这说明农民工已经关心社会文化和法律等社会问题,也暗示他们有融入城市的愿望。

性别变量不显著,如果删除加班时间变量,性别变量则显著(P值为0.05)。进一步比较发现,女性的加班时间比男性少。由于加班时间越长加班意愿越低,不难理解,女性加班意愿比男性高是男性加班时间长的缘故。而刘林平等由于遗漏了加班时间变量,得出了性别影响加班的结论。①

工厂是否有电脑室和篮球场,住处是否有衣柜,生活和工作条件等变量不显著,与加班相关的证据不足。不分性别、生活和工作条件,农民工都加班如故,表现了传统小农的坚毅性。企业性质对农民工的加班意愿无影响,即不存在所谓的制度认同或主

---

① 刘林平、张春泥、陈小娟:《农民的效益观与农民工的行动逻辑——对农民工超时加班的意愿与目的分析》,《中国农村经济》2010年第9期。

义之别，农民工是现实或实用主义者。

6. 稳健性分析

除选择 Probit 和 Logit 两种模型、HAC 估计和分层标准误外，本书重新选择加班意愿的代理变量，来验证模型的稳健性。在样本中还有大量的农民工没有加过班，部分农民工可能有加班意愿，但更可能他们不想加班或加班意愿低。农民工想加班而没能加班的最可能原因是没有机会。充分流动的竞争市场，农民工可以通过流动找到加班机会，除非加班的意愿不强。所以我们把没有加班的农民工近似为不愿意加班，由于样本增加模型的估计精度会更高，估计结果见表 7-5。

表 7-5 自愿加班影响因素模型的稳健性检验

变量	Logit 模型			概率模型	
	普通估计	HAC 估计	分层估计	HAC 估计	分层估计
小时工资	0.114(0.03)***	(0.034)***	(0.026)***	0.066(0.019)***	(0.014)***
年龄	0.034(0.010)***	(0.011)***	(0.110)***	0.203(0.003)***	(0.006)***
健康	0.268(0.131)**	(0.154)*	(0.131)**	0.143(0.083)*	(0.110)
技能培训	0.881(0.137)***	(0.160)***	(0.137)***	0.524(0.089)***	(0.125)***
签订合同	0.816(0.150)**	(0.170)***	(0.149)***	0.456(0.094)***	(0.068)***
实际节余	-0.030(0.012)**	(0.014)**	(0.012)***	-0.016(0.008)**	(0.008)**
期望节余	0.006(0.006)	(0.008)	(0.006)	0.003(0.004)	(0.003)
已婚	0.496(0.301)*	(0.363)	(0.301)*	0.207(0.200)	(0.193)
拥有户口	0.311(0.200)	(0.230)	(0.188)*	0.137(0.127)	(0.165)
想户口	0.816(0.148)	(0.167)***	(0.148)***	0.472(0.098)***	(0.137)***
工伤保险	-0.195(0.141)	(0.160)	(0.141)	-0.116(0.089)	(0.076)
新农合	-0.210(0.139)	(0.161)	(0.139)	-0.105(0.089)	(0.065)
同乡工友	-2.160(0.295)***	(0.351)***	(0.295)***	-0.079(0.165)***	(0.134)***
耕地面积	0.023(0.011)	(0.135)*	(0.231)	0.119(0.007)*	(0.012)*
朋友数量	0.015(0.008)**	(0.008)*	(0.009)*	0.008(0.005)*	(0.005)*

续表

变量	Logit 模型			概率模型	
	普通估计	HAC 估计	分层估计	HAC 估计	分层估计
受教育程度	-0.094(0.030)***	0.036***	(0.030)***	-0.023(0.019)***	(0.015)***
社会公平	-0.794(0.153)***	(0.172)***	(0.153)***	-0.443(0.095)***	(0.146)***
剥削	-0.861(0.138)***	(0.155)***	(0.138)***	-0.499(0.086)***	(0.103)***
身份认同	0.103(0.132)	(0.153)	(0.132)	-0.048(0.083)	(0.065)
性别	-0.225(0.164)	(0.169)	(0.062)	-0.126(0.099)	(0.095)
体现价值	-0.683(0.159)*	(0.178)***	(0.159)***	-0.391(0.097)***	(0.147)***
心情	-0.111(0.132)	(0.155)	(0.132)	-0.066(0.085)	(0.101)
常数项	4.864(0.897)***	(0.899)***	(0.815)***	-2.681(0.525)***	(0.483)***
	LR 值 526.42	Wald 值 1978		Wald 值 2610.77	
$Pse-R^2$	0.5702			0.5789	
预测率	88.34%			88.43%	
样本	4288				

注：节余工资和期望节余工资的单位为百元人民币。控制变量与表 7-4 模型相同，在此省略。括号内数值为标准误；*、**、*** 分别表示变量在 1%、5% 和 10% 的水平下显著。

表 7-5 的模型结果与表 7-4 基本一致，不出所料，主要变量在统计上更显著。和表 7-4 模型相比，想户口变量显著，预示想得到城市户籍者更努力；朋友数量的显著性下降，期望工资也不再显著，但参数符号不变。其他变量的参数符号和显著性没有差异。

与表 7-4 一样，表 7-5 模型变量很多，变量之间不可避免地存在相关性。虽然变量的平均方差膨胀因子为 1.76，但主要变量的方差膨胀因子较大，如小时工资、年龄、结婚和受教育年限的方差膨胀因子都大于 2.6。如没有多重共线性，变量的显著性会更强，这也意味着显著变量的估计结果稳健。

7.3.5 劳动力供给与人口红利

1. 劳动供给的实证分析

把加班时间对小时工资回归,得到了向右下方倾斜的劳动供给曲线。为提高估计的稳健性,模型选择三种估计方法:OLS 稳健标准差估计法、稳健估计和中位数估计。由于部分变量存在杠杆值,稳健回归和中位数回归要优于 OLS 回归。OLS 的标准误为异方差稳健标准误,中位数估计法的标准误为自助法标准误。把加班时间和小时工资取数能够估计劳动供给弹性,但模型的解释能力下降明显,所以选择线性模型。

回归结果见表 7-6,模型省略了部分不显著的变量和控制变量。很多在加班意愿模型(见表 7-4)中显著的变量,在劳动供给模型(见表 7-6)中不再显著,如剥削变量、价值体现等变量。因为加班意愿和选择加班并不一致,加班意愿只是一种想法,转化为实际行动还需要约束条件。模型中的关键变量显著,并且估计结果与加班意愿的假定及回归结果一致,也与劳动供给模型一致。

表 7-6 农民工劳动供给(时间)回归

变量	OLS 估计	稳健估计	中位数回归
小时工资	-0.107(0.021)***	-0.114(0.007)***	-0.103(0.022)***
年龄	-0.016(0.009)*	-0.020(0.003)***	-0.017(0.008)**
节余工资	0.011(0.006)*	0.024(0.002)***	0.019(0.011)*
工伤保险	-0.174(0.089)**	-0.212(0.035)***	-0.161(0.152)
耕地面积	0.013(0.012)	-0.005(0.024)	-0.003(0.009)
受教育年限	-0.023(0.021)	-0.064(0.007)***	-0.059(0.021)***

续表

变量	OLS 估计	稳健估计	中位数回归
社会公平	0.082(0.103)***	0.033(0.018)*	0.072(0.105)
性别	0.275(0.090)***	0.129(0.034)***	0.108(0.099)
拥有子女	0.240(0.112)	0.206(0.082)**	0.059(0.041)
控制变量	Yes	Yes	Yes
常数项	1.242(0.652)**	1.320(0.219)***	1.580(0.689)***
样本	1381	1381	1381
拟合优度	$R^2=0.642$	$R^2=0.605$	$Pse-R^2=0.6082$
F 值	183.05	326	169

注：实际节余工资和期望节余工资的单位为百元人民币。拥有子女为1，否则为0。括号内数值为标准误；*、**、***分别表示变量在1%、5%和10%的水平下显著。

（1）向右下方倾斜的劳动（时间）供给曲线

模型的估计结果表明，节余工资越高，劳动时间越长，节余工资约束存在。小时工资的参数符号为负，与已有实证结果一致。[①] 这说明当小时工资较低时，节余工资效应大于替代效应导致曲线向右下倾斜。当小时工资大于15（元/小时）时，小时工资的符号为正，但不显著且样本仅为44个，所以没有找到劳动供给曲线 BD 部分存在的证据。而郭继强使用北京市调查数据发现当小时工资的对数大于1.25时，劳动供给曲线向右上倾斜，即劳动供给曲线的 BD 段。[②] 本书的数据调查主要是珠三角和长三角的二、三线城市，平均工资率低于北京市，没能发现劳动供

[①] 郭继强：《中国城市次级劳动力市场中民工劳动供给分析——兼论向右下方倾斜的劳动供给曲线》，《中国社会科学》2005年第5期；夏怡然：《低工资水平下城市农民工的劳动供给模型》，《中国人口科学》2010年第3期。

[②] 郭继强：《中国城市次级劳动力市场中民工劳动供给分析——兼论向右下方倾斜的劳动供给曲线》，《中国社会科学》2005年第5期。

给曲线的 BD 段并不奇怪。这表明对绝大多数农民工而言，劳动供给时间受期望节余工资的严格约束，他们是典型的低收入群体。农民工为实现工资节余目标，在低工资条件下，尽管压低了生活费用也得延长劳动时间。朱玲也认为，自愿加班有不得已成分，农民工挣钱靠加班，几乎没有休息日。[①] 从这一点来说，中国的人力成本优势是农民工超时加班，以健康损害为代价换来的。

中国农民工长期在低工资条件下延长劳动时间，延续了中国的劳动无限供给，增大了总劳动供给曲线的弹性。农民工面临的这种强约束在一定程度上固化了中国的二元经济结构，使农民工在低工资下长期无限提供劳动，[②] 也可以说农民工的加班逻辑为阿瑟·刘易斯的二元经济结构理论提供了新的解释。

(2) 影响劳动供给的其他因素

根据表 7-6，年龄、工伤保险、受教育年限、社会公平、性别、拥有子女等都影响劳动供给，使劳动供给曲线移动。提高社会保障和受教育程度将减少农民工的劳动供给，社会公平与和谐、农民工生儿育女都将增加劳动供给。人口结构如性别和年龄影响劳动供给，男性民工由于责任或负担更重而工作时间更长，年龄较大的农民工加班时间较少。年龄较大的农民工已经不适合繁重的体力劳动，劳动时间少应是客观因素，尽管他们加班意愿较强。与表 7-4 模型的结果类似，耕地面积没能提供减少劳动供给的显著证据，农村土地改革任重道远。

[①] 朱玲：《农村迁移工人的劳动时间和职业健康》，《中国社会科学》2009 年第 1 期。
[②] 20 世纪 90 年代，中国农民工的名义工资几乎没有增长。卢锋：《中国农民工工资走势：1979~2010》，《中国社会科学》2012 年第 7 期。

2. 人口红利

(1) 工资率与人口红利

农民工减少劳动供给时间无疑将降低中国的人口红利。当小时工资提高时，农民工会缩短加班时间，减少劳动供给。同时加班具有边际递减效应，低工资率的民工由于加班时间较长，其继续工作或加班的意愿下降。

工资率上升对劳动时间的影响取决于供给曲线的弹性或斜率，如果弹性很大或斜率的绝对值很小，那么劳动时间会有相当大的下降空间。表 7-6 的三个模型显示劳动供给曲线比较陡峭，夏怡然估计的劳动供给弹性为 -0.246。但这并不令人乐观，本书和夏怡然的实证都没能发现农民工劳动供给曲线的 BD 段，这意味着当小时工资不断上升时加班时间可能持续缩短。① 虽然郭继强发现了供给曲线的 BD 段，但弹性绝对值很大为 65.14，劳动供给时间同样有很大的下降空间。②

(2) 城镇化与人口红利

按照十八届三中全会的部署，针对农民工的改革方向是健全社会保障体系，降低进城门槛，实现以人为本的新型城镇化。如果新型城镇化能够顺利推进，将有助于农民工融入城市。可以预期农民工将获得一定的社会保障、更好教育及培训、土地流转会产生财富效应降低融入城市的负担，社会公平感也会提升。届时农民工的加班意愿或加班时间将减少，导致劳动供给曲线向左移

---

① 夏怡然：《低工资水平下城市农民工的劳动供给模型》，《中国人口科学》2010年第3期。
② 郭继强：《中国城市次级劳动力市场中民工劳动供给分析——兼论向右下方倾斜的劳动供给曲线》，《中国社会科学》2005年第5期。

动,中国的劳动力竞争优势将降低。由于供给曲线陡峭,劳动供给时间减少伴随着工资迅速上升,成本冲击和劳动供给冲击将同时发生。

王晖余的调查表明,农村剩余劳动力接近枯竭,言下之意是人口红利已经为零。① 郭瑜认为,农村剩余劳动力看似充足。考虑到农村已经无多少可转移的剩余劳动力,自然的结论是未来的人口红利为负值。② 农民工在融入城市的过程中逐步接受现代文化,他们将更偏好闲暇,加班意愿会更低。所以负人口红利可能不是一个渐进过程,除非再增加新的压力强化他们的期望节余工资约束。

未来劳动供给会因加班时间缩短将减少多少呢？国家统计局发布报告称,2011年农民工总量达到2.5278亿人,③ 如果工作时间由10小时减少到正常的8小时（加班时间为零）,加班时间下降相当于减少5000万劳动力。如果应对不当,将无法对冲负人口红利的影响,所以中国的经济转型不但迫在眉睫,而且任重道远。

7.3.6　政策建议

农民工具有现代工人和传统小农的双重特征,其加班的行为逻辑是完成期望节余工资。加班行为背后的主要推力是生存压力和农民在总收入目标下形成的坚强劳动意愿和意志。加班的意愿

---

① 王晖余:《农村剩余劳力几近枯竭,议价权向农民工倾斜》,http://china.huanqiu.com/hot/2013-11/4523897.html。
② 郭瑜:《人口老龄化对劳动力供给的影响》,《经济理论与经济管理》2013年第11期。
③ 国家统计局:《2011年我国农民工调查监测报告》,http://www.stats.gov.cn/。

随加班时间递减，年龄越大、越健康、参加过技能培训的农民工加班意愿越强，期望工资越高。生活负担重的农民工加班意愿更强，受教育程度较高的农民工加班意愿低，剥削意识和社会不公降低了农民工的加班意愿，加班意愿与性别无关。

劳动供给模型及实证分析表明，农民工在期望节余工资约束下，节余工资效应大于替代效应导致曲线向右下方倾斜。没有证据表明，当工资率上升时农民工的劳动时间会延长。农民工为实现工资节余目标，不仅要压低生活费用，而且要延长劳动时间。农民工的超时加班延续了中国的劳动无限供给，强化了二元经济结构，是阿瑟·刘易斯二元经济结构理论的新注解。

提高社会保障和受教育程度将减少农民工的劳动供给，社会公平与和谐、农民工生儿育女都将增加劳动供给。人口结构如性别和年龄影响劳动供给，男性民工由于责任或负担更重而工作时间更长，年龄较大的农民工加班时间较少。没有充分证据表明，农民工的耕地数量影响劳动供给。加班意愿和选择增加劳动时间并不一致，加班意愿转化为实际行动还需要其他的约束条件。

如果新型城镇化顺利推进，农民工将获得一定的社会保障、更好的教育及培训、土地流转的财富效应将降低融入城市的负担，社会公平感也会提升。届时农民工的加班意愿或加班时间将减少，劳动供给曲线向左移动，中国的劳动力竞争优势将降低。由于劳动供给曲线陡峭，农民工的劳动供给时间减少伴随着工资迅速上升，成本冲击和劳动供给冲击将同时发生。

城镇化是一把双刃剑，既能增加总需求，也能减少农民工的劳动供给。在城镇化过程中，提高全要素生产率是化解成本和供给双重冲击的根本方法。提高农民工的受教育程度，增强他们的学习能力；建立适应农民工需要的技术培训模式，打造现代产业工人队伍；建立既能保障生活水平，又有充分激励的社会保障体系。过度保障不但财力难以为继，而且会恶化劳动供给。

7.4 结论

"刘易斯转折点"是二元经济向一元经济成功转型的时刻。伴随着现代资本主义部门的扩张，传统部门的剩余劳动力不断被吸收。当传统部门剩余劳动力被掏完的时刻，现代资本主义部门和传统部门劳动力市场的二元分割就被一体化的劳动力市场所取代，"刘易斯转折点"就已经到来。但是，传统部门的剩余劳动力并不是静止不变的，而是随着农业制度安排和技术采用水平的变化而发生变化，因而，"刘易斯转折点"是动态的。

21世纪以来，非熟练劳动力工资持续上涨，推动了理论界关于中国已经达到"刘易斯转折点"的争论。但是，2012年，中国农村人口仍然高达52.6%，农业对非农产业比较劳动生产率仅22.2%，农业劳动力总量仍然高达2.58亿（而耕地总量仅18.3亿亩）。在这种情况下，中国已经到达"刘易斯转折点"的论断是令人怀疑的。而21世纪以来中国非熟练劳动力工资的上涨更可能是因为生存工资水平的上涨所致。

除了农地流转和节约劳动力的农业技术创新释放农业劳动力之外，农民工的加班也是缓解中国高速增长过程中劳动力短缺问题的基本途径。本书利用对长三角和珠三角的调查数据，揭示了农民工的加班逻辑和劳动供给行为，并对其进行了实证检验。结论表明，农民工的加班能够延续劳动无限供给发展阶段，带来人口红利。但是，随着非熟练劳动力工资的上涨，农民工的加班意愿会降低，从而给中国劳动密集型产业带来成本上涨和供给短缺的双重压力，为此，中国经济必须转变发展方式。

8　结语

人多地少的基本国情决定了中国超小规模经营的农业，而后者制约着现代农业技术创新的采用和劳动生产率的提升，延缓了农业转型升级。改革开放以来农民非农就业机会的增长，农村制度，特别是农村土地制度，亟须变革，推动农村生产要素在农业经营主体间重新配置。针对农村人地分配不均衡问题，中国农民自发地进行各种制度创新来解决，如两田制、土地股份合作制等。21世纪初以来，经营农业的比较收益降低导致农村撂荒严重，为此，中共中央、国务院多次发文指导农村土地流转、创新农业经营体系工作。十七届三中全会通过了《中共中央关于推进农村改革发展若干重大问题的决定》，调整了农业土地政策，以使其适应发展适度规模经营农业的需要。十八届三中全会通过了《中共中央关于全面深化改革若干重大问题的决定》，重点阐述了新型农业经营体系的构建问题。农地流转制度和新型农业经营体系的构建，将深刻地影响中国农业技术创新和制度创新路径，推动中国农业加速转型升级。

8.1 主要观点

（1）农业技术进步已经成为中国农业增长的最主要推动力。

运用非参数的曼奎斯特生产率指数方法，我们测算了中国1978~2011年农业全要素生产率的时序演进和空间分布的基本特征，发现：第一，改革开放以来，中国农业全要素生产率保持了快速和健康地增长，在1978~2011年年均增长3.9%，贡献了中国农业年均增长率的84.8%，成为中国农业发展的最主要推动力。第二，1978~2011年，农业技术进步是中国农业全要素生产率的唯一来源，农业技术效率处于退化状态，年均增长-0.3%。第三，从区域上看，中国农业全要素生产率的增长存在区域不均衡现象，东部地区增长最快，中部地区次之，而西部地区最慢。农业全要素生产率测度研究表明，中国农业已经完成了增长方式转变，即由要素积累的粗放式增长转向了技术进步推动的集约型增长。要想中国农业在将来持续健康增长，必须继续依靠农业技术创新和技术效率提升两种主要途径。

（2）非农就业机会的增长、农户规模的适度扩张和资本力量对农村的渗透等将促使中国走上一条节约劳动的农业技术创新之路。

诱致性农业技术创新理论强调了需求诱致力量对技术创新的决定性作用，但是，忽视了技术的供给层面对技术创新路径的影响。为了研究土地"新政"背景下中国农业技术创新路径，我们构建了一个技术创新的需求和供给分析框架。在需求层面，我们主要研究了农民时间的经济价值的提高和农户规模对技术创新的需求诱致力，进而对技术创新路径的影响；在供给层面，我们主要研究了农业的价值目标的演变和资本力量对技术创新供给的重要作用。

农民时间的经济价值的提高推动中国走上一条节约劳动的农业技术创新之路。节约劳动的农业技术首推农业机械化。中国农业的机械化始自新中国成立后的农业现代化改造。但是，21世纪以前，中国农业的机械化是由农业增产所驱动。其基本逻辑是，在耕种面积一定时，增加农业总产出必须增加单季亩产或者集约利用土地以提高复种指数，而农业机械的使用能够满足集约利用土地对农时的要求。21世纪以来，非农就业机会的增长提高了农民工资性收入，导致农民时间的经济价值的提高，而劳动力价格相对于资本价格的上升，导致生存型农户利用资本投入取代劳动投入，从而加速了21世纪以来的农业机械化进程。可以预见，随着农民时间的经济价值的继续提高，中国农业的机械化进程将进一步加速，并且由动力密集型操作的机械化发展至高度控制型操作的机械化。有些生物技术创新也能有效节约劳动力，常见的如除草剂、Bt棉花类的基因种子和化肥等。

农户规模的适度扩张将推动中国农业的机械化进程。对于农户而言，农业机械属于固定投入，其平均成本与农户规模成反比。为了适应非农就业机会增长导致的农村劳动力和土地要素的不均衡配置，农村土地在农户间流转应运而生。十七届三中全会以来的土地"新政"使农户间自发流转成为一项正式的制度安排，从而使农地流转有法可依。十八届三中全会建设新型农业经营主体的政策安排，将加速农户适度规模经营，而随着农户规模的适度扩张，农业机械化进程将进一步加速。

资本力量向农村的加速渗透将加速中国农业的机械化和标准化。十八届三中全会通过的《中共中央关于全面深化改革若干重大问题的决定》指出，"鼓励和引导工商资本到农村发展适合企业化经营的现代种养业，向农业输入现代生产要素和经营模式"。工商资本进入农村，的确能够带动现代生产要素进入农业，加速现代农业的发展和农村经济的发展。但是，资本进入农村、农业的目的是控制农业，把农业变成其攫取剩余价值的源泉。而资本控制和剥削农业的基本方式就是农业的机械化和标准化。资本进入农业从三个方面加速其机械化：第一，经营规模较大意味着农业机械的使用成本低；第二，非熟练劳动力成本上升，导致资本利用农业机械替代劳动投入；第三，资本为了便于控制农业生产过程，用机械替代劳动。与传统小农的多样化经营不同，为便于控制农业生产过程，标准化成为资本经营农业的基本选择，而生物技术是实现农业经营标准化的基本工具。

由此可见，未来一段时间，中国农业的机械化将继续急速推进，并将逐步由动力密集型操作的机械化发展到高度控制型操作的机械化。当然，一些节约劳动力的生物技术创新也将有很大的市场空间，而资本力量对农业的控制将有利于这些创新的推广。

(3) 农业的综合价值目标的实现要求中国发展可持续农业，而相应的技术创新和制度创新是其保证。

在今后一段时间，农业的工业化仍然是中国农业现代化的重要内容之一。但是，农业的工业化在实现农业的经济价值目标的同时，农药、化肥、除草剂等现代农业投入品的大量使用也严重污染了我们的土壤、大气和水，导致农业的生态环境被破坏，农民生活受到严重影响。为此,我们必须在农业的经济价值、生态环境价值和生活价值之间实现有机统一,即推动农业的综合价值目标的实现。2014年中共中央、国务院一号文件对此做出了明确的回应,指出,中国农业应该"努力走出一条生产技术先进、经营规模适度、市场竞争力强、生态环境可持续的中国特色新型农业现代化道路"。

可持续农业发展模式是我们实现农业的综合价值目标的基本选择。目前,我国可持续农业发展模式主要有生态农业、集约农业、集约持续农业和高科技农业四种主要形式。中国农业的可持续发展,关键依靠技术创新,特别是土壤复壮和修复技术创新、化肥减量技术创新、农药减量技术创新等。同时,可持续农业的立法和可持续农业农产品的认证和标志体系等制度建设是其得以实现的有力保障。兼顾农业经济价值和生态生活价值的农业技术创新因其外部积极溢出效应,而必须依靠农业公共研究机构这一有效供给主体。同时,可持续农业技术的推广必须依托国家农业技术推广体系。因此,中国政府必须继续加大对农业公共研究机构和农业技术推广体系的投入,以推进中国农业的可持续发展。

(4) 经济发展的不均衡导致技术创新的需求诱致性力量分布不均衡,要求中国构建公私并存、竞争合作的农业技术创新体系。

农业技术创新体系是中国农业改革开放以来成功的重要保障。东部沿海地区非农产业的高速发展,有力推动了农业经营规模的适度扩张。同时,居民收入增长后对高附加值农产品的需求激增,推动了农户经营的多元化——经济作物、水产养殖、家禽养殖等飞速发展。规模经营和多元化经营农户对农业技术创新有足够强的需求诱致性力量，吸引了私营公司进入农业技术市场，满足其技术需求。但是中西部地区非农产业发展滞后，私营公司没有足够动力进入该市场，而中西部地区又是中国粮油棉重要生产基地，因此，农业公共研究机构必须满足其对技术创新的需求。因此，中国农业技术创新体系的基本模式应该是公私并存、竞争合作的关系。

（5）节约劳动力的农业技术创新的采用将有效释放农村劳动力，推动"刘易斯转折点"的动态化，延缓中国人口红利。

"刘易斯转折点"的到来并不意味着中国人口红利的消失，因为非熟练劳动力的工资上升将推动节约劳动力的农业技术创新的采用，把大量农村劳动力从农业中释放出来，从而延缓中国的人口红利。因此，如果从动态视角看待"刘易斯转折点"，中国以劳动力为竞争优势的发展模式仍然具有国际竞争力。

但是，对农民工加班意愿的研究表明，随着农民工工资的持续增长，其加班意愿逐渐递减。因此，中国以劳动力为竞争优势的企业逐渐开始面对来自成本增加和供给短缺的双重压力，转变发展方式势在必行。

8.2 政策建议

（1）加大农业公共研究机构投入，调整研发投资结构，推动中国农业发展。

农业技术进步是推动改革开放以来中国农业发展的最重要力量，仍将是中国农业未来发展最可依靠的力量。城市化和新型城镇化建设的加速将进一步侵占有限的农业用地，非农产业的扩张将进一步减少农业劳动力，因此，依靠土地和劳动力提高中国农产品产量并不现实。为此，必须依靠农业技术创新提高土地生产率和劳动生产率，推动农业发展，因而加大农业科研投入势在必行。

农业公共研究机构的研究重点应该是市场需求诱致力量弱的领域，也即依靠市场自发力量难以激发有效创新，但又是不可或缺的领域。正如上文所述，非农产业的扩张推动的农民时间经济价值的提高、农户规模的扩大和资本对农业的控制必将推动节约劳动的农业技术创新，这意味着此类创新具有足够的市场需求，依靠市场自发力量可以诱发创新，从而节约劳动的农业技术不是公共研究机构关注的重点领域。粮食安全是国家安全的重要组成部分，中国人口众多，必须"把饭碗牢牢端在自己手里"，而粮油棉等大宗农产品基地主要集中在中部地区，市场需求诱致性力量不强，为此，政府必须加大对粮油棉等基本农产品的研发投入，提高单产和质量。

（2）积极开发可持续农业新技术，加大可持续农业补贴，实现农业的综合价值。

农业的工业化对中国农业生产环境和农村生活环境的破坏严重，发展可持续农业刻不容缓。但是外部性的存在使农业完全依靠市场难以解决这一问题。为此，政府必须加大对可持续农业技术的开发和推广力度，并对可持续农业技术的采用者给予补贴，推动可持续农业的发展。

另外，政府和行业协会对无公害农产品、绿色农产品和有机农产品等进行免费认证，尽快启动有机农户的认证和补贴工作，激发农户发展可持续农业的积极性。

（3）大力扶持农业合作组织的发展，有效规避资本进入农业的副作用。

工商资本进入农业，加速了现代生产要素和经营模式对农业的改造，提高了农业效率。但是资本进入的根本目的是把农业变成其剩余价值的源泉，增强对农业的控制和剥削。因此，资本控制必将进一步增大农村内部和城乡之间的不平等。而农业合作组织是中国式小农充分利用现代农业技术创新与规避资本控制和剥削的重要微观经营方式，政府应该大力扶持其发展。

（4）加大农业技术推广和农民培训工作的支持力度，搭建好农业技术创新采用的平台。

节约劳动的农业技术的采用能够有效释放农业劳动力，提升劳动密集型产业的国际竞争力，延缓中国人口红利。但是，农业技术创新供给主体和需求主体之间的信息不对称影响农业技术创新的采用。同时，技术创新效率的实现取决于供给主体的全程服务质量以及农民的素质和知识。因此，为了有力推动节约劳动的农业技术创新的采用，必须大力发展农业技术推广体系，培养现代农民。

（5）积极推进高度控制型农业机械的创新。

研究表明，农业机械化将由动力型操作的机械化向控制型操作的机械化推进。因此，为了有效满足农户对控制型操作的农业机械需要，提升中国农业机械的创新和制造能力，政府必须加大对农业机械设计和制造企业的扶持力度，培育具有国际竞争力的、品牌知名度和美誉度高的农业机械企业。

参考文献

中文部分

[1] 乔治·巴萨拉:《技术发展简史》,复旦大学出版社,2000。

[2] 罗伯特·贝茨:《超越市场奇迹——肯尼亚农业发展的政治经济学》,吉林出版集团有限责任公司,2009。

[3] 罗伯特·贝茨:《热带非洲的市场与国家:农业政策的政治基础》,吉林出版集团有限责任公司,2011。

[4] 哈里·布雷弗曼:《劳动与垄断资本》,商务印书馆,1979。

[5] 蔡昉:《刘易斯转折点:中国经济发展新阶段》,社会科学文献出版社,2008。

[6] 蔡昉:《超越人口红利》,社会科学文献出版社,2011。

[7] 蔡昉、王德文、都阳:《中国农村改革与变迁:30年历程和经验分析》,格致出版社、上海人民出版社,2008。

[8] 丹尼尔·查尔斯:《收获之神——生物技术、财富和食物的

未来》，上海世纪出版集团，2006。

[9] 陈锡文、赵阳、陈剑波等：《中国农村制度变革60年》，人民出版社，2009。

[10] 贾雷德·戴蒙德：《枪炮、病菌与钢铁：人类社会的命运》，上海世纪出版集团，2006。

[11] 董辅礽主编《中华人民共和国经济史》，经济科学出版社，1999。

[12] 杜润生：《杜润生自述：中国农村体制变革重大决策纪实》，人民出版社，2005。

[13] 道格拉斯·多德：《资本主义经济学批评史》，江苏人民出版社，2008。

[14] G. 多西等编《技术进步与经济理论》，经济科学出版社，1992。

[15] 恩格尔曼、高尔曼主编《剑桥美国经济史·漫长的19世纪》（第二卷），中国人民大学出版社，2008。

[16] 恩格尔曼、高尔曼主编《剑桥美国经济史·20世纪》（第三卷），中国人民大学出版社，2008。

[17] 费景汉、拉尼斯：《劳力剩余经济的发展》，华夏出版社，1989。

[18] 安德鲁·芬伯格：《技术批判理论》，北京大学出版社，2005。

[19] 克利斯·弗里曼、罗克·苏特：《工业创新经济学》，北京大学出版社，2004。

[20] 国务院研究室课题组：《中国农民工调研报告》，中国言实出版社，2006。

[21] 顾林:《中国的经济革命:二十世纪的乡村工业》,江苏人民出版社、凤凰出版传媒集团,2009。

[22] 戴维·哈维:《新自由主义简史》,上海译文出版社,2010。

[23] 黄季焜、胡瑞法、Rozelle Scott:《中国农业科研投资:挑战与展望》,中国财政经济出版社,2003。

[24] 黄季焜等:《制度变迁和可持续发展:30年中国农业与农村》,格致出版社、上海人民出版社,2008。

[25] 黄宗智:《中国的隐性农业革命》,法律出版社,2010。

[26] 黄宗智:《长江三角洲小农家庭与乡村发展》,中华书局,2000。

[27] 黄宗智:《经验与理论:中国社会、经济与法律的实践历史研究》,中国人民大学出版社,2007。

[28] 加塔克、英格森特:《农业与经济发展》,华夏出版社,1987。

[29] 科斯、阿尔钦、诺斯等:《财产权利与制度变迁》,上海三联书店、上海人民出版社,1994。

[30] 林毅夫:《制度、技术与中国农业发展》,上海三联书店、上海人民出版社,1994。

[31] 林毅夫:《再论制度、技术与中国农业发展》,北京大学出版社,2000。

[32] 林毅夫:《思潮、战略与自生能力》,北京大学出版社,2008。

[33] 林毅夫、蔡昉、李周:《中国的奇迹:发展战略与经济改革》,上海人民出版社、上海三联书店,1994。

［34］阿瑟·刘易斯编《二元经济论》，北京经济学院出版社，1989。

［35］威廉·罗宾逊：《全球资本主义论——跨国世界中的生产、阶级与国家》，社会科学文献出版社，2009。

［36］内森·罗森伯格：《探索黑箱——技术、经济学和历史》，商务印书馆，2004。

［37］马克思：《资本论》（第一卷），人民出版社，2004。

［38］《马克思恩格斯选集》（第一卷），人民出版社，1972。

［39］马若孟：《中国农民经济》，江苏人民出版社，1999。

［40］马晓河：《结构转换与农业发展：一般理论和中国的实践》，商务印书馆，2004。

［41］托马斯·麦克劳：《创新的先知：约瑟夫·熊彼特传》，中信出版社，2010。

［42］刘易斯·芒福德：《技术与文明》，中国建筑工业出版社，2009。

［43］亚尔·蒙德拉克：《农业与经济增长：理论与度量》，经济科学出版社，2004。

［44］南亮进：《经济发展的转折点：日本经验》，社会科学文献出版社，2008。

［45］诺斯、托马斯：《西方世界的兴起》，华夏出版社，1999。

［46］诺斯：《制度、制度变迁与经济绩效》，格致出版社、上海三联书店、上海人民出版社，2008。

［47］潘维：《农民与市场：中国基层政权与乡镇企业》，商务印书馆，2003。

［48］卡萝塔·佩蕾丝：《技术革命与金融资本：泡沫与黄金时

代的动力学》，中国人民大学出版社，2007。

［49］ 恰亚诺夫：《农民经济组织》，中央编译出版社，1986。

［50］ 西奥多·舒尔茨：《改造传统农业》，商务印书馆，1987。

［51］ 西奥多·舒尔茨：《报酬递增的源泉》，北京大学出版社，2001。

［52］ 詹姆斯·斯科特：《国家的视角——那些试图改善人类状况的项目是如何失败的》（修订版），社会科学文献出版社，2011。

［53］ 亚当·斯密：《国民财富的性质和原因的研究》，商务印书馆，1974。

［54］ 速水佑次郎、弗农·拉坦：《农业发展的国际分析》（修订扩充版），中国社会科学出版社，2000。

［55］ 吴敬琏：《当代中国经济改革》，上海远东出版社，2004。

［56］ 新望：《村庄发育、村庄工业的发生与发展》，生活·读书·新知三联书店，2004。

［57］ 许宝强、汪晖选编《发展的幻象》，中央编译出版社，2001。

［58］ 熊彼特：《资本主义、社会主义与民主》，商务印书馆，2004。

［59］ 休斯、凯恩：《美国经济史》（第7版），北京大学出版社，2011。

［60］ 徐禾主编《政治经济学概论》，人民出版社，1973。

［61］ 沃尔特·亚当斯、詹姆斯·W.布罗克主编《美国产业结构》（第十版），中国人民大学出版社，2003。

［62］ 盖尔·约翰逊：《经济发展中的农业、农村、农民问题》，

商务印书馆，2004。

［63］张德元、何开萌等：《变迁：安徽农村改革述论》，安徽大学出版社，2007。

［64］张培刚：《农业与工业化（上卷）：农业国工业化问题初探》，华中科技大学出版社，2002。

［65］祖田修：《农学原论》，中国人民大学出版社，2003。

［66］中山大学社会科学调查中心：《中国劳动力动态调查：2013年报告》，社会科学文献出版社，2013。

［67］《中共中央关于全面深化改革若干重大问题的决定》，人民出版社，2013。

［68］北京大学中国经济研究中心课题组报告：《城市化、土地制度与宏观调控》，《经济观察报》2011年4月16日。

［69］程漱兰：《集体土地流转不是为资本打破"防火墙"》，中国人民大学书报资料中心《农业经济研究》2011年第7期"论点摘编"。

［70］程连升：《超时加班与就业困难——1991～2005年中国经济就业弹性下降分析》，《中国经济史研究》2006年第4期。

［71］陈卫平：《中国农业生产率增长、技术进步与效率变化：1990～2003年》，《中国农村观察》2006年第1期。

［72］邓垚、王健：《劳动力供给与中国经济前景——基于刘易斯拐点研究》，《学术论坛》2012年第2期。

［73］付廷臣：《我国城市农民工劳动供给曲线的理论分析和实证检验》，《城市发展研究》2007年第3期。

［74］高帆：《结构转化、资本深化与农业劳动生产率的提

高——以上海为例的研究》，《经济理论与经济管理》2010年第2期。

[75] 郭志伟：《我国农业高新技术现状及可持续发展对策》，《中国农业科技导报》2003年第6期。

[76] 郭继强：《中国城市次级劳动力市场中民工劳动供给分析——兼论向右下方倾斜的劳动供给曲线》，《中国社会科学》2005年第5期。

[77] 郭瑜：《人口老龄化对劳动力供给的影响》，《经济理论与经济管理》2013年第11期。

[78] 何秀荣：《公司农场：中国农业微观组织的未来选择?》，《中国农村经济》2009年第11期。

[79] 焦必方、孙彬彬：《日本环境保全型农业的发展现状及启示》，《中国人口·资源与环境》2009年第4期。

[80] 卢锋：《中国农民工工资走势：1979—2010》，《中国社会科学》2012年第7期。

[81] 刘林平、郑广怀、孙中伟：《劳动权益与精神健康——基于对长三角和珠三角外来工的问卷调查》，《社会学研究》2011年第4期。

[82] 罗小兰：《向右下倾斜的非农劳动供给曲线》，《中国农村经济》2007年第10期。

[83] 李静、孟令杰：《中国农业生产率的变动与分解分析：1978—2004年》，《数量经济技术经济研究》2006年第5期。

[84] 刘巽浩：《论21世纪中国农业可持续发展——有关理论与实践的讨论》，《自然资源学报》1995年第3期。

［85］刘彦随、吴传钧：《国外可持续农业发展的典型模式与途径》，《南京师范大学学报》（自然科学版）2001年第2期。

［86］陆迁、霍学喜：《农业技术创新的需求分析》，《西北农业大学学报》1997年第5期。

［87］米建伟、黄季焜、陈瑞剑、Elaine M. Liu：《风险规避与中国棉农的农药施用行为》，《中国农村经济》2012年第7期。

［88］聂丹：《农民工低工资与国民福利损失的经济学分析》，《财经研究》2007年第10期。

［89］Scott Rozelle、黄季焜：《中国的农村经济与通向现代工业国之路》，《经济学》（季刊）2005年第4期。

［90］孙自铎：《中国进入"刘易斯拐点了么"——兼论经济增长人口红利说》，《经济学家》2008年第1期。

［91］谭立独：《加班是怎样"被自愿"的》，《工友》2010年第8期。

［92］王诚：《劳动力供求"拐点"与中国二元经济转型》，《中国人口科学》2005年第6期。

［93］王金营、顾瑶：《中国劳动力供求关系形势及未来变化趋势研究——兼对中国劳动市场刘易斯拐点的认识和判断》，《人口学刊》2011年第3期。

［94］许庆、章元：《土地调整、地权稳定性与农民长期投资激励》，北京大学中国经济研究中心经济发展论坛工作论文，2005。

［95］夏恩君、顾焕章：《构建我国农业技术创新的动力机制》，《农业经济问题》1995年第11期。

[96] 夏怡然：《低工资水平下城市农民工的劳动供给模型》，《中国人口科学》2010年第3期。

[97] 杨正礼：《当代中国生态农业发展中几个重大科学问题的讨论》，《中国生态农业学报》2004年第3期。

[98] 姚洋：《农地制度与农业绩效的实证研究》，《中国农村观察》1998年第6期。

[99] 叶敬忠、王为径：《规训农业：反思现代农业技术》，《中国农村观察》2013年第2期。

[100] 余宇新、张平：《刘易斯模型框架下中国刘易斯拐点问题探讨——来自企业微观数据的实证研究》，《世界经济文汇》2011年第6期。

[101] 张斌、尧水红：《环境中的农药：中国典型集约化农区土壤、水体和大气农药残留状况调查》，www.greenpeace.cn。

[102] 张宗坪：《"刘易斯拐点在我国已经出现"证伪——"民工荒"假象分析》，《山东经济》2008年第2期。

[103] 朱玲：《农村迁移工人的劳动时间和职业健康》，《中国社会科学》2009年第1期。

[104] 赵冈：《过密型生产模式的提法错了吗》，《中国社会经济史研究》2004年第2期。

外文部分

[1] Acemoglu, Daron. Why Do New Technologies Complement Skills? Directed Technical Change and Wage Inequality.

Quarterly Journal of Economics, 1998, Vol. 113 (4), pp. 1055 – 1090.

[2] Acemoglu, Daron. Directed Technical Change. *Review of Economic Studies*, 2002, Vol. 69 (4), pp. 781 – 810.

[3] Afriat S.. Efficiency Estimation of Production Functions, *International Economic Review*, 1972, 13, pp. 568 – 598.

[4] Ahmad, Syed. On the Theory of Induced Innovation. *Economic Journal*, 1966, Vol. 76, pp. 344 – 357.

[5] Altman M. A Behavioral model of Labor Supply: Casting Some Light into the Black Box of Income-leisure Choice, *Journal of Socio-Economics*, 2001, Vol. 33, pp. 199 – 219.

[6] Binswanger, Hans P. A Microeconomic Approach to Induced Innovation . *Economic Journal*, 1974, Vol. 84, pp. 940 – 958.

[7] Binswanger Hans P. and Ruttan Vernon W. *Induced innovation: Technology institutions and development*. Baltimore: Johns Hopkins University Press, 1978.

[8] Ben-Zion Uri and Ruttan Vernon W.. Money in the Production Function: An Interpretation of Empirical Results. *Review of Economics and Statistics*, 1975, Vol. 57, pp. 246 – 247.

[9] Brandt Loren and Thomas G. Rawski. *China's Great Economic Transformation*, New York: Cambridge University Press, 2008.

[10] Brandit Loren, Jikun Huang, Guo Li and Scott Rozelle. Land Rights in Rural China: Facts, Fictions and Issues. *The China Journal*, 2002, Vol. 47, pp. 67 – 97.

[11] Bruland, Tine. Industrial Conflict as a Source of Technical Innovation: Three Cases. *Economy and Society*, 1982, Vol. 11 (2), pp. 91 – 121.

[12] Cai Fang and Yang Du. Wage increases, wage convergence, and the Lewis turning point in China. *China Economic Review*, 2011, Vol. 22, pp. 601 – 610.

[13] Carter Michael and Yao Yang. Property Rights, Rental Markets, and Land in China. *Department of Agricultural and Applied Economics Working Paper*, University if Wisconsin-Madison, 1998.

[14] Caves, D. W.; Christensen, L. R.; Diewert, W. E.. Multilateral Comparisons of Output, Input, and Productivity Using Superlative Index Number, *Economic Journal*, 1982, Vol. 92, pp. 73 – 86.

[15] Caves, D. W.; Christensen, L. R.; Diewert, W. E.. The Economic Theory of Index Number and the Measurement of Output, Input, and Productivity, *Econometrica*, 1982, Vol. 50, pp. 1393 – 1414.

[16] Caldwell John C.. Torward a Restatement of Demographic Transition Theory, *Population and Development Review*, 1976, Vol. 2, pp. 321 – 366.

[17] Charnes, A.; Cooper, W.; Rhodes, E.. Measuring the Efficiency of Decision Making Units, *European Journal of Operational Research*, 1978, Vol. 2, pp. 429 – 444.

[18] Dunn L. F.. An Empirical Indifference Function for Income

and Leisure, *Review of Economics and Statistics*, 1978, 60 (4), pp. 533 – 540.

[19] Färe, R. ; Grosskopf, S. ; Norris, M. ; Zhang, Z. . Productivity Growth, Technical Progress, and Efficiency Change in Industrialized Countries, *American Economic Review*, 1994, Vol. 84, pp. 66 – 83.

[20] Färe, R. ; Grosskopf, S. ; Norris, M. . Productivity Growth, Technical Progress, and Efficiency Change in Indus trialized Countries: Reply, *American Economic Review*, 1997, Vol. 87, pp. 1040 – 1043.

[21] Färe, R. . *Fundamentals of Production Theory: Lecture Notes in Economics and Mathematical Systems*, Heidelberg: Springer-Verlag, 1988.

[22] Farrell, M. J. . The Measurement of Productive Efficiency. *Journal of the Royal Statistical Society*, 1957, Vol. 120, pp. 253 – 282.

[23] Fan Shenggen. Effects of Technological and Institutional Reform on Production Growth in Chinese Agriculture, *American Journal of Agricultural Economics*, 1991, Vol. 73, pp. 266 – 275.

[24] Fleisher B. M. and Liu Y. . Economies of Scale, Plot Size, Human Capital, and Productivity in Chinese Agriculture, *Quarterly Review of Economics and Finance*, 1992, Vol. 32 (3), pp. 112 – 123.

[25] Feder Gershon. Farm Size, Risk Aversion and the Adoption of

New Technology under Uncertainty. *Oxford Economic Paper*, 1980, Vol. 32.

[26] Ge Suqin and Dennis Tao Yang. Labor market developments in China: A neoclassical view. *China Economic Review*, 2011, Vol. 22, pp. 611 – 625.

[27] Golley Jane and Xin Meng. Has China run out of surplus labour?. *China Economic Review*, 2011, Vol. 22, pp. 555 – 572.

[28] Griliches, Z. . Hybrid Corn: An Exploration in the Economics of Technological Change. *Econometrica*, 1957, Vol. 25 (4), pp. 501 – 522.

[29] Heckman James. Contributions of Zvi Griliches. *NBER Working Paper No. 12318*, 2006.

[30] Hicks J. R. *The Theory of Wages*. London: Macmillan, 1932.

[31] Huang Jikun and Scott Rozelle. Technological Change: Rediscovering the Engine of Productivity Growth in China's Rural Economy. *Journal of Development Economics*, 1996, Vol. 49 (2), pp. 337 – 67.

[32] Jacoby, H. , G. Li and S. Rozelle. Hazards of Expropriation: Tenure Insecurity and Investment in Rural China. Mimeo, 1998.

[33] Irma Adelman and Erik Thorbecke (eds) . *The Theory and Design of Economic Development*, Baltimore: Johns Hopkins Press, 1966.

[34] Jorgenson Dale W. . The Development of a Dual Economy.

Economic Journal, 1961, 71 (June), pp. 309 – 334.

[35] Just Richard and David Zilberman. Stochastic Structure, Farm Size and Technology Adoption in Developing Agriculture. *Oxford Economic Paper*, 1983, Vol. 35.

[36] Knight John, Quheng Deng and Shi Li. The puzzle of migrant labour shortage and rural labour surplus in China. *China Economic Review*, 2011, Vol. 22, pp. 585 – 600.

[37] Kung, J. K. Equal entitlement versus tenure security under a regime of collective property rights: Peasants' performance for institutions in post-reform Chinese agriculture. *Journal of Comparative Economics*, 1995, Vol. 21, pp. 82 – 111.

[38] Kung, J. K. Common property rights and land reallocations in rural China: Evidence from a village Survey, *World Development*, 2000, Vol. 28, pp. 701 – 719.

[39] Li Guo, Scott Rozelle and Loren Brandt. Tenure, land rights, and farmer investment incentives in China, *Agricultural Economics*, 1998, Vol. 19, pp. 63 – 71.

[40] Lin, J. Y. Rural Reform and Agricultural Growth in China. *American Economic Review*, 1992, Vol. 82 (1), pp. 34 – 51.

[41] Lucas Robert E. Jr. Tests of a Capital-Theoretic Model of Technological Change. *Review of Economic Studies*, 1967, Vol. 34, pp. 175 – 180.

[42] Lewis W. Arthur. Unlimited Labour: Further Notes. *Manchester School of Economic and Social Studies*, 1958, Vol. 26 (1),

pp. 1 – 32.

[43] Lewis W. Arthur. Economic development with unlimited supplies of labour. *Manchester School of Economic and Social Studies*, 1954, Vol. 22 (2), pp. 139 – 191.

[44] Berg Elliot J.. Backward-sloping Labor Supply Functions in Dual Economies-The Africa Case, *Quarterly Journal of Economic*, 1961, Vol. 75 (3), pp. 468 – 492.

[45] Lewis Oscar. The Culture of Poverty, *Scientific American*, 1966, Vol. 215 (4), pp. 19 – 25.

[46] McMillan John, John Whalley and Lijing Zhu. The Impact of China's Economic Reforms on Agricultural Productivity Growth. *Journal of Political Economy*, 1989, Vol. 97, pp. 781 – 807.

[47] Nurkse Ragnar. *Problems of Capital Formation in Underdeveloped Countries*, Oxford: Basil Blackwell, 1953.

[48] Olmstead Alan L. & Rhode Paul W.. Induced Innovation in American Agriculture: A Reconsideration, *Journal of Political Economy*, 1993, Vol. 101, pp. 100 – 118.

[49] R. Evenson and P. Pingali (eds.). *Handbook of Agricultural Economics* (Vol. 3), Amsterdam, the Netherlands: North-Holland, 2007.

[50] Hollis Chenery and T. N. Srinivasan (eds.). *Handbook of Development Economics* (Vol. 1), Amsterdam: North-Holland, 1988.

[51] Salter, W. E. G. *Productivity and Technical Change*. Cambridge:

Cambridge University Press, 1960.

[52] Schmookler Jacob. *Invention and Economic Growth*. Cambridge, MA: Harvard University Press, 1966, p. 208

[53] Schultz T. W. *Transformation Traditional Agriculture*, New Haven: Yale University Press, 1964.

[54] Barzel Yoram and R. J. Mcdonald. Assets, Subsistence and the Supply Curve of Labor. *American Economic Review*, 1973, Vol. 64 (4), pp. 621 – 663.

[55] Sharif Mohammed. Poverty and the Forward-falling Labor Supply Function: a Microeconomic Analysis., *World Development*, 1991, Vol. 19 (8), pp. 1073 – 1093.

[56] Solow. Robert M. Technical Change and the Aggregate Production Function. *The Review of Economics and Statistics*, 1957, Vol. 39 (3).

[57] Vernon Raymond. International Investment and International Trade in the Product Cycle. *Quarterly Journal of Economics*. 1966, Vol. 80, pp. 190 – 207

[58] Wang J., Wailes E. J., Cramer, G. L.. A Shadow-price Frontier Measurement of Profit Efficiency in Chinese Agriculture, *American Journal of Agricultural Economics*, 1996, Vol. 78, pp. 146 – 156.

[59] Wen, G. J. The land tenure system and its saving and investment mechanism: the case of modern China. *Asian Economy*, 1995, Vol. 9 (3), pp. 233 – 259.

[60] Lance E. Davis (eds.). *American Economic Growth: An Economist's*

History of the United States, New York, the USA: Joanna Cotler Books, 1972.

[61] Yao, Y. Institutional arrangements, tenure insecurity and agricultural productivity in post reform rural China. *Working paper, Department of Agricultural Economics, University of Wisconsin*, Madison, 1995.

[62] Zhang Xiaobo, Yang Jin and Wang Shenglin. China has Reached the Lewis Turning Point. *China Economic Review*, 2011, Vol. 22, pp. 542 – 554.

后　记

本书是我主持的国家社科基金项目"土地'新政'背景下中国农业技术创新路径研究（09BJY066）"的最终成果。同时，课题的相关研究还得到了安徽师范大学特色优势领域专项资金和安徽师范大学哲学社会科学繁荣发展计划首批重大项目"皖江区域产业升级的动力机制与发展路径研究（FRZD201302）"的资助。

在本书的撰写过程中，我提出了全书的整体框架和重要观点，为每章拟定了题目和需要展开分析的研究内容，最后负责修改和校订各章节内容。本书具体执笔人是：周端明（导言、第一章、第二章、第三章第一节、第四章、第五章、第七章的第一节和第二节、第八章）、蔡敏（第三章的第二节和第六章）、孔庆洋（第七章的第三节）。同时，在成书过程中，我们还得到了郭斌、李琼英、王亚玄、赵杰、赵新方和朱芸羲等的协助，在此一并表示感谢。

卢荣善教授引导我走上"三农"问题研究的道路，我始终记得，我的第一篇学术论文《中国农业专业化程度偏低的原因分析和出路探寻》的构思正是在他的引导下形成的，而他不辞辛劳地帮我一再修改，使文章最终达到发表水平。《安徽师范大学学报》编辑部陆广品编审是我学术道路上的另一位重要引路人，我的第一篇学术论文正是经过他的专业审定才发表在《安徽师范大学学报》（人文社会科学版）上，并被《中国人民大学报刊复印资料·农业经济学》全文转载。我跟随中国人民大学胡乃武教授攻读了国民经济学博士学位，他渊博的学识和宽厚的人品是我们弟子终身学习的榜样。感谢伴我一路走来的各位老师，你们的教诲让我终身受益、没齿难忘。

最后，我要感谢社会科学文献出版社的陈凤玲博士，她的认真和执着促使我以更加严谨的态度完成了本书的撰写工作。

周端明

2016 年暑期于安徽师范大学花津校区

图书在版编目（CIP）数据

中国农业技术创新路径研究/周端明等著. ‒‒北京：社会科学文献出版社，2016.12
 ISBN 978‒7‒5097‒9487‒6

Ⅰ.①中… Ⅱ.①周… Ⅲ.①农业技术‒技术革新‒研究‒中国 Ⅳ.①F323.3

中国版本图书馆 CIP 数据核字（2016）第 169254 号

中国农业技术创新路径研究

著　　者 / 周端明 等

出 版 人 / 谢寿光
项目统筹 / 陈凤玲
责任编辑 / 陈凤玲　王玉霞

出　　版 / 社会科学文献出版社·经济与管理出版分社（010）59367226
　　　　　 地址：北京市北三环中路甲 29 号院华龙大厦　邮编：100029
　　　　　 网址：www.ssap.com.cn
发　　行 / 市场营销中心（010）59367081　59367018
印　　装 / 北京盛通印刷股份有限公司

规　　格 / 开　本：787mm × 1092mm　1/16
　　　　　 印　张：16.5　字　数：190 千字
版　　次 / 2016 年 12 月第 1 版　2016 年 12 月第 1 次印刷
书　　号 / ISBN 978‒7‒5097‒9487‒6
定　　价 / 85.00 元

本书如有印装质量问题，请与读者服务中心（010‒59367028）联系

版权所有 翻印必究